可能世界视域下的名称和同一性理论研究

Research on Name and Identity Theory in Possible-World View

龙小平　著

中国人民大学出版社
·北京·

国家社科基金后期资助项目
出版说明

后期资助项目是国家社科基金设立的一类重要项目，旨在鼓励广大社科研究者潜心治学，支持基础研究多出优秀成果。它是经过严格评审，从接近完成的科研成果中遴选立项的。为扩大后期资助项目的影响，更好地推动学术发展，促进成果转化，全国哲学社会科学工作办公室按照“统一设计、统一标识、统一版式、形成系列”的总体要求，组织出版国家社科基金后期资助项目成果。

全国哲学社会科学工作办公室

目　　录

第一章　绪论

第一节　克里普克的理论及相关研究概述

索尔·克里普克（Saul Kripke，1940—2022），当代美国著名的逻辑学家、哲学家，模态逻辑语义学的创始人之一。曾先后任教于哈佛大学、洛克菲勒大学、哥伦比亚大学、康奈尔大学、普林斯顿大学、加利福尼亚大学伯克利分校，后为纽约市立大学哲学教授、普林斯顿大学荣誉教授。担任过《哲学》《哲学逻辑杂志》《符号逻辑杂志》等刊物的编委。2001年逻辑学和哲学的普利策奖获得者。16岁尚未进入大学时就写了一篇逻辑论文，被当时的美国逻辑学界誉为第一次建立了模态逻辑和直觉主义逻辑语义学。主要作品有《模态逻辑的一个完全性定理》（1959）、《关于模态逻辑语义学研究》（1962）、《同一性和必然性》（1971）、《命名与必然性》（1972）、《真理论纲要》（1975）、《说话者指称与语义性指称》（1977），以及《维特根斯坦论规则和私人语言》（1982）。其中，《命名与必然性》一书影响最大，书中所提出的两个新理论引起西方逻辑学界和哲学界持续十多年的大论争，被称为20世纪最具影响力的哲学著作之一，至今影响深远。学术界一般认为，克里普克属于“第三代”分析哲学家，他主要关注纯技术性的逻辑问题和哲学问题之间的紧密联系，其主要著作《命名与必然性》就有着这样的特点。

一般认为，《命名与必然性》主要阐述了克里普克的名称指称理论和同一性理论。名称指称理论主要是关于事物的命名，在克里普克看来，这取决于名称的起源和历史，而不是起源于名称所指对象的偶然特性。这与传统的关于名称的涵义由描述对象属性的摹状词所决定的观点根本不同。比如，亚里士多德之所以被命名为“亚里士多德”，不是由他本人的种种特性决定的，而是由其父母的命名以及这个名称的历史传递链条所决定的，这被称为名称的历史因果理论。同一性理论主要阐述了存在先验偶然同一性命题和后验必然同一性命题。这一理论打破了哲学史上康德和逻辑经验主义者关于“先验的”都是“必然的”和“后验的”都是“偶然的”这一传统观点，是重要的哲学理论创新。除了以上两个理论，克里普克还在《命名与必然性》中阐明了一个重要观点，即本质主义观点：个体的本质在于其起源或由以构成的材料，自然种类的本质就是其种类所具有的内部结构。克里普克的以上几个理论都是建立在可能世界语义学的基础上的，他在1959—1965年发表的一系列有关模态逻辑的语义分析的论文，创立了可能世界语义学，他的这一学说已经成为现代模态命题逻辑和模态谓词逻辑的基础。可能世界语义学还具有普遍的方法论意义，它已被卓有成效地应用于哲学逻辑其他各个分支的语义分析。克里普克后来的工作主要是建立在他关于模态逻辑的研究成果上的，这其中包括了《命名与必然性》的理论观点。

国外关于克里普克的名称指称理论、同一性理论和本质主义理论研究的文献非常丰富。特别是在西方国家，自从克里普克在20世纪70年代发表《同一性和必然性》《命名与必然性》以来，有许多著名的专家、学者就此进行了比较深入的讨论。这其中包括哲学家马库斯（Marcus）、普兰廷加（Plantinga）、卡普兰（Kaplan）、唐奈兰（Donnellan）、萨蒙（Salmon）、费奇（Fitch）、休斯（Hughes）和埃文斯（Evans）等，主要作品有萨蒙的《指称和本质》（1981）、费奇的《索尔·克里普克》（2004）、休斯的《克里普克：名称、必然性和同一性》（2004）、汉菲莱斯（Humphreys）主编的《新指称理论：克里普克、马库斯和它的起源》（1998）、普兰廷加的《必然性的本质》（1974）和埃文斯的《关于名称的因果理论》（1973），等等。他们围绕着新的名称指称理论和同一性问题展开了热烈的讨论。其中萨蒙的《指称和本质》有较大影响，该书分为三个部分，第一部分讨论直接指称理论，其中涉及克里普克对罗素等人传统理论的批判、历史因果理论和两类同一性命题，也讨论了普特南的自然种类名词的理论；第二部分讨论从直接指称理论所导出的本质主义理论；第三部分是附录，讨论了相关问题，如跨世界同一性原则，本质主义原则，弗雷格的理论和四个世界悖论，模态悖论：部分和对应体，跨世界同一性和约定，以及命名、必然性和其他问题。应该说，萨蒙的论述是比较系统和细致的，他提出了克里普克对名称摹状词理论的批评有三大论证，即模态论证、认识论的论证和语义学的论证。他还论证了本质主义不是直接指称理论的后承，直接指称理论与纯粹经验证实或其他哲学上无争议的前提一起，并没有对亚里士多德的本质主义表示赞同或反对。直接指称理论不仅能够解决本质主义的麻烦，而且能够解决身心问题。① 当然，对于他的某些观点，我们持有异议，比如，他认为克里普克没有对亚里士多德的本质主义表示赞同或反对，在我们看来，克里普克的本质主义在某些方面是吸收了亚里士多德的思想的。还有本质主义尽管不是直接指称理论的后承，但是与直接指称理论却有着密切的联系，在克里普克的指称理论中贯穿着本质主义的立场。费奇的《索尔·克里普克》对克里普克的思想进行了比较系统的研究，主要内容包括必然性、命名、指称和信念、同一性陈述、定义和理论同一性、真理，以及维特根斯坦和意义。费奇认为，克里普克的哲学思想对20世纪后期的分析哲学的发展方向有重大影响。他认为，“名称的因果理论”这一名字我们应该慎重使用，因为在克里普克的演讲中仅仅提到指称被因果链条决定。这个短语最好改成“在名称和它的承担者之间有一个原因和结果的联系”。克里普克的方案中并没有暗示在名称和它的承担者之间有特别的因果联系。同样，“新的指称理论”或“直接指称理论”这两个短语也不仅仅指克里普克的理论，它指很多哲学家，包括唐奈兰、普特南、克里普克等人的理论。费奇还指出，克里普克的一些观点是令人惊奇的。克里普克认为存在先验偶然真理和后验必然真理，这导致了在形而上学和认识论之间关系的一个重新评价。克里普克最大的贡献是他提出并且澄清了一些问题，而并不是给出了这些问题特别的回答。② 我们认为这一评价还是比较中肯的。确实，克里普克最大的贡献在于提出和澄清了一些问题，并且为解决这些问题提供了新的思路，而不是提出了某种解决方案。休斯的《克里普克：名称、必然性和同一性》主要讨论了名称，必然性，同一性、世界和时代，以及身心问题。在名称部分，他主要讨论了克里普克对名称摹状词理论的批评，阐述了克里普克的历史因果理论，论述了指称和因果性的关系，以及自然种类的词项。在必然性部分，他阐述了模态逻辑和模态怀疑论，分析了克里普克的先验偶然命题和后验必然命题，以及起源和构成的必然性。在同一性、世界和时代部分，他讨论了跨世界同一性

① Nathan U. Salmon. Reference and Essence. Prometheus Books，2005：218.

② G. W. Fitch. Saul Kripke. Acumen Publishing Limited，2004：171-173.

难题，刘易斯的对应体理论，以及持久的对象和跨时间的同一性。[①] 休斯认为，在跨世界同一性问题上克里普克之所以与蒯因等人观点不同，是因为理论的出发点不同。克里普克从实际同一的对象开始，并且讨论对于这些对象来说什么可能是真的，而蒯因从一个现实的纯粹定性的具有特色的世界开始，然后企图发现一个标准解决跨世界同一性问题。[②] 普兰廷加的《必然性的本质》首先提出了广泛的逻辑必然性的概念，指出蒯因对 de re 模态的指责是不公正的，de re 模态和 de dicto 模态一样是合法的。他又解释了他的温和实在论的可能世界观，详细阐述了他用以建构温和模态实在论的一系列概念：可能事态、事态的达成或实现、事态的极大性、事态之间的包含或排斥关系和抽象的绝对存在等。随后，他又考察了个体本质问题，承认它是存在的，并指出了它的一系列特征。在个体的跨世界同一性问题上，通过引入世界索引性质，普兰廷加反驳了齐硕姆对个体跨世界存在的批评，认为个体的跨世界存在并没有违反莱布尼茨律和破坏同一关系的传递必然性。进而，他又指出，跨世界识别问题根本就是不存在的问题，它更多地是表面现象，而非实质性问题。而后，对于非存在问题他又提出了自己的独到见解：根本就没有非存在物，一切都是存在的。最后，普兰廷加又把他的模态哲学理论推广到自然神学领域，分析论证了恶和上帝存在的问题。我们对于普兰廷加的观点基本表示赞成。在汉菲莱斯主编的《新指称理论：克里普克、马库斯和它的起源》一书主要围绕谁先提出这一新指称理论展开了一场激烈的论战。埃文斯的《关于名称的因果理论》一文影响也比较大，该文主要是通过指出名称的指称在传递的过程中会发生转移、改变和失落，由此认为克里普克的因果理论需要修正。我们在文中批评了埃文斯的观点。1983 年，约翰·塞尔出版了《意向性：论心灵哲学》一书，在书中塞尔认为名称获得指称依赖于意向内容，并以此反对将指称的获得归因于外部因果传递链条的因果命名理论，发展了名称的描述理论。在意向性名称理论中，网络和背景具有关键作用，并且比语境分析方法有更强的解释力。与名称相联系的意向内容不仅能够帮助主体获得指称，而且能够发展意向网络和背景，有利于进一步思想和行动。在文中，我们对塞尔的思想进行了讨论和回应。

---

① Christopher Hughes. Kripke: Names, Necessity, and Identity. Clarendon Press, 2004: 125.

② 同①.

国内也有不少知名学者，包括张家龙、陈波、冯棉和涂纪亮等人，对克里普克的理论进行了较为深入的研究。其中，冯棉的《可能世界与逻辑研究》、陈波的《逻辑哲学论》和《逻辑哲学》、张家龙的《模态逻辑与哲学》中关于克里普克理论的阐述比较有影响。冯棉在《可能世界与逻辑研究》中批评了克里普克的本质主义理论，认为讨论事物本质没有必要以可能世界作为出发点，应该只考虑现实世界，就现实世界来论述必然性。对于这种看法，我们持反对观点，因为引入可能世界来讨论必然性，恰恰是克里普克理论的一个突出贡献。有关论述见本书“本质主义理论”部分。另外，冯棉认为，专名和通名都是有涵义的，由此他提出了一个关于专名的可能世界摹状词簇理论。我们认为，从可能世界的视角出发，专名和通名都是没有涵义的。其实，冯棉所提出的专名的可能世界摹状词簇理论的基本观点恰恰是克里普克所批评的。正如张家龙指出的，“‘关于专名的可能世界摹状词簇理论’实质上就是我们在上面批评过的‘簇摹状词理论’”，所以，“‘关于专名的可能世界摹状词簇理论’是不能成立的”①。学者陈波在《逻辑哲学论》和《逻辑哲学》中批评了历史因果理论，认为这一理论是不合理的，因为专名和通名都不是无任何涵义的严格指示词，严格指示词与非严格指示词的区分是和克里普克的本质主义密切相关的，甚至可以说后者是前者的基石。但仔细分析一下就会发现，克里普克的本质主义将导致荒谬的结果，因此，他的上述区分也就不成立。在此基础上陈波提出了“名称的新描述理论”，包括以下要点：（1）任何名称都有涵义和所指；（2）名称的涵义是由一个永远开放的摹状词集合构成的，这些摹状词摹写了名称所指对象的一些区别性特征；（3）名称的涵义是人们从社会交际活动所构成的历史因果链条上逐渐获得的；（4）相对于认知者的实践需要，可以在作为名称涵义的摹状词集合中排出某种优先序，即是说，在确定名称的所指对象时，某些摹状词比其他摹状词更重要一些；（5）名称的所指是相对于不同的可能世界而言的，它不一定是现实对象，它可以是抽象对象、可能对象甚至是观念对象；（6）名称的涵义是识别、确定名称的所指的依据、标准或手段。② 陈波还认为，克里普克的本质主义不合理，因为“克里普克把本质特性等同于逻辑必然性，而他是在可能世界语义学的框架内考虑必然性的，后者不仅意味着在现实世界中成

---

① 张家龙．模态逻辑与哲学．北京：中国社会出版社，2003：87-88.

② 陈波．逻辑哲学．北京：北京大学出版社，2005：223.

立，而且意味着在所有的可能世界中成立。这种必然性是非常强的，它是逻辑的必然性。对于这种必然性，许多现实世界的话语——例如‘人必有一死’——都不再成立，因为我们完全可以设想一个可能世界，人（至少是有的人）在其中长生不死”。“克里普克忽视甚至排除了事物的本质属性与事物的其他性质及外显特征的内在联系，认为前者并不支配、决定、派生后者”。陈波指出，这种本质主义的观点会导致荒谬的结果，即在某个可能世界中会出现“一种在外部特征上与地球上称为‘铁’的那种东西完全相同的物质，但是它们的化学结构不是 Fe，而是 H_2O”。[①] 对于以上观点，尽管我并不完全赞同，但是对于诠释克里普克的名称和同一性理论还是很有启示的。近些年来，陈波又发表了系列文章，对克里普克的观点进行了深入分析和批判，如《拒斥克里普克和索姆斯反对描述论的论证》、《社会历史的因果描述论——一种语言观和由它派生的一种新名称理论》、《存在“先验偶然命题”和“后验必然命题”吗？——对克里普克知识论的批评》和“Proper Names，Contingency A Priori and Necessity A Posteriori”等文章，在这些文章中，陈波批判了克里普克批评摹状词指称理论的三大论证、历史因果理论、先验偶然命题和后验必然命题的主张，并提出了自己的深入见解。应该说，陈波的分析比较系统深入，但其对克里普克理论的很多批评观点还是值得讨论的。我们将在后面的写作过程中予以一定的回应。张家龙在《模态逻辑与哲学》一书中讨论了可能世界、本质主义、名称和指示词等问题，提出了不少中肯的观点。他主张可能世界的模态结构论。他指出，可能世界不具有本体论的地位，其在直观上可以做各种具体理解（事态、命题集、时期等），其一般的抽象理解是各种可能状态；但在模态逻辑的形式语义中，可能世界只是框架＜W，R＞或模型＜W，R，D，V＞中的一个组成部分，即集合 W 的抽象元素。对可能世界之间的可达关系 R 也应做这种抽象的理解。[②] 他倾向于赞成克里普克的指示词理论，反对摹状词（簇）理论。关于克里普克的本质主义观点，他也持肯定态度，并且指出：“世界上的万事万物形形色色，但是它们都形成各个不同的种类”；“种类的本质主要是该种类的内部结构特征”；“谈论单元个体的本质，实际上是把它同以它为唯一分子的单元种类联系在一起的”。他进而指出：“我们可以看出，本质主义是一种正确的合理的哲学

① 陈波．逻辑哲学．北京：北京大学出版社，2005：218-219.

② 张家龙．模态逻辑与哲学．北京：中国社会出版社，2003：28-29.

理论”。[①] 应该说，张家龙的评价是基本合理的，是对克里普克观点的比较准确的诠释。这种评价对于我们准确解读《命名与必然性》有重要启示。涂纪亮在《当代西方著名哲学家评传》（第一卷 语言哲学）中对克里普克的思想进行了介绍和评述。首先，他不赞成克里普克的专名和通名不具有内涵的观点。他说：“如果专名和通名像克里普克所说的那样，都不具有内涵或含义，那么，无论在命名活动中所取的名称，或者在传递链条上传递的名称，都是一些毫无内容的空洞符号，因而我们根本无法用它们指称有关的对象。因为，我们之所以能够用不同的名称指称不同的对象，正在于不同的名称具有不同的内涵或含义，如果专名和通名都不具有内涵或含义，那么我们如何区分开不同的名称，又如何用它们去指称不同的对象呢?”[②] 我们认为，这种评价是不合理的，它无视克里普克的可能世界这一视角。名称没有涵义，但是有指称，怎么可能是毫无内容的空洞的符号呢？退一步说，名称即使是空洞的符号也是可以的，其本来就是符号。还有，不同的名称本来就不同，还用去区分吗？名称是严格指示词，借助因果链条能够起到指称的作用。其次，对于先验偶然命题和后验必然命题的观点，他也持怀疑态度。他说：“必然性和偶然性、先验性和后验性的区分，仅仅在一定范围内才有意义，不能把它们绝对地分离开来或对立起来。……从根本上说，一切知识都来源于实践，认识从实践中产生，并随着实践的发展而发展。通常被看作先验知识的典范的数学知识和逻辑知识，归根到底也来自对社会实践的高度概括。”[③] 其实，必然性就是在所有可能世界都存在的特性，而偶然性是在某一个可能世界才有的性质，二者有明确的界限。对于先验性，我想这里误解了克里普克的这个概念。在克里普克那里，所谓先验的命题是指不依赖于经验而真的命题，这样的命题其实是很多的。例如，命题逻辑公式$\neg P \vee P$作为一个逻辑真理是不依赖于经验的。

除专著外，国内一些学者也发表了相关文章讨论克里普克的历史因果理论、两类命题的理论、可能世界理论和本质主义观点。如张家龙的《论本质主义》、周北海的《模态逻辑与哲学》、冯棉的《“可能世界”概念的基本涵义》、刘叶涛的《自然种类名称与严格性》、王习胜的《论严格的指

---

① 张家龙. 模态逻辑与哲学. 北京：中国社会出版社，2003：108-110.

② 涂纪亮. 当代西方著名哲学家评传（第一卷 语言哲学）. 济南：山东人民出版社，1996：272-273.

③ 同②280-281.

示词》、萧益民的《专名指称的一种因果描述观点》、叶闯的《克里普克语言理论再思考——语义值的刻画与指称的确定》、曾庆福的《克里普克的历史的因果命名理论评析》、程本学的《专名意义的两种理论及其融合》、张力锋的《专名的新指称理论——对历史因果理论的挑战及修正》、陈晓平的《先验偶然命题和后验必然命题——兼评蒯因和克里普克的意义和命名理论》《论名称的语境与功能——兼评克里普克和陈波的名称理论》等。这些文章分别从不同的方面对克里普克的本质主义、可能世界、因果指称理论、先验偶然命题和后验必然命题进行了论述，提出了一些可以借鉴的观点。萧益民的《专名指称的一种因果描述观点》一文，介绍了克里普克对关于专名指称的传统描述理论的批判，然后讨论克里普克自己的因果理论及其所面临的问题。以分析介绍埃文斯对这一课题所做的重要工作为基础，他提议并捍卫了对上述中心议题的一种因果的和描述的解答。他认为这个解答结合了描述理论和因果理论各自的优点并且它能解决现在所知的关于专名指称的各种困难。叶闯的《克里普克语言理论再思考——语义值的刻画与指称的确定》一文对克里普克语言理论的总体结构进行了深入分析。他区分了克里普克语言理论的三个方面，即本质主义的形而上学、可能世界语义学，以及因果指称理论。这种区分的依据是，形而上学是关于对象的理论，语义学给出关于语义值的描述，而指称理论则关心确定指称的方法。这样，克里普克理论的主要问题就是如何把这三部分联系起来。在克里普克看来，这种联系最终受到来自直觉的支持；但叶闯认为，其中的联系只是无逻辑保障的跨越。陈晓平的《先验偶然命题和后验必然命题——兼评蒯因和克里普克的意义和命名理论》一文，以分析命题与综合命题的区分为线索先后分析了蒯因及克里普克的相关论点。他指出，分析命题与综合命题之间是有相对区分的，区分的条件就是包括意义公设在内的语义规则。蒯因对分析性的批评虽然有启发性，但失之偏颇。由此他对克里普克的创见做了进一步解释，认为先验偶然性和后验必然性是关于一个语言系统的意义公设的判别，是立足于一个语言系统之外的界定；而先验必然性（分析性）和后验偶然性（综合性）是关于一个语言系统之内的命题的判别，是立足于一个语言系统之内的界定。不过，他对后验必然性的确切意义做了修正，认为它并不像克里普克所说的那样是形而上学的必然性，而是科学的必然性，是可以修正的必然性，而先天偶然性则与约定性是同义的，两方面结合起来就构成了可变的意义公设。在《论名称的语境与功能——兼评克里普克和陈波的名称理论》一文中，陈晓平提出，承认严格指示词理论相对于认同语境的合理性，而否定其相对于世界语境的合理性。将历史因果理论看作开放的簇摹状词的展开形式，而不是将历史因果链条与摹状词截然割裂开来。刘叶涛的《自然种类名称与严格性》一文指出，克里普克在《命名与必然性》中就专名问题给出了较为完整且具说服力的论证，但随后他把这套专名的理论直接推广到自然种类名称的做法却是值得商榷的：一是因为克里普克的这种推广只是一种简单的套用，他未就自然种类名称本身的严格性给出充分的论证；二是因为克里普克所谈到的自然种类名称属于不同的语法和语义类型，如此复杂的情形不能像专名那样一概而论。张力锋的《专名的新指称理论——对历史因果理论的挑战及修正》一文指出，对历史因果理论逻辑前提的分析表明，严格指示说对于专名并不具有普适性，存在着众多指称并不严格的专名，它们的指称不能按照历史因果理论的方法加以确定；历史因果理论的哲学前提——实在论的信条在人类的语言实践中是不可满足的；可从私人指称的角度出发，糅合摹状词理论的一些理论长处，去弥补历史因果理论的不足，修正它所存在的理论错误，从而较为合理地解决专名的指称问题。以上论文对克里普克的某一理论都做了比较详细的梳理，提出的观点（尽管我并不都赞成）有一定的借鉴意义，对于理解、把握克里普克的观点有一定的启示。

第二节 本书的研究目的及概要

本书主要对克里普克在《命名与必然性》中阐述的名称理论、同一性理论进行诠释和评价，也涉及克里普克《同一性和必然性》中的理论观点。

本书的研究目的在于，从可能世界的视角和本质主义的研究纲领出发，把握必然性这一重要路径，分析、论述克里普克的名称理论和同一性理论（即先验偶然同一性命题和后验必然同一性命题），澄清以往对克里普克观点的误解和讹传，还克里普克思想以本来面目，系统地诠释《命名与必然性》一书的主要思想或观点。我们将从基本理论产生的历史背景出发进行论述，既把握理论发展的历史脉络，以及各个理论发展阶段的内在联系，也注重理论的横向联系。在研究中，以分析为主，也有比较研究，并且对一些关键问题提出自己的看法，以期为克里普克理论的研究做出一份努力。

《命名与必然性》一书是 20 世纪世界最有影响的哲学和逻辑著作之一，对这样一本名著进行诠释，其意义和重要性不言而喻。我们的研究，旨在更深入准确地理解克里普克的历史因果理论和同一性理论，并从总体上把握克里普克在《命名与必然性》中所阐述的思想。同时，应用克里普克的相关理论也有助于研究分析相关的逻辑和哲学问题。比如，可能世界理论对于哲学、逻辑学等学科的发展有重要影响；本质主义的观点对于实在论有重要意义。在研究的过程中，通过介绍国外关于克里普克研究的最新理论成果，借鉴国外的研究方法和思路，我们能够从更多的角度去阐述、研究克里普克的历史因果理论和同一性理论。

全书基本内容包括七个方面。

其一是可能世界理论研究：阐述可能世界的理论渊源，介绍目前流行的可能世界观点，做出简单评述，并阐明克里普克的可能世界观点及其理论旨趣；讨论“跨世界同一性”和“跨界识别”问题；阐明可能世界的理论价值和应用价值，并指出可能世界是《命名与必然性》的研究视角，认为可能世界理论不仅为逻辑学和哲学，而且为自然科学和其他社会科学的发展提供了一种新的分析方法和研究方法。

其二是本质主义理论研究：梳理本质主义的历史，阐明克里普克的本质主义观点，并指出这种本质主义与亚里士多德的形式和质料说、洛克的“实在本质”相关；阐述反本质主义的观点，并对这种观点进行回应；对克里普克的本质主义观点进行某些修正和完善，并指出这种本质主义的观点将导致一个不可避免的后果，即追求确定性和精确性，但导致简单化的后果；指出本质主义是克里普克的研究纲领。

其三是必然性理论：阐述必然性的理论渊源与克里普克对必然性的论证和语义解释；指出必然性是克里普克《命名与必然性》的理论内核，并阐明命名与必然性、同一性与必然性有内在的联系。

其四是严格指示词理论：“严格指示词”这一概念在克里普克的理论体系中有非常重要的地位。首先，它是解决跨世界同一性的方法之一。由于名称是严格指示词，因而不需要对它指称的对象使用本质作为识别标志来识别，实际上，只要使用严格指示词就能够解决跨世界同一性的问题。其次，它也是批评摹状词理论“专名与一个或一簇摹状词是同义的”之重要论据。因为专名是严格指示词，它在所有可能世界中指称同一对象，而摹状词是非严格指示词，它在不同可能世界中的指称是不同的。比如，在现实世界中“亚历山大的老师”是亚里士多德，而在某一个可能世界中，“亚历山大的老师”可能是指称另外的人。最后，克里普克“先验偶然同一性命题”“后验必然同一性命题”，以及对心身同一性问题的观点和评价都是建立在严格指示词的基础上的。不过，建立在严格指示词基础上的“后验必然命题”却带有先验的嫌疑。

其五是名称的指称理论：阐述传统的摹状词（簇）指称理论；梳理克里普克对传统的摹状词指称理论批评的三种论证，对质疑这种批评的观点进行回应，并阐述因果指称理论；就名称和严格性的问题进行论述，并指出严格指示词观点的合理性；指出因果指称是一种新视域下的指称理论，为这种理论进行了理论上的辩护和一定的修正。

其六是同一性理论：论述两类命题区分的历史渊源；阐述先验偶然同一性命题，并进行合理性辩护；论述后验必然同一性命题，讨论“水是H_2O”的涵义，论述后验必然同一性命题与休谟问题的关系，对后验必然命题与康德的先天综合命题进行比较研究；论述克里普克的观点与蒯因观点的批判和继承关系，进而指出克里普克的先验偶然同一性命题和后验必然同一性命题是对经验论传统的颠覆。

其七是对心身同一性的批判：心身同一性问题的由来及发展，包括从霍布斯、笛卡尔等开始的心身同一性的观点到现代的心身同一性；克里普克对心身同一性问题的批判，包括对“人与其躯体相同一”的批判、对“殊型同一论”的批判、对“类型同一论”的批判；对克里普克心身同一性观点进行评述。克里普克批判心身同一性的理论前提是可能世界语义理论、严格指示词理论以及他的本质主义学说，克里普克的批判是合理的，其论证也是充分的。

第二章　可能世界理论

“可能世界”这个概念，在20世纪的西方哲学中风靡一时。有人曾经说过，有关可能世界的文献汗牛充栋，由此可见可能世界及其相关问题被人们关注的程度。“可能世界”这一概念最早是由德国哲学家莱布尼茨提出的，这一点人们已经形成共识。有关可能世界有许多不同的定义或解释，最有影响的是激进实在论、温和实在论和模态结构论（工具论）。克里普克是温和实在论的主要提出者和倡导者之一。可能世界理论在克里普克的名著《命名与必然性》中占有十分重要的地位，可以说可能世界理论是克里普克《命名与必然性》的理论视角，正是从可能世界理论出发，克里普克提出了他的历史因果指称理论与关于先验偶然同一性命题和后验必然同一性命题的存在。因此，我们首先从探讨可能世界这一问题开始。

第一节　可能世界的理论渊源

一、莱布尼茨的可能世界

在西方哲学史上，可能世界理论的萌芽最早可以追溯到亚里士多德。亚里士多德曾提出“潜存和现实说”。他指出，事物是由四种原因形成的，即质料因、形式因、动力因和目的因。质料因就是事物的原始基质，即构成某一事物的原始质料，也就是“事物由之生成的东西”。形式因是指事物的形式结构，即“形式或模型”。[①] 质料本身不是任何个体，但它可以成为一切个体，它是潜在的个体，所以质料可以说是一种潜存；形式使质料确定而成为一个个体，使它转化为现实。质料和形式的关系就是潜存和

① 苗力田．亚里士多德全集：第七卷．北京：中国人民大学出版社，1993：111.

现实的关系，质料的形式化，或者说从质料到形式的过渡，就是从潜在的东西发展成现实的东西的过程。潜存变为现实，或者说潜存得到了实现，也就是事物完成了、达到了它自身的目的。亚里士多德的“潜存”其实也就是所谓的“可能世界”，而“现实”当然就是现实世界了。当然，亚里士多德的“潜存”并不是现代意义上的可能世界，它只是可能世界理论的最初萌芽。

可能世界理论的最早提出者是德国哲学家莱布尼茨。他说：“世界是可能的事物组合，现实世界就是由所有存在的可能事物所形成的组合（一个最丰富的组合）。可能事物有不同的组合，有的组合比别的组合更加完美。因此，有许多的可能世界，每一由可能事物所形成的组合就是一个可能世界。”“我们的整个世界可以成为不同的样子，时间、空间与物质可以具有完全不同的运动和形状。上帝在无穷的可能中选取了他认为最合适的可能。”① 莱布尼茨还用充足理由律论证了可能世界。他说：“既然在上帝的观念中有无穷个可能的宇宙，而只能有一个宇宙存在，这就必定有一个上帝进行选择的充足理由，使上帝选择这一个而不选择另一个。这个理由只能存在于这些世界所包含的适宜性或完满性的程度中，因为每一个可能的世界都是有理由要求按照它所含有的完满性而获得存在的。”② 莱布尼茨认为，上帝选择了最完满的那个可能世界使其现实，这就是现实世界；而其他可能世界虽不如现实世界完满，但也有一定的完满性，从而有理由获得存在。因此，可能世界是不包含逻辑矛盾的，也就是说，一个由事物情况 A1、A2、A3……构成的组合是可能的，当且仅当 A1、A2、A3……推不出逻辑矛盾。由无穷多的、具有各种性质的事物所形成的可能事物的组合，就是一个可能世界。

限于当时的历史背景和历史条件，莱布尼茨在阐述他的可能世界概念时，带有某种流俗的、神学的、保守的意味。对于这种意味，罗素曾进行猛烈的抨击，“他的哲学有一个最典型的特征，即可能的世界有许多之说。一个世界如果与逻辑规律不矛盾，就叫‘可能的’世界。可能的世界有无限个，神在创造这现实世界之前全都仔细思量了。神因为性善，决定创造这些可能的世界当中最好的一个，而神把善超出恶最多的那个世界看成是

---

① 格哈特. 莱布尼茨哲学著作集//周礼全. 模态逻辑导论. 上海：上海人民出版社，1986：397.

② 莱布尼兹. 单子论//北京大学哲学系外国哲学史教研室. 西方哲学原著选读：上卷. 北京：商务印书馆，1981：486.

最好的。他本来可以创造一个不含一点恶的世界，但是这样的世界就不如现实世界好。这是因为有些大善与某种恶必然地密切关联着。举个平凡的实例看，在大热天里当你很渴的时候，喝点凉水可以给你无比的痛快，让你认为以前的口渴固然难受，也值得忍受，因为若不口渴，随后的快活就不会那么大。对神学来说，要紧的不是这种实例，是罪与自由意志的关系。自由意志是一宗大善，但是按逻辑讲来，神不可能赋予人自由意志而同时又敕命不得有罪。所以尽管神预见到亚当要吃掉苹果，尽管罪势不免惹起罚，神还是决定给予人自由。结果产生的这个世界虽然含有恶，但是善超出恶的盈余比其他任何可能的世界都多。因此它是所有可能的世界当中顶好的一个，它含有的恶算不得神性善的反对理由。这套理论明显中了普鲁士王后的心意。她的农奴继续忍着恶，而她继续享受善，有一个伟大的哲学家保证这件事公道合理，真令人快慰。”[①]

有学者指出，莱布尼茨是在用两个记号 0、1 的二进制算术来评注和阐述中国古代伏羲图的意义过程中，发现“六十四卦图中的 64 个六爻排列恰好与从 0 到 63 的二进制数字一一对应。这一发现使他异常兴奋，立即用法文修改和补充 1679 年的文章手稿，并将这一法文文稿送交法国科学院院报”[②]。因此，在某种意义上，莱布尼茨是把易图的“可能世界”严格化、精确化了。也就是说，莱布尼茨的可能世界理论是受到中国古代易图的影响而提出的。

莱布尼茨借助“可能世界”来刻画必然性。根据莱布尼茨的论述，一个命题 p 是必然的，当且仅当非 p 导致逻辑矛盾；p 是不可能的，当且仅当 p 导致逻辑矛盾；p 是可能的，当且仅当非 p 不导致逻辑矛盾。这就是说，“必然 p”等值于“不可能非 p”。再根据莱布尼茨的“可能世界（包括现实世界）不包含逻辑矛盾”的观点，可以得到以下结论：一个命题 p 是必然的，当且仅当 p 在所有的可能世界中都是真的；一个命题 p 是可能的，当且仅当 p 在有的可能世界中是真的。莱布尼茨的可能世界理论对模态逻辑的可能世界语义学的建立有极其重要的推动作用。费奇指出：“大多数人赞同莱布尼茨首先陈述并且应用可能世界概念帮助解释模态概念。然而，由于各种各样的原因，莱布尼茨的观点并没有获得赞成，而且很少人讨论它们，直到克里普克和他的同时代人重新介绍这个概念作为一种理

---

① 罗素. 西方哲学史：下卷. 马元德，译. 北京：商务印书馆，1975：116-117.

② 朱伯崑. 国际易学研究 第 5 辑. 北京：华夏出版社，1999：201.

解模态推理的方式。”①

二、可能世界的几种流行观点

现代西方学术界，由于对莱布尼茨的可能世界理论存在不同的理解，形成了关于可能世界的不同的观点。其中，比较有影响的有三种：激进实在论、温和实在论和模态结构论（工具论）。

1. 激进实在论

模态柏拉图主义认为，可能世界是某种现实的、在我们的语言和思想之外而存在的独立实体，它和我们目前生活于其中的这个现实世界完全一样真实地存在着。这是一种柏拉图式的二元论的解释，将可能世界与现实世界分割开来。这种观点以 D. 刘易斯为代表，他说：“我相信存在不同于我们碰巧所居住的这个世界的其他一些可能世界。如果需要对之做出一种论证的话，下面便是。事物可能是另外一种不同于它们实际状况的样子，这一点的正确性是无可争议的。我相信，并且诸位也相信，事物可能会具有无数种不同的存在方式。而这种说法的含意何在呢？我们可以通过日常语言对其做出如下解释：事物除了现在的实际存在方式之外，还可能会具有其他许多种存在方式。从表面看来，这是一种存在的量化。它说的是：存在许多具有某种描述的实体，即‘事物可能会具有诸多存在方式’。我相信，事物可能会具有无数种不同的存在方式；我相信对于我所相信的东西的含意所做出的一些可允许的解释；从其表面价值上接受了这种解释后，我便因而相信存在着一些也许会被称为‘事物可能会具有的存在方式’的实体。我倒更愿意把这些实体称为‘可能世界’。”② “当我表示自己相信关于可能世界的实在论时，我希望别人不是在比喻意义上理解我的意思。可能世界就是它们所是的东西，而不是某种别的东西……我们的现实世界只是其他可能世界中的一个。我们只把这个世界称为现实世界，并不是因为它在性质上与所有其他世界不同，只是因为它是我们所居住的世界。其他世界的居民可以真实地把他们自己的世界称作现实的，如果他们像我们一样理解‘现实性’一词的话；因为我们给予‘现实性’一词的意义，使得它在任何世界Ⅰ中指称世界Ⅰ自身。‘现实的’是索引性的，就像‘我’‘这里’或‘此时’一样：其所指依赖于说话的场景，也就是在

---

① G. W. Fitch. Saul Kripke. Acumen Publishing Limited，2004：14.

② 张家龙. 模态逻辑与哲学. 北京：中国社会出版社，2003：16.

其中说话的那个世界。”① 麦柯尔把刘易斯的观点归纳为以下原则：（1）可能世界是存在的；（2）其他可能世界与现实世界是同样的；（3）与现实世界中的居民可能正确地称他们的世界是真实的一样，可能世界的居民也可以正确地称他们的世界是真实的；（4）可能世界不能被归为某种基本的东西。

刘易斯还特别强调了其可能世界理解中的如下几点内容：可能世界是孤立的；可能世界是具体的；所有可能世界都具有相对的现实性；可能世界是充裕的（plentiful），即由所有可能世界所构成的整个逻辑空间是绝对充实的，没有任何空隙。可能世界是孤立的，即它们之间不可能有任何因果上的关联。这也就是说，不存在跨界因致（trans world causation）。因此，因果关系也构成了可能世界之间的一个划界原则。因为可能世界是一个由具体的部分构成的抽象的整体，在此，不妨将可能世界也看成是具体的，即认为它们继承了它们的构成部分的具体性。可能世界的现实性按照刘易斯的看法，我们的世界是众多可能世界中的一个。不过，对于我们而言，我们的世界有其特别之处：它是现实的，但它不是绝对的现实的。实际上，就此而言，所有可能世界都具有相同的形而上学地位，都是相对地现实的——每个可能世界在其自身中都是现实的，而且也仅仅在其自身中是现实的；每个可能世界相对于其居民来说都是现实的，而且也仅仅相对于其居民来说是现实的。可能世界之所以具有无穷的充裕性，是因为：一方面，我们的现实世界及其诸部分可以处于的情形是无穷无尽的；另一方面，可能世界的构成过程遵循着这样的再结合原则——在时空连续的大小和形状允许的范围内，任何事物（更准确地说，其复制品——与其具有完全相同的内在性质的事物）都可以与任何其他事物（更准确地说，其复制品）共存，任何事物（更准确地说，其复制品）都可以不与任何其他事物（更准确地说，其复制品）共存。按照这个原则，将不同的可能世界的诸部分——更准确地说，其复制品——任意地组合在一起，我们将得到不同的可能世界。②

苏联学者莫斯捷帕年科在其《“可能世界”思想和现代物理学》论文中，把逻辑学讨论的可能世界引申为宇宙中可能存在的物质客体。在他看来，“可能世界”这个概念不仅对于逻辑学，而且对于现代物理学方法论，

① 陈波．逻辑哲学．北京：北京大学出版社，2005：331.
② 韩林合．分析的形而上学．北京：商务印书馆，2003：342-348.

都是可以借鉴的。在现代物理学和现代宇宙学中，他提出了存在和我们这个宇宙不同的许多世界或宇宙存在的假说。比如说，按照某种量子力学解释，在地球上、恒星和银河系中，在宇宙空间所发生的任何量子转化中，都会出现“分支”，形成许多独立的世界。宇宙经常不断地分解为无数的世界，我们只是其中一个世界上的居民，我们和其他世界没有联系，我们不能单值地描绘它们。不能排斥另外一些世界的存在，它们有另一种时空拓扑结构，有取另一些数值的宇宙常数，有另一些自然规律，有宇宙系统的另外一些初始条件，等等。

莫斯捷帕年科的这种“可能世界”与刘易斯的“可能世界”有共同的特点，即把“可能世界”看作一种可能的、现实的实体。这种“可能世界”是现代物理学和宇宙学中的假说所描绘的，即在我们世界之外，还可能存在着和我们一样的世界，只不过，它们可能是另外一些自然规律起作用，有另外一些时空拓扑结构等。这种可能的世界是否存在，是当前物理学和宇宙学探讨的重要问题，只不过这样的“可能世界”与作为逻辑学模态方法论的“可能世界”是不一样的。作为逻辑学模态方法论的“可能世界”，是指立足于现实世界的一种事件或事态可能的状态或可能的发展趋势，而莫斯捷帕年科的“可能世界”是指我们世界之外存在于宇宙空间中的其他地方的世界，这相当于在我们地球之外的某个地方，还存在着和我们一样的生命世界。

2. 温和实在论

温和实在论的基本观点是，只承认有一个现实世界，即我们自己所居住的这个世界，并且依据来自这个现实世界的模态去解释可能世界；可能世界是一种我们的世界可能如此的状态，它们是实在的，但不构成具体的实在；它们是抽象的可能性，是我们思维抽象的结果，但它们独立于我们的思维，因而是客观的。主要代表人物有克里普克、斯托尔纳克和普兰廷加。

克里普克认为，可能世界是“世界的可能状态（或历史）”，或者叫“非真实的情形”。“非真实的情形”可以被设想成一个微型的世界或一个微型的状态。“可能的世界”完全是“世界可能会采取的各种方式”，或是整个世界的状态或历史。普兰廷加认为可能世界是一种抽象的存在。在普兰廷加看来，一个可能世界就是“一种可能事态”。可能事态也可以采用其他的表述方式：“事物的可能存在方式”“世界的可能存在方式”等。[①]

---

① A. Plantinga. The Nature of Necessity. Oxford University Press，1974：44.

斯托尔纳克提出“可例证性概念”来说明可能世界。他认为，可能世界应等同于一些具体的但又不可做出具体例证的特性，而现实世界是其特性可被做出具体例证的世界。

3. 模态结构论

模态结构论也被称作工具论。这种观点认为，可能世界只是处理命题真假及真假关系的一种技术手段和语义工具而已。通过使用“可能世界”这个工具，我们就可以对模态命题做出解释，确定它们的真假以及相互之间的真假关系，从而可以讨论模态逻辑系统的语义，例如有效性、可靠性、完全性等概念，并完成相应的证明。“可能世界”只不过是一种比喻性的说法，当人们在谈论可能世界时，实际上谈论的是某种语言实体，比如语句的极大一致集，或者是作为抽象对象的命题的集合，或者是谈论属性、关系、事态等的集合。这种观点以卡尔纳普、欣迪卡、亚当斯和布拉德利等人为代表。

卡尔纳普的“状态描述”和欣迪卡的“模型集”都相当于可能世界。它们都是语句集，并且是极大一致的语句集。按照亚当斯的观点，一个可能世界就是一些命题所构成的一个集合 S，这使得下述两种情况同时成立：(1) 对于每一个命题来说，要么是这个命题，要么是这个命题的否定是 S 的一个元素；(2) S 的所有元素的合取为真是可能的。第一个条件保证 S 的极大性，第二个条件保证 S 的一致性。亚当斯认为，现实世界是其元素的合取事实上为真的极大命题集。在这种观点中，可能世界和现实世界的本体论地位消失了。布拉德利和斯沃茨认为，所有可能世界包括现实世界和非现实世界。非现实的可能世界并不存在于物理空间中，而只是存在于概念中，或者说存在于逻辑空间中，它们并不真实存在。

以上几种流行观点中，激进实在论的观点看起来不符合常识和科学直观，在现代科学还没有能够证实激进实在论的观点之前，正确的态度应该是保持对它的怀疑。这种观点过分夸大了可能世界的独立实在性，将各类可能世界视为与现实世界一样的具体实在，从而导致众多的理论困难。一种批评的观点指出：刘易斯的可能世界观导致悖论。比如，在为可能世界的充裕性进行论证时，刘易斯使用了所谓再结合原则：任何事物（或其复制品）均可以和任何其他事物（或其复制品）共存，也可以不与这些事物（或其复制品）共存。将这个原则应用到所有刘易斯意义上的可能世界的类之上，我们可以得到一个巨大的世界，它是由所有这些可能是的复制品构成的，而且这些复制品彼此互不交叠。但是，这个巨大的世界本身也须是作为其构造之基础的所有那些可能世界之一。这样，它便大于自身了。一些哲学家也反对可能世界的所谓相对的现实性。他们认为，虽然我们可以说所有可能世界在其自身中都是现实的，但是我们的世界不仅仅如此，它进而还是绝对的现实的，它就是那个唯一的现实世界。① 更有人指出，这种可能世界与模态毫不相干，而且是不可知的。② 刘易斯自己也承认，他的可能世界理论有违人们的健全的常识，甚至有些怪诞。

模态结构论的观点看起来很实用，它把可能世界看作一种抽象模型，能够给模态词和模态命题以合理的解释。作为模态逻辑的语义工具，它得到了成功的应用。但是，它把可能世界看作一种语句的集合，完全否认了可能世界应有的客观起源，把可能世界和现实世界完全割裂开来，避开甚至完全否认可能世界的本体论地位，其合理性是值得怀疑的。否认可能世界实体性存在的最大理论优势在于能够消除人们关注的可能世界学说中最令人头痛的“跨世界同一性”和“跨世界识别”的问题，因为既然可能世界都是一些语言构造，当然也就谈不上个体在其中的存在问题了，更别说所谓跨世界的个体识别了。但这样难道就能实质性地解决问题吗？我们知道，“跨世界同一性”和“跨世界识别”问题的实质是本质主义，它们是本质主义问题在可能世界学说中的新的表现形式，这两个问题正如有学者指出的实际上是新瓶里面装的旧酒；即令可能世界像唯名论者所宣称的那样仅仅是一套逻辑-语言工具，“跨世界同一性”和“跨世界识别”问题的实质仍然存在。特别是，将可能世界仅看作一种技术的工具，看作一种逻辑的语言的构造，并把可能世界定义为“语句极大一致集”，从而否认可能世界的本体论地位，这种唯名论的观点是存在很大问题的。首先，卡尔纳普、欣迪卡是试图用“语句极大一致集”来定义“可能世界”，但在定义项“语句极大一致集”这一概念中，“一致性”已经预设了什么是可能的，用它来定义“可能世界”就犯有“循环定义”的错误，并不能真正说清楚可能世界究竟是什么。其次，如果可能世界仅仅是一个极大一致的句子集，那么作为众多可能世界中的一个，现实世界就应该只是一个极大一致的句子集。但这显然是错误的，因为现实世界是客观实在的，而非语言的。③

---

① 韩林合．分析的形而上学．北京：商务印书馆，2003：360-366.

② 张力锋．模态逻辑和本质主义．北京：北京大学，2004：48.

③ 同②54.

相比较而言，温和实在论的观点比较符合我们生活的实际，它表明可能世界是一种“世界的可能状态”，是“事物的可能存在方式”，比较符合人们的思维习惯。在我们的社会生活中，我们常常表达“如果怎么样，那就会怎么样”的语句，所表明的就是这种可能世界的情形。例如，我们可以说：“如果今天不下雨，那我们就去放风筝了”；“如果你努力学习，那么就可能取得好成绩”；等等。我们所表达的这种情形，就是我们可以想象的与实际情形有所不同的情形，即现实世界的可能状态。任何事物的发展都有多种可能的趋势，每一种趋势都是一种可能存在的事态，而可能事态的集合就是可能世界。把可能世界看作极大的可能事态，看成我们的现实世界及其各种可能状态，这与人类的常识和直观是相吻合的。尽管常识和直观不一定可靠，甚至可能会与现实矛盾，但这种设想的可能世界是有现实基础的。克里普克就是温和实在论者，他对可能世界做出了详细的描绘和系统的论证，下一节，我们就讨论克里普克的可能世界。

第二节　克里普克对可能世界的描述及其理论旨趣

一、克里普克对可能世界的描述

“克里普克并不是首先使用可能世界概念的哲学家，但是他使用可能世界的方式却是独一无二的。”① 可能世界这个理论的最早提出者是莱布尼茨，不过，克里普克的可能世界及其存在方式与莱布尼茨的有显著的不同。在莱布尼茨那里，没有个体概念可以是多于一个世界的成员，而克里普克的个体可以存在于多个可能世界中，且克里普克的可能世界并不涉及彼岸世界。卡尔纳普、刘易斯等在克里普克之前也讨论了可能世界。“克里普克从来没有出版过关于可能世界的一个详细的理论，但他评价了某种有关可能世界的观点是错误的，而其他的观点则比较恰当。”② 所以，在《命名与必然性》中，克里普克首先对刘易斯的激进实在论的观点进行了严厉的批评。他说：“一个可能世界不是我们所遇见的，或者通过望远镜所看到的某个遥远的国家。一般说来，一个可能世界距离我们是非常遥远

① G. W. Fitch. Saul Kripke. Acumen Publishing Limited，2004：14.

② 同①15.

的。即使我们以比光速还快的速度旅行，也到不了那个地方。一个可能世界是由我们赋予它的描述条件给出的。当我们说：'在另外某个可能世界中，我今天可能没有做这个演讲'时，到底是什么意思呢？我们只是想象这样一种情景：我没有决定做这个演讲，或者我决定在其他某个日期来做这个演讲。当然，我们没有想象每一件真的或者假的事情，而只想象与我做演讲有关的事情；然而，在理论上，需要对每件事情做出决定，以便对这个世界做出一个完整的描述。我们实在无法想象能够做到这一点，我们只能部分地描述世界；这就是一个'可能世界'。……'可能世界'是被规定的，而不是被高倍望远镜发现的。没有任何我们不能做出如此规定的理由：当我们谈论在某种非真实的情况下尼克松这个人可能已经发生些什么事情时，我们所谈论的就是尼克松已经发生过的事情。"① 克里普克反对对这个概念的误用，即把可能世界看成遥远的行星，看成在另外一个空间里存在的、与我们周围的景物相似的东西，或者由此引出所谓"超世界的同一性"的荒谬问题来。克里普克强调指出，一般来说，关于非真实情形的事物不是被"发现"的，而是被规定的；可能世界无需通过纯粹定性的方式给出，仿佛我们是在用望远镜观察它那样。

在批评了激进实在论的观点之后，克里普克阐明了自己的可能世界观。他说："如果有人想避免许多哲学家用'世界'这样的词带来的'世界忧虑'和某些哲学混乱的话，我倒愿意推荐他使用'世界的可能状态（或历史）'或'非真实的情形'这类说法，这样可能会更好一些。他甚至应当提醒自己，'世界'这个词常常可以用'……是可能的'这种模态的说法所代替。""'可能世界'完全是'世界可能会采取的各种方式'，或是整个世界的状态或历史。……在实际上，我们不能描述事件的整个非真实的过程，也没有必要这样做。只要说'非真实的情形'以某种适当的方式不同于实际的事实就够了。'非真实的情形'可以被设想成一个微型世界或一个微型状态，并且仅限于与上述问题有关的世界的某些特征。……不应当把'实际的世界'——或更确切地把它称作世界的实际状态或历史——与我们周围的为数众多的零散物体相混同。后者也可以被称作'（实际的）世界，但它不是这里所指的对象。因此，可能的而不是实际的世界并不是在这另一层意义上的'实际'的虚幻的复制品。如果不是由于术语用法的偶然性使我们用了'可能世界'，而没有用世界的'可能

① Saul A. Kripke. Naming and Necessity. Basil Blackwell Publisher，1980：44.

状态’或‘历史’或‘非真实的情形’，那么这样的混淆本来是可能会更少些的。”① “‘可能世界’这个术语可能也被误解了；它可能是指‘外国’，我在演讲时有时用‘非真实的情形’；迈克尔·斯洛特认为，‘这个世界的可能的状态（或历史）’这种说法可能比‘可能世界’引起的误解少些。”② 也就是说，所谓的可能世界，就是“世界的可能状态”或者“事物的可能的存在方式”，它是人们为了说明一定的问题而设想出来的事物的“非真实的情形”。用“可能世界”这个概念容易导致混淆，而用世界的“可能状态”（或“历史”）或“非真实的情形”则能够更好地减少误解，使人们更容易理解“可能世界”。因此，可能世界是抽象的而非具体的，存在于现实世界之中，而不是存在于“其外”的某个特殊的维度之中。

为了更好地说明“可能世界”这个概念，克里普克还举出了一个概率论的例子加以说明。将两个普通的骰子 A 和 B 掷下后，出现了两个朝上的数字，对于每一个骰子来说，都有六种可能的结果。因此，就这些我们看到的朝上的数字而言，尽管它们之中只有一种状态符合这一对骰子实际表现的方式，但是对这一对骰子来说却有 36 种可能的状态。我们可以计算各种事物的概率。例如，由于只有两种状态——骰子 A，5，骰子 B，6；骰子 A，6，骰子 B，5——才会产生点数总和为 11 的情况，那么掷出点数总和为 11 的概率就是 2/36，即 1/18。骰子的 36 种状态实际上就是 36 个“可能世界”。在这些微型世界中，只有一个世界是“现实世界”，即与那对骰子实际显示的方式相应的世界，其他的微型世界只有当我们提出实际的结果在过去和将来怎样成为或然的或非或然的问题时才有意义。“可能世界”就是我们在学校里所学到的这个概率的微型世界的扩充。克里普克还提到，“可能世界”的概念，虽然扎根于关于世界可能是什么样子的各种通常的观念之中，但却是萌发于较高和较后的抽象水平上。实际上，一个不能理解可能性观念的人也就不大可能理解“可能世界”这个概念。“可能世界”包含一定程度的理想化。

克里普克的关于骰子的分析只是给我们提供了一个关于可能世界的更加直观的想法或概念，但是这也遗留下了很多没有解决的问题。例如，可

① Saul A. Kripke. Naming and Necessity. Basil Blackwell Publisher，1980：15，18-19.
② 同①48.

能世界是抽象的世界的可能状态，那么可能世界能否把握所有的可能性？而世界的可能状态的数量或许是无限的，猜想世界的一些可能性并不是可能的是合理的。也就是说它们并不是这个世界可能是的方式，反而倒不如说得到的是选择的可能性。克里普克在骰子的分析中注意到了这些情况，所以他说这种可能性是被严格控制的。我们仅仅考虑了两个骰子的可能状态，关于怎样考虑一个完整世界的可能状态留下了很多问题，这个世界像骰子，在其中有没有不是骰子的可能状态的其他可能性呢？克里普克对这些问题的反应似乎是，在实践中我们不需要考虑所有世界的可能状态，更不用说所有的可能性。我们能否合理地忽视确定的可能性依赖于我们在使用或讨论可能世界时的目的。克里普克认为，我们不必要对可能世界的实质回答一些细节问题，而提供一个模态语义学的说明或者被用于讨论意义理论中的概念，就像严格指示词的概念那样。但是哲学家们对克里普克的回答没有形成一致的意见。克里普克本人也指出："我并不认为'可能世界'提供了一种有重大哲学意义的还原的分析，也就是说，我并不认为它们从认识论的观点或形而上学的观点揭示了模态算子或命题等的最终本质或'阐明了'模态算子或命题。""整个世界的最广（形而上学）意义上的可能的所有状态的观点包含着一定程度的理想化，也包含着一些我未曾加以讨论的哲学问题。"① 克里普克并没有将可能世界的作用夸大，而且他认为还有许多问题没有展开讨论。

不过，尽管克里普克没有给出一个关于可能世界的详细的理论——有很多问题还是值得讨论的，但是，克里普克重新介绍了可能世界概念，并使得对这一问题的讨论如此流行，而且在可能世界概念的基础上提出了两个重要的理论，这就是克里普克的重要贡献。

二、克里普克关于可能世界的理论旨趣

在《命名与必然性》中，克里普克提出"可能世界"理论，其理论旨趣主要在于：第一，对必然性、本质属性进行分析和解释，从而揭示罗素名称摹状词指称理论的错误，由此论证自己的历史因果指称理论的合理性。第二，说明专名是"严格指示词"，通过利用"严格指示词"来论证先验偶然同一性命题和后验必然同一性命题的成立。

克里普克《命名与必然性》的一个重要任务是批判罗素的名称摹状

① Saul A. Kripke. Naming and Necessity. Basil Blackwell Publisher，1980：19.

词指称理论，并提出他自己的历史因果指称理论。名称摹状词指称理论认为，一个名称的指称是由与之相连的摹状词或摹状词簇决定，并且专名与揭示其指称的限定摹状词是同义的。要驳倒名称摹状词指称理论，就要从揭示对象特性的限定摹状词入手，指出限定摹状词所揭示的只是对象的偶然属性而非必然属性。要说明揭示对象特性的限定摹状词只是对象的偶然特性非必然特性，就要把对象放在更大的视野中，而这个视野就是可能世界。例如“亚里士多德”这个名称，按照摹状词理论的观点，其指称由“亚历山大大帝的老师”“第一本《形而上学》的作者”等摹状词确定，其涵义与摹状词同义。而一旦引入可能世界，一切都发生了变化。在现实世界中，亚里士多德是“亚历山大大帝的老师”“第一本《形而上学》的作者”等，但在某一个可能世界，亚里士多德可能从来没有从事过教育职业，从来没有进行过哲学研究，而是由于偶然的原因做了一名石匠。这种假设的情形是可以想象的。“亚里士多德是亚历山大大帝的老师”要成为必然真理，必须在每一个可能世界中都是真的，而这是不可能的。必然真理就是在每一个可能世界中都真的真理。因而，借助于可能世界这个理论背景，就对必然属性做出了严格的、科学的解释：必然属性是指在每一个可能世界中都具有的特性。而偶然属性则是指在某一个可能世界才具有的特性。引入可能世界理论，罗素的名称摹状词指称理论就不攻自破了。克里普克把本质属性等同于必然属性，因此，在可能世界的基础上，他提出个体的本质在于其起源或构成，自然种类的本质则是其内部结构。

克里普克的一个重要观点就是“专名是严格指示词”，而摹状词则是“非严格指示词”。严格指示词的说明和界定则要借助于可能世界理论。克里普克指出：“如果一个指示词在每一个可能世界中都指示同一个对象，我们就称之为严格指示词。否则就是非严格的或偶然的指示词。”① 名称是严格指示词，摹状词则是非严格的或偶然的指示词。“虽然一个不是1970年美国总统的人有可能是1970年的美国总统（例如汉弗莱就有可能如此），但决没有一个不是尼克松的人可能成为尼克松。同样地，如果一个指示词在对象存在的任何地方都指示这个对象，那么这个指示词就严格地指示了这个对象。而且，如果这个对象是一个必然的存在，那么这个指示词就可以被称作强严格指示词。例如，‘1970年的美国总统’指示了

① Saul A. Kripke. Naming and Necessity. Basil Blackwell Publisher，1980：48.

某个特定的人，即尼克松；但另一个人（比如汉弗莱）有可能成为1970年的美国总统，而尼克松则可能不成为1970年的美国总统，因此这个指示词就不是严格的。"[①] 专名是"严格指示词"，专名指称的确定通过因果链条一环一环地传播下去。

借助可能世界对"严格指示词"进行界定，这就为"先验偶然命题"和"后验必然命题"的提出奠定了基础："巴黎标准尺在时间 t_0 时是一米长"这个命题是先天的偶然真理，因为短语"一米"和短语"在时间 t_0 时的长度"之间有明显差异，前者是严格指示词，它严格指示在所有可能世界中的某个长度，后者并不严格指示什么，在不同的条件下，它的长度可以是不同的，因而这个命题不是必然的，但它是先天的，因为巴黎标准尺是一米长是根据定义先验地知道的。克里普克还从"专名是严格指示词，在一切可能世界中都指称同一对象"的观点出发，就"长庚星是启明星"这个同一命题来说明专名的同一命题是后验必然命题。他指出，"长庚星"和"启明星"都是专名，都是指金星，因而这是一个同一命题。在他看来，既然长庚星和启明星指的是同一个星体，那么在其他可能世界中它们不可能指两个不同的星体。因此，"长庚星就是启明星"这个同一命题是必然命题，它在其他一切可能世界中都是真的。不过，长庚星和启明星都是指金星这个事实，是天文学家发现的，也就是说，它是后验地得知的。因此，"长庚星就是启明星"这个同一命题既是必然的，又是后验的，换句话说，它是后验的必然真理。同样地，克里普克从专名是严格指示词这一观点出发，去说明理论的同一性命题是后验必然命题。他把"热""分子运动"等科学名词都看作严格指示词，它们在一切可能世界中都指示某种外部现象。他说，既然科学研究已经表明，热事实上是分子运动，水的分子结构是 H_2O，而它们又是严格指示词，因此像"热是分子运动" "水是 H_2O"这样的命题既是后验的，又是必然的。

由此，克里普克的可能世界的理论旨趣在于借助可能世界理论对必然性与偶然性进行分析和解释，对"专名是严格指示词"进行界定，从而为他的观点的展开奠定坚实的基础。

① Saul A. Kripke. Naming and Necessity. Basil Blackwell Publisher，1980：48.

第三节 “跨世界同一性”和“跨界识别”问题

一、问题的由来和争议

区分从言（de dicto）模态和从物（de re）模态（或命题的模态和事物的模态）是由欧洲中世纪的逻辑学家提出的，涉及模态词的辖域。尚坡的威廉认为，每一个模态命题是关于另一个命题的意义，所以说“苏格拉底在跑是可能的”就是述说命题“苏格拉底在跑”的意义的可能性。这是把模态命题看成是从言模态即按照意义解释的命题。但是，尚坡的威廉的学生阿伯拉尔认为，带有这种解释的命题严格说来并不是模态命题，因为它没有规定事物之间关系的命题的联结方式，而只是把一个特殊种类的形容词简单地应用于一个简单的命题内容。他认为，真正的模态命题应该是一个含有按照事物解释的模态词的命题。这种命题可以用“可能地”这样一个副词来构成。因为“没有任何人可能是白的”，虽然可以理解为具有“没有人是白的，这是可能的”这种意义的真的单称肯定命题，但也可以理解为具有“没有人可能是白的”或“任何人不可能是白的”这种意义的假的全称否定命题。按照阿伯拉尔的看法，把“没有任何人可能是白的”理解为“没有人是白的，这是可能的”即理解为从言模态命题是不正确的，应当理解为第二种意义即从物模态命题，因为模态词是一种修饰联结词，表达了事物之间的一种连接方式。阿伯拉尔之后，希雷斯伍德的威廉把阿伯拉尔关于“按照意义的解释”和“按照事物的解释”的两种模态命题区分改为“从言”和“从物”的区分。他认为模态命题有两类：一类命题是把模态归于“言”，这类命题在结构上并不是严格的模态命题；另一类命题是把模态词归于“主词”，即归于事物，这是严格意义的模态命题。托马斯·阿奎那继承了希雷斯伍德的威廉的思想，明确把模态命题分为从言的和从物的。“苏格拉底在跑，这是可能的”，这是一个从言的模态命题，“苏格拉底可能在跑”，这是一个从物的模态命题。①

在现代，就形成了从言（de dicto）模态和从物（de re）模态的区分。de dicto 是关于语句的，即模态词所修饰的是意义完整的句子或命题函

---

① 张家龙. 模态逻辑与哲学. 北京：中国社会出版社，2003：33-34.

项。如"'苏格拉底有死'是必然的","'明天下雨'是可能的"。这类模态命题的一般结构是：p是必然的，p是可能的。de re是关于事物的，从属于事物的，即把模态词插入句子中间，修饰句子的谓词。如"苏格拉底可能跑步","行星的数目必然大于7"。这类模态命题的一般结构是：s必然是p，s可能是p。

de re模态的承认必然导致承认个体变元和个体常项在各个可能世界的所指是同一的，从而出现跨越世界的个体（transworld individual)。例如，从物模态公式$\Box\Phi\alpha$在可能世界w是真的当且仅当在W可达的任一世界w'，$\Phi\alpha$是真的，这表明α在一切可能世界的所指是同一的。举一个更直观的例子，"如果亚里士多德没有从事过教育职业，他就会成为一名商人"。这个句子表达了一个可能世界，在其中，亚里士多德是一名商人。承认这类句子，就承认了亚里士多德能够跨越不同可能世界而存在：在现实世界中，他是一名著名的哲学家、亚历山大大帝的老师；而在另一个可能世界中，他没有从事教育职业，而是一名商人。他因此成了一个跨越世界的个体。但是，我们如何能够知道在不同世界中的亚里士多德是同一个人呢？我们根据什么样的标准去辨认、识别在不同可能世界中存在的相同个体呢？这就是所谓跨界同一性和跨界识别的问题。

针对上述问题，哲学家们纷纷发表意见。概括起来，主要有三种观点。

第一种观点认为跨界识别问题是所有承认可能世界理论的必然结果，否则该理论会失去意义。从直观上看，"如果亚里士多德没有从事过教育职业，他就会成为一名商人"之类的语句是有意义的。这就是说，尽管在现实世界中，亚里士多德从事教育职业，成为著名的哲学家和亚历山大大帝的老师，但是我们完全可以设想这样的可能世界：在其中亚里士多德没有从事过教育职业，而是成为一名商人。显然，这个可能世界中的亚里士多德和现实世界中的亚里士多德必须是同一个亚里士多德，否则我们上述谈论毫无意义，这样也就承认了亚里士多德是一个跨界的个体，他可以跨越不同的可能世界而存在。因此，个体能跨越不同的可能世界，这样就产生了跨界识别问题。"跨越世界的个体是可能世界理论必然派生的，其存在是毋庸置疑的。如果否认这种个体的存在，必定导致认为一个个体只能存在于一个世界之中，个体必定是限界个体，这样就会造成下述结果：或者所有可能世界中没有相同的个体，即各个可能世界的个体都各不相同，其中的各个事态也互不相同；或者所有的个体只存在于一个世界例如现实世界之中。这样一来，任一语句 p 只能描述一个可能世界的个体，只能刻画一个可能世界中的事态，p 因此就不能在所有可能世界中真，不可能是必然语句。”① 由此推出，这样的可能世界集不能充当模态逻辑的语义工具，可能世界之说也将完全失去其意义。人们一般认为，这种看法虽然很有道理，但是其产生的后果却导致很大的麻烦：我们根据什么标准来识别跨界个体是同一个体？诉诸本质吗？一般认为这将导致更多问题。

第二种观点主要是通过否认存在跨界识别问题而否认可能世界理论，其主要代表是齐硕姆。齐硕姆为了否定可能世界理论的正确性，企图在跨界同一性这个概念上打开缺口，认为它与数学界和逻辑学界都承认的一个根本性原则即莱布尼茨的同一性原则相冲突，因此否认跨界识别问题。首先，齐硕姆认为，跨世界的个体这个概念与莱布尼茨的同一性原则相背离。同一性原则可表述为：对于任何对象 x 和 y，如果 x 同一于 y，那么 x 的每个属性都是 y 的属性。用公式表示为：$(\forall x)(\forall y)((x=y)\rightarrow(F(x)\leftrightarrow F(y)))$。一旦承认跨界个体，该原则就会遇到麻烦。比如，“亚里士多德同一于亚里士多德”是不言而喻的真理。亚里士多德可以跨越不同的可能世界，例如，w_1 和 w_2，在这两个世界中，有些事物是不同的，亚里士多德也会有所变化，在这里开始违背莱布尼茨的同一性原则：w_1 中的亚里士多德具有某种性质 F，而 w_2 中的亚里士多德可能不具有性质 F。即使这两个世界中的其他事物有所不同，w_1 和 w_2 中的亚里士多德没有丝毫变化时，w_1 中的亚里士多德也会缺乏 w_2 中的亚里士多德具有的一种性质，因为 w_1 中的亚里士多德有存在于 w_1 中的性质 F，w_2 中的亚里士多德有存在于 w_2 中的性质 G，所以，w_1 中的亚里士多德不可能具有 w_2 中的亚里士多德所具有的性质 G，反之亦然。总之，只要允许亚里士多德存在于两个不同的可能世界，并且承认亚里士多德同一于亚里士多德，那么就会违反莱布尼茨的同一性原则。解决这个问题的可能途径是，或者否认莱布尼茨的同一性原则，或者否认亚里士多德可以跨越不同的可能世界。前者会遭到绝大多数的逻辑学家反对，因此，合理的结论就是，同一事物不能跨越不同的可能世界。其次，跨越世界的个体这个概念与同一关系的传递律相矛盾。假定两个事物 A 和 B 都存在于可能世界 w_1 中，但是它们有许多不同的性质。再假定在另一个可能世界 w_2 中，A 和 B 没有发生重大变化，但是 A 具有 B 在 w_1 中的体积，B 具有 A 在 w_1 中的大小，我们

① 陈波. 逻辑哲学. 北京：北京大学出版社，2005：338-339.

假定它们仍然保持自身的同一性。接着我们再考察第三个可能世界 w_3，w_2 中的 A 和 B 同 w_3 中的 A 和 B 几乎是一样的，只是 A 和 B 互相交换另一种性质——颜色。这样，w_2 中的 A 仍然同一于 w_3 中的 A，B 也是如此。如果我们继续不断地考察许多可能世界，每向前一步，A 和 B 都互换一种性质，并且它们仍然保持自身的同一性。最终我们碰到一个可能世界 w_n，其中 A 具有 B 在 w_1 中所拥有的一切性质，B 具有 A 在 w_1 中所拥有的一切性质，这就意味着 w_n 中的 A 同一于 w_1 中的 B，w_n 中的 B 同一于 w_1 中的 A，也就是说，w_1 中的 A 同一于 w_2 中的 A，w_2 中的 A 同一于 w_3 中的 A，依此类推；w_1 中的 B 同一于 w_2 中的 B，w_2 中的 B 同一于 w_3 中的 B，依此类推；但是，w_n 中的 A 不同于 w_1 中的 A，w_n 中的 B 不同于 w_1 中的 B。这样就造成了同一关系不传递的结果。但是同一关系的传递性是不容置疑的，对它的否定会引起人类知识体系的改变。因此，不可避免的结论是，个体不能跨越可能世界。可以肯定，齐硕姆的证明存在某些方面的误解。实际上，在应用莱布尼茨的同一性原则的时候，只要我们考虑时间和空间，该原则肯定失效，更何况在不同的可能世界中。即使在现实世界中，一个人每时每刻都会有所变化，比如精神状态、衣着、体重等，按照齐硕姆对莱布尼茨的同一性原则的应用，这个人和他自身就是不同一的。在不同的可能世界更是不可能同一。普兰廷加在《必然性的本质》这本书里就谈到了时间的问题。① 因此，莱布尼茨所表述的同一不可分辨原则，实际上只对数这样的抽象对象成立，因为它们与时空无关；而对一切与时空有关的具体对象都不成立。例如个人跨时间和空间的同一性，就肯定违反莱布尼茨所表述的同一不可分辨原则。②

第三种观点根本否认跨界识别问题，认为这是出于对可能世界理论的误解而产生的一个伪问题。这种观点的代表人物主要有欣迪卡、D. 刘易斯和克里普克。

欣迪卡认为："跨界识别问题显示出一个严重的错误，许多哲学家近来已成为这一错误的牺牲品。他们被'可能世界'一词弄糊涂了，按照它的表面价值去理解它。这是一个可悲的错误。""可能世界正像概率论中所考虑的基本选择事件，即样本集点。在某些方面，把它们叫做样本空间元素或者情境（scenarios）甚至比叫做'可能世界'更好一些。……它们被

① A. Plantinga. The Nature of Necessity. Oxford University Press，1974：94-95.

② 陈波. 逻辑哲学. 北京：北京大学出版社，2005：338.

称为'世界'的唯一理由是，在可能世界框架的某一种应用中，它们是所考虑的最详尽无遗的选择物。""这种观察与跨界识别问题的关系是这样的：只要'可能世界'被看成相异的宇宙，跨界识别问题看起来将是毫无希望解决的。……但是当所谓的'可能世界'被认作是它们在大多数应用中所是的东西，困难在原则上就不存在了。至少，我们通常在讨论的那些'小世界'有一部分共同的典型部分，例如过去历史的一段。""在这样一种情形中，一个部分的跨界识别方法是唾手可得的——至少看起来如此。为了在相应的'世界'（情境）中检验两个个体，我们所必须做的就是追寻它们的时空历程至两个情境的共同部分——然后看它们是否在那里重合。"①

D. 刘易斯从他的可能世界激进论观点出发，否认有真正的跨越世界的个体。他认为，既然各个可能世界与现实世界同样真实地存在着，个体因此只能是限界个体（world-bound individual）。即是说，一个个体不可能存在于不同的可能世界中，而只能存在于一个世界中。因此，他否认了跨界识别问题。但是他又提出了一个所谓的对应体（counterpart）理论，其要点是，尽管一个个体只能存在于现实世界之中，但它在其他可能世界有自己的对应体。于是他把跨界识别同一个体的问题转换为跨界识别一个个体和它的对应体的问题。他提出的识别标准是，对于 w_i 中的 x 和 w_j 中的 y，只有当 w_j 中没有任何事物更类似于 w_i 中的 x 时，y 才是 w_j 中 x 的对应体。他还构造了一个对应体理论，其中的对应体关系是一种类似关系，它既不对称也不传递，甚至也不一一对应。即是说，一个个体在不同的可能世界中有不同的对应体。例如，里根可以有一个连任三届美国总统的对应体，也可以有一个当科学家的对应体。刘易斯的对应体理论遭到了克里普克等人的严厉批评，认为他的这种理论将导致反事实谈论成为无意义的。详细内容见下一个问题。

二、克里普克关于跨界同一性和跨界识别的基本观点

克里普克认为，可能世界语义学并不能必然引起跨界识别问题。他认为跨界同一性（跨界识别）的问题，即不同的可能世界存在同一个体的问题是不存在的。他指出，提出跨界同一性问题的根源是错误地理解可能世界。他反对可能世界这个概念的误用，也就是把可能世界看成距离我们很

① 陈波. 逻辑哲学引论. 北京：人民出版社，1990：178.

遥远的行星，看成在另外一个空间存在的、与我们周围的景物相似的东西，或者由此引出所谓“超世界的同一性”的荒谬问题来。

克里普克还对 D. 刘易斯的对应体理论进行了严厉批评。他指出：“严格地说，刘易斯的观点不是关于‘超世界的同一性’（transworld identification）的观点。毋宁说，刘易斯认为，跨可能世界之间的相似性决定了对应关系，这种关系既不需要是对称的，又不需要是传递的。某个事物在另一个可能世界中的对应物决不会与这个事物本身相同一。因此，如果我们说：‘汉弗莱可能已经赢得了竞选（只要他如此这般地做了），那么我们就不是在谈论可能发生在汉弗莱身上的某种事情，而是在谈论发生在另一个人身上，即一个对应物身上的某件事情。’然而，或许汉弗莱对于是否有另一个人（无论这个人与他多么相像）会在另一个可能世界中取胜的问题是不会十分关心的。因而在我看来，刘易斯的观点比他所代替的超世界的同一性这个通常的概念更加荒谬。”① “甚至更令人不快的是刘易斯的观点。根据刘易斯的观点，当我们说：‘在某种情形下尼克松可能已经使卡斯威尔获得通过’，我们的真正意思是，‘某个人，不是尼克松但是相似他的人，使已经得到了一些支持，不是卡斯威尔但相似他的人获得了通过。’也许正是这样，即某个很相似于尼克松的人使某个很相似于卡斯威尔的人获得通过。但是这将使尼克松和卡斯威尔都不舒服，这也使尼克松不得不说：‘我已经做了如此这般的事情使卡斯威尔获得通过。’问题是，在某种情况下尼克松他自己是否使卡斯威尔获得通过。”② 克里普克在这里显然是说，按照刘易斯的观点，如果我们说“汉弗莱可能赢得了这次选举”，所意味的是：“某个不同于但在某种方式上相似于汉弗莱的人可能已经赢得了这次选举”：赢得这次选举并不是（按刘易斯的看法）发生到汉弗莱身上的事情，那是发生在他的对应物身上的事情。相似地，如果我们说“在某种情形下尼克松可能已经使卡斯威尔获得通过”，我们所真正意味的是“在某种情形下，某个不同于但在一定方式上相似于尼克松的人，已经使某个不同于卡斯威尔但在某种方式上相似于他的人获得通过”。但克里普克认为，很明显的是，如果我们说“汉弗莱可能已经赢得了选举”或者“尼克松已经使卡斯威尔获得通过”，我们意味的是，汉弗莱可

---

① 克里普克. 命名与必然性. 梅文，译. 上海：上海译文出版社，2001：24.

② S. Kripke. Identity and Necessity//M. Munitz (ed.). Identity and Individuation. New York University Press，1971：148.

能已经赢得了选举或者尼克松已经使卡斯威尔获得通过。

我们再看一个例子来理解克里普克对刘易斯的批评。例如，当我们说“要是不下雨的话，张三可能赢得这场比赛”，按照刘易斯的对应理论，我们并不是在谈论张三，我们所谈论的是张三在另外一个可能世界中的对应体。这样一来，我们说“对张三来说，事情本来可能是另外一种样子”就变得没有任何意义了。但实际上，在反事实谈论中，我们所说的仍然是张三，而不是什么张三的对应体或仿本。

概括起来，克里普克关于跨界同一性和跨界识别问题主要包括以下观点：

第一，个体的跨界识别问题是不合法的。他把这种做法比喻为用望远镜观察另一个世界，通过观察其中居民的行为和特征来判定我们世界中的某个人是否存在于其中，进而识别他（或她）是谁。在克里普克看来，一个可能世界并不是我们所遇见的或者通过望远镜所看到的遥远的国家。一般来说，可能世界距离我们是非常遥远的。即使我们以比光速还快的速度旅行，也到不了那里。一个可能世界是由我们赋予它的描述条件来给出的。“可能世界”是规定的，而不是用高倍望远镜发现的。由此，“克里普克断言，这种‘跨世界同一性’的担心仅仅被描述为依赖可能世界是什么的某种图画，以及我们对它们的理解”①。克里普克认为这样的可能世界是错误的，好像被人们想象成异国他乡一般。而人们似乎是作为旁观者来观看它的。实际上，可能世界只是“世界的可能状态（或历史）”，因此它只是一种抽象的存在，在这样的一些抽象存在物当中，根本没有办法去挑选和识别其中具体的个体，因而个体的跨世界识别问题在他看来就是不合法的。就像普兰廷加所指出的：“根本就没有‘窥视’另一个可能世界并且观察那里正在发生什么这么一回事。”② 因此，尽管包括蒯因在内的许多哲学家认为跨世界同一性存在问题，但克里普克却不这样认为，因为在他看来，个体的跨界识别问题本身就是不合法的，跨世界同一性所存在的问题也就自然消失了。

第二，即使按照其他的可能世界观点，要提出一个跨界同一性标准也是困难的，识别跨界个体也不需要借助本质。克里普克指出：“有许多种

① Christopher Hughes. Kripke: Names, Necessity, and Identity. Clarendon Press, 2004: 119.

② A. Plantinga. The Nature of Necessity. Oxford University Press, 1974: 96.

机会使人们这么认为；其中一条是：所谓本质属性的问题被认为是与'跨可能世界的同一性'问题相等同的（并且它是等同的）。假如我们有一个叫尼克松的人，并且还有另外一个可能世界，在这个世界中，没有一个人具有尼克松在实际世界中所具有的全部特性。那么，在这些另外的人当中，如果有人是尼克松的话，他是谁？确信你们在这里必须提出一些同一性的标准！如果你们有一种识别标准的话，你们就能在另一个可能世界中认出那个是尼克松的人；而且在那另一个可能世界中，尼克松是否具有某些特性的问题就会得到很好的限定。我们还可以假定，用这样一些概念可以很好地限定这个问题在所有可能世界是不是真的，或者，在某些可能世界中尼克松不曾赢得过竞选。但是据说，提出这种识别标准是非常困难的。……难道有人为跨可能世界的同一性提出了一整套必要而充分的条件了吗？确实，对同一性提供必要而充分的、同时又不是用未经证明的假定来推论的条件，在任何情况下都是罕见的。数学是我所真正知道的唯一事例，老实说，在数学中，甚至可以在可能世界的范围内提出必要而充分的条件。我并不知道跨越时间的物体同一性的充分而必要的条件。谁都知道这是一个什么性质的问题。我们还是不考虑这个问题为好。"① 也就是说，尽管本质属性的问题被认为与"跨可能世界的同一性"问题相等同，但是要为跨世界同一性提出一套充分而必要的条件是很难的，因为它涉及对时间的跨越，它不像抽象的数学，所以，最好的态度是，我们不考虑这个问题。一个对象的一些特性对它来说可能是本质的特性，因为它必然具有这些特性，但是，这些特性成为用来在另一个可能世界中识别这个对象的标志，事实上不需要这种识别标志。即使我们在实际世界中是根据一个对象的本质特性来识别这个对象的，但这个对象的本质特性也不必成为在实际世界中用来识别该对象的标志。由此可见，在克里普克的论证中，识别跨界个体并不是诉诸本质属性，也不需要诉诸本质。施太格缪勒也指出："为了知道在可能世界中输掉 1968 年美国总统选举的那个人事实上是不是尼克松，我们不必进行有关尼克松性的任何本质研究。"② 那么，在克里普克看来，如何解决跨界同一性的问题？

第三，严格指示词使得跨世界同一性有意义，并能够解决该问题。克里普克指出，名称是严格指示词，在所有可能世界指称同一对象。他说，

① Saul A. Kripke. Naming and Necessity. Basil Blackwell Publisher，1980：42-43.

② 施太格缪勒. 当代哲学主流：下卷. 王炳文，等译. 北京：商务印书馆，2000：286.

有些人认为，要使“严格指示词”这个观念有意义，就得先使“超世界同一性的标准”有意义。但在这些人恰恰本末倒置了。只是因为我们可以（严格地）指称尼克松，并且规定所谈论的是（在某些情况下）本来会发生在他身上的事情，“超世界同一性”在这种情况下才没有问题。由于名称是严格指示词，因而不需要对它指称的对象使用本质做识别标志来识别，实际上，只要使用严格指示词就能够解决跨世界同一性的问题。例如，在这间屋子里有一张桌子，这张桌子具有木制的、褐色的、放在这间屋子里等特性。“不应该问：如果不根据这张桌子的这些特性，我们怎样在另一个可能世界中识别这张桌子？因为我手边有这张桌子，我可以指着它；当我问它是否曾在另一间屋子里放过时，我就是根据定义来谈论它。我无需用望远镜看到它之后才能识别它。如果我谈论它，我就是用下面的方式谈论它：当我说我们的手可能被染成绿色时，我就规定我是在谈论绿色。”① 苏珊·哈克也认为，克里普克的严格指示词是解决跨世界同一性的方法之一。克里普克“把这个问题的担子从谓词的肩上转移到名称的肩上。因而，克里普克否认个体的专名在涵义上与它们的所指者的摹状词的任一集合等价，并且还回避了这样的问题：另一个可能世界中的一个个体所必须满足的这样一个摹状词集合有多少是与这个世界中的个体（如苏格拉底）同一的。专名是严格指示词，在所有可能世界都指称同一个体；另一个可能世界中的哪一个个体是苏格拉底呢？唯有‘苏格拉底’那个个体本身才是这个问题的惟一正确答案”②。

当然，克里普克也没有完全否认“跨世界同一性”问题，并不像一些学者所认为的那样，克里普克认为这是一个伪问题。例如，假定在组成一张桌子 T 的分子的历史中发生了某种非真实的变化，人们就会问，在那种情况下 T 是否会存在，或者在那种情况下会构成一张桌子的某一堆分子是否恰恰构成了那张桌子 T。在类似的情况下，我们是根据另一些更加“基本的”特殊事物为某些特殊事物寻求在所有可能世界中同一性的标准。如果一张桌子的各个部分被替换了，那么它还是原来那个对象吗？如果一张桌子的一小片或一个分子被另一个替换，那么我们还会满足于说，这是同一张桌子。但是如果它的过多的部分被替换了，那么看来这张桌子就不是以前那张了。因此，在克里普克看来，当我们通过质疑一个对象的各个

① 克里普克. 命名与必然性. 梅文，译. 上海：上海译文出版社，2001：31-32.

② 苏珊·哈克. 逻辑哲学. 罗毅，译. 北京：商务印书馆，2003：336. 文字有个别改动。

组成部分来提出识别该对象的问题的时候，“超世界同一性”问题就有了某种意义。

第四节　可能世界的理论价值和应用价值

一、可能世界：《命名与必然性》的理论视角和理论起点

可能世界理论是克里普克《命名与必然性》的理论视角和理论起点。正如他本人所指出的，《命名与必然性》一书的思想早在20世纪60年代初期就开始酝酿，其中大部分观点是在1963—1964年系统提出来的。本著作产生于他早年在模态逻辑的模型论方面所做的一些形式研究。他在1963年和1965年分别发表了《模态逻辑的语义分析Ⅰ》和《模态逻辑的语义分析Ⅱ》，从而使可能世界语义学建立起来了。他的这一学说已经成为现代模态命题逻辑和模态谓词逻辑的基础。斯蒂芬·里德指出：“在过去的大约25年里，对可能世界和模态逻辑的哲学反思一直受克里普克形式化工作的影响。在克里普克的工作中，可能世界的概念得到清晰的解释，从而为模态逻辑给出一个令人满意的形式语义学。在此以前，由蒯因倡导的、关于模态论说的怀疑论占统治地位。”① 克里普克对模态算子（必然和可能）的解释基于可能世界概念。按照他的解释，必然真的语句就是那些在每一个可能世界都真的语句，而可能真的语句则是那些在至少一个可能世界真的语句。可能世界语义学具有普遍的方法论意义，因此，它已被卓有成效地应用于哲学逻辑的其他各个分支的语义分析。“克里普克后来的工作主要是建立在他关于模态逻辑的研究成果上。”② 这其中主要包括了他的《命名与必然性》。

《命名与必然性》阐述了克里普克的两个主要的理论，即历史因果指称理论与存在先验偶然同一性命题和后验必然同一性命题的观点。而这两个理论都是以可能世界作为基础或起点的，可以说，没有可能世界理论就没有他的名称的因果指称理论与存在先验偶然同一性命题和后验必然同一性命题观点的产生。即使退一步，最起码可以说，他的理论不可能产生如

---

① 斯蒂芬·里德．对逻辑的思考：逻辑哲学导论．李小五，译．沈阳：辽宁教育出版社，1998：148.

② 周礼全．逻辑百科辞典．成都：四川教育出版社，1994：261.

此广泛而深刻的影响。正是可能世界这一崭新的理论视角，使他的理论有着划时代的意义。

名称的摹状词（或簇）指称理论的理论起点是现实世界，它没有引入“可能世界”这个概念。在现实世界的语境中，名称的摹状词理论——名称的所指是由相应的限定摹状词（或簇）所决定的，名称与揭示其指称的限定摹状词（或簇）是同义的，名称既有涵义也有所指——是基本正确的。在引入“可能世界”这个概念之前，学术界对弗雷格和罗素以来的这一传统看法基本上没有异议。但一旦引入“可能世界”这个概念，也就是把问题放在可能世界的背景中去思考、去讨论，情况就发生了深刻的变化。在可能世界这个视野里，确定专名指称的限定摹状词所揭示的都只是对象的偶然属性而非本质属性。例如“亚里士多德”这个名称，按照摹状词理论的观点，其指称由“亚历山大大帝的老师”“第一本《形而上学》的作者”等摹状词确定，其涵义与摹状词同义。而一旦引入可能世界，一切都发生了变化。在现实世界中，亚里士多德是“亚历山大大帝的老师”“第一本《形而上学》的作者”，等等，但在某一个可能世界，亚里士多德可能从来就没有从事过教育职业，从来没有进行过哲学研究。因此，“亚历山大大帝的老师”“第一本《形而上学》的作者”等摹状词揭示的只是亚里士多德的偶然属性而非本质属性。由此，名称的摹状词（或簇）指称理论轰然坍塌，名称的历史因果指称理论相应产生，名称的命名依赖的是社会历史中名称传递的因果链条，借助作为“严格指示词”的专名来进行的。可见，“可能世界”是名称的历史因果指称理论的理论起点。

先验偶然同一性命题和后验必然同一性命题的成立也依赖于可能世界。康德以来的传统观点是“先验的”“分析的”与“必然的”相等同，“后验的”“综合的”与“偶然的”相同一。蒯因在《经验论的两个教条》中猛烈批判了传统的分析命题和综合命题这两类命题的绝对区分，指出其区分的标准是不成立的，分析命题和综合命题之间并没有一个明显的界限，但蒯因的论证没有以可能世界为视角，因而也只能指明以往的区分是不合理的而已，不可能提出更进一步的观点。而克里普克从可能世界这个视角进行论证，通过引入“专名是严格指示词，在所有可能世界中都指示同一对象；摹状词则是偶然的或非严格的指示词，在不同可能世界，其指称不同”的观点，证明了存在先验偶然同一性命题和后验必然同一性命题。先验偶然同一性命题和后验必然同一性命题都依赖于“专名是严格指示词”，而“严格指示词”是借助于可能世界进行定义的。没有可能世界，也就没有先验偶然同一性命题和后验必然同一性命题。可见，可能世界也是先验偶然同一性命题和后验必然同一性命题的理论起点。

克里普克之所以把可能世界作为《命名与必然性》的理论视角，主要在于要对模态命题的真值条件进行定义，其中主要是对必然性命题进行解释和说明，而必然性于他的名称的历史因果指称理论、先验偶然同一性命题和后验必然同一性命题的成立有重要意义。正如有的学者指出的："克里普克还把模态逻辑语义理论运用到语言哲学中，提出了一些颇有独创性的新观点，对某些传统理论提出严重挑战。在指称问题上，他以固定指示记号（即严格指示词）和非固定指示记号的区分，提出他的历史的、因果的命名理论，对弗雷格、罗素等人主张的'描述理论'或'摹状词论'进行猛烈的抨击。在必然性问题上，他强调必然性和先验性的区分，否定了把必然命题和先验命题等同起来的传统观点，同时提出先验偶然命题和后验必然命题这种崭新的看法，打破了原来以为先验命题一定是必然的、后验命题一定是偶然的这种陈旧的观点。"① 总之，可能世界理论是《命名与必然性》的理论起点，克里普克是从可能世界这个崭新的理论视角进行论证的。

二、可能世界：一种崭新的分析方法和研究方法

克里普克的可能世界语义理论有重要意义，正如有的学者指出的，"可能世界语义学的建立具有极为深远的意义。首先，解决了现代模态逻辑自建立以来模态概念不清，没有分析手段，致使研究工作无法深入开展这一极为重要的问题，为模态逻辑的研究与发展提供了新的理论与方法，促进了对一些问题的探讨；其次，对其他广义模态逻辑诸如道义逻辑、时态逻辑等提供了语义学解释，具有广泛的应用；再次，为自然语言逻辑、逻辑哲学、语言哲学的研究开辟了道路；第四，展示了广阔而丰富的哲学背景，将促进某些新的研究领域的诞生。一句话，在现代逻辑的研究中，可能世界语义学堪称一座丰碑。"②

首先，克里普克对可能世界概念的使用，为哲学分析提供了一个崭新的分析方法，或者说，为哲学问题的分析给出了一个更加广阔的视野。在

---

① 涂纪亮．当代西方著名哲学家评传（第一卷 语言哲学）．济南：山东人民出版社，1996：296.

② 何向东．广义模态逻辑及其应用．北京：人民出版社，2005：57.

可能世界的视野里分析必然性，就使必然性、可能性等概念更加精确，从而取代了以往哲学对必然性的单纯的思辨的分析。例如，以往哲学对必然性的分析是，必然性是指事物联系和发展过程中合乎规律的、一定要发生的、确定不移的趋势。这是一种思辨哲学的描述，实际上是很模糊的。因为“合乎规律”“一定要发生”“确定不移”都是一些模糊的概念。而借助可能世界分析必然性却要精确、具体得多，我们谈论必然性和可能性都是相对于可能世界而言，而不是一般地、笼统地分析。一个命题是必然的，是指在每一个可能世界都真的命题。在可能世界的视野中定义本质属性和偶然属性，用以分析弗雷格、罗素等人的名称摹状词理论，其缺点就暴露无遗。从可能世界的角度，弗雷格、罗素用以确定名称指称的摹状词都只是所指对象的偶然属性而非本质属性，从而，名称摹状词理论就要被修改或被别的理论取代。除此之外，从可能世界的视野还可以分析一系列的哲学问题，如分析命题和综合命题、先验命题和后验命题以及逻辑真理和事实真理等，从而对这些问题的解决有很大的启发意义。当然，尽管可能世界语义学为对很多哲学概念的分析提供了工具，但是克里普克并没有过于夸大其作用。他指出：“我并不认为它们从认识论的观点或形而上学的观点揭示了模态算子或命题等的最终本质或‘阐明了’模态算子或命题。”① 也就是说，从可能世界的角度对必然性进行分析，并不是唯一的或最终的途径。

其次，可能世界理论为逻辑学的发展带来了革命性的影响。可能世界语义学超越了经典语义学的论域，使命题的真假更加具体化。在经典逻辑中，命题的真假都是相对于现实世界而言的，我们研究命题逻辑和谓词逻辑时并不需要指定论域。可能世界语义学建立以后，命题的真假总是相对于一定的可能世界而言的。一个命题在一个可能世界 w_1 中是真的（比如现实世界），又可能在某一个可能世界 w_2 中是假的。从而经典语义学成了可能世界语义学的一个特殊的范例，经典语义学的命题都可能在可能世界语义学中得到更精确的诠释。可能世界语义学的发展还推动了非经典逻辑研究，如道义逻辑、认知逻辑、时态逻辑、相干逻辑、弗协调逻辑都得到了很大发展。可能世界语义学不仅为现代模态逻辑的发展提供了有力的支持，还为上述非经典逻辑提供了十分有效的语义工具和方法。同时，在哲学逻辑的其他领域，如反事实条件句逻辑、问题逻辑、命令句逻辑、行

① Saul A. Kripke. Naming and Necessity. Basil Blackwell Publisher，1980：19.

动逻辑、优先逻辑，甚至自然语言逻辑研究方面，可能世界语义学都得到了成功的应用。

再次，可能世界理论能够为其他自然科学和社会科学的研究提供科学理论方法论的指导。社会生活中大量使用的科学模态和社会模态，借助于可能世界语义学就可直观可信地处理它们。比如“永动机是不可能的”，所谓永动机是一类不需外界输入能源、能量或在仅有一个热源的条件下便能够不断运动并且对外做功的机械。“永动机是不可能的”可以还原为“在现实世界物理可达的任一可能世界中，永远运动的机械都是不成立的”。在其中，现实世界物理可达的可能世界是指与现实世界遵循相同物理规律的世界，当然现实世界自身也是可能世界的一员。而像“禁止”“允许”这样的法律模态也可得到恰当的语义，“某一行为是禁止的”是指存在着现实世界法律可达的可能世界，在其中，某一行为是非法的。所谓现实世界法律可达的世界，是指与我们的世界共享最基本法规的可能世界。①

最后，可能世界理论对现实生活中人们处理一些“虚构的”或“非真实的”情形发挥重要的方法论作用。在经典逻辑的框架内，我们的思维总是局限于现实世界，一旦涉及非真实的情形，我们就没有办法处理。可能世界语义理论的产生和发展，就大大拓宽了人们的思维领域。文学作品中的世界，就是一个个可能世界，通过在可能世界中事件和人物的描述来弘扬某种精神、行为，揭露或鞭挞某种人或某些行为。用可能世界的思维，我们就可以更好地谈论《西游记》《红楼梦》等描述的世界。一些看似矛盾的语句，在可能世界视野的分析中，我们就能够准确地把握其含义。例如，“这个小姑娘既是不幸的，又是幸运的”，这样的一个语句看似矛盾，其实这是相对于不同的条件（即可能世界）而言的。还有哲学中的许多命题，比如，“时间是有限的又是无限的”“真理是绝对的又是相对的”，乍一看有点莫名其妙，但是学过哲学的人都知道，这同样也是相对于不同的条件（即可能世界）来说的。

---

① 张力峰. 论可能世界理论新近发展. 重庆师范大学学报（哲学社会科学版），2009（4）：52.

第三章　本质主义理论

关于本质问题的探讨主要是从亚里士多德开始的，在 20 世纪模态逻辑兴起以后，本质问题再次成为西方哲学中一个争论的焦点。事物的本质主要是指事物种类的本质和个体的本质。克里普克是当代最有影响的本质主义者之一，《命名与必然性》一书比较系统地阐明了他的本质主义观点。本质主义对克里普克的理论有重要意义，可以说，本质主义是克里普克理论的一面旗帜。

第一节　本质主义的历史溯源

一、亚里士多德的本质主义

在哲学史上，本质主义的历史可以追溯到古希腊。在苏格拉底那里就有一种叫作“精神接生术”的方法，这种方法其实是一种归纳法，它通过归纳寻求概念的定义，从而把握事物的一般本质。如在《美诺篇》中，苏格拉底问美诺，什么是美德？美诺就回答说，男人的美德是什么，女人的美德是什么，儿童、青年、老年的美德是什么，等等。苏格拉底打断他，要他回答一切的普遍的美德。其实就是美德的本质。美诺回答说，这种美德就是支配别人，命令别人。苏格拉底反驳说，儿童和奴隶能支配、命令别人吗？美诺承认他下的定义与具体事例有矛盾。然后苏格拉底又引导美诺找出许多具体的美德，如正义、勇敢、智慧等，再进一步要求找到贯穿一切美德之中共同的美德，实际上就是找寻美德的本质。苏格拉底尽管并没有就本质展开论述，但他的方法告诉我们，本质是事物共同的特性。亚里士多德曾经指出：“苏格拉底专门研究各种伦理方面的品德，他第一个提出了这些品德的一般定义问题。”“有两样东西完全可以归功于苏格拉底，这就是归纳论证和一般定义。”[①] 柏拉图认为，真正的知识是完全摆脱一切感性事物，仅仅与理念有关，这种知识不是别的，正是辩证法。辩证法是最高级的、真正的知识，占绝对统治地位，居于一切科学技术之上。实际上，柏拉图的“辩证法”是对苏格拉底的“精神接生术”的发展。它要求撇开感性事物，从理念（即概念）出发，完全依据理念，通过揭露理念之间的关系，最后上升到无矛盾的善的理念。柏拉图的“辩证法”实际上也是探求本质，形成一般概念的方法。

对本质理论进行系统而深入论述的是亚里士多德。亚里士多德的本质主义理论主要表现在他的四谓词理论之中。他指出，“每一命题和每一问题所指明的，或者是一个种类，或者是一个特性，或者是一个偶有性。因为种差，正如实际情况所表明的，也用于某种类（或类），它应当同类并列。然而，由于在任何事物所特有的东西中，部分意味着它的本质，而部分并不意味着其本质，就让我们把‘特殊’分为上述两部分，把指本质的部分称为‘定义’，而对其余部分采用当前流行的有关术语，把它叫做‘属性’。那末，我们迄今已把问题弄清楚：按照目前的区分，因素一共有四种，即或者是属性，或者是定义，或者是类，或者是偶有性。”[②]

以下是对“定义”、“特性”、“类”（即属）和“偶有性”的说明。亚里士多德指出：“‘定义’是指明某事物的本质的短语。它用短语而不是名辞，用某一短语而不是另一短语的形式作解释；因为有时也可能要给一个短语的意义下定义。”[③] 怎么指明事物的本质呢？他采取了“属加种差”的定义方法：必须把被定义者置于属中，然后再加上种差；因为在定义的若干构成要素中，属最被认为是揭示被定义者本质的。“特性”是不指明某事物本质的宾词，而仅仅属于该事物。亚里士多德认为，谓词可以与主词换位，就应该是定义或特性；如果谓词揭示了主词的本质，它就是定义；如果没有揭示本质，则是特性。按照亚里士多德的看法，本质即是本质特性，它与一般的特性不同。“本质特性被设定为与其他所有事物相关且又使一事物区别于其他所有事物的东西；例如，能够获得知识的那种有死的动物就是人的本质特性。”“本质特性可以在和若干事物的对比关系中得到说明；因为这个特性必定属于与每一存在的事物相关的那个东西，所

① 亚里士多德. 形而上学//北京大学哲学系外国哲学史教研室. 西方哲学原著选读：上卷. 北京：商务印书馆，1981：58.

② 亚里士多德. 工具论. 李匡武，译. 广州：广东人民出版社，1984：268.

③ 同②269.

以，如果这个特性没有与相关的一切事物区分开，它就不可能很好地被设定。”①

“‘类’是在种类上显示差别的许多事物的本质的范畴所指谓的东西。”也就是说“类”是表示种的，而且是表述种的“本质范畴”。“我们应当把诸如适于回答‘你面前的对象是什么’这个问题的所有事物看作本质范畴的宾词；例如：如果提出关于这个问题，回答说‘他是动物’，是适当的。‘某物和另一物是属于同类抑或不同类？’这个问题也是一个‘种类的’问题。因为这种问题也同类一样属于相同的探索范围。已经论证了‘动物’是人的类，同样也是牛的类，我们就已论证它们属于同一类；相反，如果我们论证了其一属于该类，而另一不属该类，这就说明它们并非同类。”②在这里，动物就是表述人或者牛的本质范畴。亚里士多德认为，高一层次的类应该在本质中表述种，高一层次的类不分有任何低一层次的东西。

“‘偶有性’是（1）某情况，虽然它并非前述数者之一，即既非定义，也非特性，也非类，然而属于事物；（2）某情况，可能属于也可能不属于任何一个相同事物，比如（举例说）‘坐的姿势’可能属于或不属于某同一个事物。同样，‘白色’也是如此，因为没有什么东西足以阻止同一事物在某一时间为白，在另一时间为非白。”③ 在这里，亚里士多德给出了偶有性的两个定义，并且认为第二个比第一个更好一些。因为要理解第一个定义，必须先理解什么是定义、特性和类。而第二个定义本身就足以告诉我们有关名辞的主要意义。所以，偶有性是一种事物可能有也可能没有的属性，一种既相对又暂时的特性。例如，“坐的姿势”是一种偶有性，一种暂时的偶有性。任何时候当一个人是唯一坐着的人，又假定他不是唯一坐着的人，坐的姿势仍然是相对于那些并不坐着的人的一种特性。因而，偶有性只是一种既相对又暂时的特性，不可能成为一种绝对的特性。

关于个体的本质，亚里士多德也有所论述。在《范畴篇》中他指出：“实体，就其最真正的、第一性的、最确切的意义而言，乃是那既不可以用来述说一个主体又不存在于一个主体里面的东西，例如某个个别的人或某匹马。但是在第二性的意义之下作为属而包含着第一实体的那些东西也称为实体；还有那些作为种而包含着属的东西也被称为实体。例如，个别

---

① 苗力田．亚里士多德全集：第一卷．北京：中国人民大学出版社，1990：440-441.

② 亚里士多德．工具论．李匡武，译．广州：广东人民出版社，1984：270.

③ 同②.

的‘人’是被包含在人这个属里面的，而‘动物’又是这个属所隶属的种；因此这些东西——就是说‘人’这个属和‘动物’这个种——就被称为第二性实体。”[①]“人”可以用来述说个别的人，而且可以用种名“人”的定义来述说。描述一个个别的人时，说他是人比说他是动物更明白，因为说出种比说出属更有益、更恰当。个体本质是事物的最终定义，它只能被种属定义，反之则不行。另外，个体本质还是个别事物的基础，它决定着一事物为什么是这一个，而不是另一个。但这种本质是抽象的，它可以在认识中被分离出来，因而在个体本质的意义上，第一实体就不再是感性的，而是理性的了。在《形而上学》中他指出：“从量上对实体加以规定，其中一个被认为是其所是，就是那就其自身而言的东西。因为‘是你’不等于是‘文雅’，因为文雅不是就你自身而言的东西，而你的是其所是乃是就你自身而言的东西。但也并不是所有的就其自身的都是本质，说白色就其自身属于平面，意思就不一样。作为平面而存在不同于作为白色而存在。也不是出于两者，作为白色平面而存在。何以如此？因为这是自身重复。不出现于定义中的东西，且自身得到说明，方为个别事物是其所是的定义。”[②] 个别事物的本质是就其自身而言的东西，就是是其所是的东西。可见，亚里士多德也认为个别事物有其个体本质，个体本质决定着某一特殊事物的此性。

亚里士多德在论述事物产生、变化和发展的原因时，提出了一个四因说，即质料因、形式因、动力因和目的因，其中的“形式”涉及对事物本质的论述，形式就是本质。形式即事物的形式结构，“事物的形式或是模型”，如房屋的图样或模型。亚里士多德认为形式是说明事物本质的；形式也可以看成是事物的结构，因为没有结构，散漫的东西不能表现出事物的本质；形式还可以看作事物的“整体”，因为事物的个别部分不能表现其本质。形式就是是其所是的那个东西。

对事物本质的探讨可以从两种意义上进行，一种是本体论意义上的本质，即从事物的存在方面去理解，也就是本质是什么的问题；一种是从认识论的意义上去理解，把本质作为我们认识事物时把一个事物与其他事物区分开来的特性。苏格拉底和柏拉图对本质的追寻主要是从认识论的意义上去理解的。苏格拉底和柏拉图探求本质，主要是为了形成一般的概念。

---

① 亚里士多德．范畴篇·解释篇．方书春，译．北京：商务印书馆，1959：12.

② 苗力田．亚里士多德全集：第七卷．北京：中国人民大学出版社，1993：156-157.

亚里士多德对本质的探讨，则既从认识论方面进行了论述，也从本体论方面进行了阐明。亚里士多德关于本质究竟是什么的探讨主要是从本体论方面对事物本质的研究，而关于把本质作为认识事物时与其他事物区分开来的特性的论述则是从认识论方面来说的。比如，“个体本质还是个别事物的基础，它决定着一事物为什么是这一个，而不是另一个”就是认识论意义上对个体本质的论述。

二、洛克的名义本质和实在本质

在《人类理解论》中，洛克区分了实在本质（real essence）与名义本质（nominal essence）。在他看来，所谓“名义本质”，“只是那些类名或种名所表示的抽象观念”。简言之，就是类概念，它是人们为了便于传达知识而制造出来的名称。“名义本质”所揭示的只是事物的可感性质。所谓“实在本质”，则是指“事物的真正的、内在的、而一般说来（在实体方面）我们并不知道的、为事物的种种可感性质所依赖的那种构造”①。它是名义本质的基础。在洛克看来，那些由简单观念构成的关于物体的复杂观念，如“人”“马”“金”“水”等，只能揭示事物的“名义本质”，而根本不能反映其“实在本质”。洛克以黄金为例，认为黄金的颜色、重量、可熔性等外部性质就是所谓的名义本质，人们借此辨认出黄金，而这些性质所依靠的那些隐藏的结构则是实在本质。他说：“类如黄金底名义本质，就是黄金一词所表示的那个复杂观念，例如，就是一个色黄，量重，可熔，而且固定的物体。至于所谓实在的本质，就是那个物体底不可觉察的各个部分底组织，黄金底这些特性，以及别的特性，都依靠于此。”② 名义本质即事物的外部特性，而实在本质即事物的内部结构。

洛克的“名义本质”和“实在本质”学说与“实体”论紧密相关。所谓实体，即是物体的“一切存在着的性质的一种‘支托者’或‘支撑者’”。洛克在把实体解释为物体的各种可感性质的“支撑者”的同时，还把它看作物体的各种可感性质得以产生的根源。不同的物体具有不同的可感性质，是由于它们各自所依托的实体不同。也正由于这样，洛克便把实体称为事物的“实在本质”。他认为，人们对物体只能认识到它们的可感性质，即“名义本质”，而绝对不能达到其内部“实在本质”的认识，

① 洛克．人类理解论．关文运，译．北京：商务印书馆，1959：411-412.

② 同①422-423.

不可能搞清楚物体具有的各种不同的性质和能力各自依据物体内部的什么样的组织。

第二节　克里普克的本质主义

克里普克的本质主义主要是说明一个个体或事物的特性哪些是本质特性，哪些是偶有特性。他主要论述了个体的本质和自然种类的本质。一个个体的起源（或它构成的材料）对于该个体来说是本质的；而自然种类的本质主要是它的内在结构。当然，克里普克说的本质与亚里士多德的有所不同，克里普克对事物本质的界定有一个标准：这种特性必须在该事物存在的任何场合（即每一个可能世界）都是真的。

一、个体的本质

首先，一个个体的起源对于该个体来说是本质的。克里普克认为，对于一个个体 a 来说，如果它在现实世界中产生于某一特定的源头，那么在任一个 a 存在的可能世界中，a 都会有这同一个起源，也就是说，a 的起源是它的个体本质。他以伊丽莎白女王为例，提出这样一个问题：她可能不是她亲生父母生的吗？在这里，克里普克首先澄清了对这个问题的一种混淆，即有些人把认识论上可设想的情况与这个问题混淆在了一起。比如，从认识论的角度来看，当人们宣布伊丽莎白女王实际上是杜鲁门夫妇的女儿时，无论这是多么地异想天开，这则告示本身都不是矛盾的。克里普克认为他的问题并不是像这样提出来的，而是从既定的事实出发，从伊丽莎白事实上的亲生父母出发，即形成伊丽莎白本人的那对精子、卵子由以来源的人，而无论他（她）们是谁，“让我们假设，女王确实是她的这对父母所生”①。那么在这个前提下，伊丽莎白女王还可能不是她的亲生父母所生的吗？她还可能是杜鲁门夫妇所生的吗？克里普克提出的问题实际是，在形而上学的本体论意义上，由特定的亲生父母所生育的孩子是否可能起源于另一对夫妇的精子、卵子，具体的人能否有另一种起源。克里普克认为杜鲁门夫妇可能有一个孩子，她在外貌及很多特征上与伊丽莎白女王相似，甚至这个孩子在另一个可能世界中成了英国女王，但这一切仍

① 克里普克. 命名与必然性. 梅文，译. 上海：上海译文出版社，2001：90.

然不能说明伊丽莎白女王可能是杜鲁门夫妇的女儿，而只是表明了可能有另外一个女人具有伊丽莎白女王的很多特征，那个女人是杜鲁门夫妇的孩子。克里普克反问道："一个由别的父母生育的，由另一对精子和卵子合成的人怎么能够成为这个女人呢?"他承认，伊丽莎白女王可以像马克·吐温的小说所描写的那样从未成为女王，但难以想象她是由另一对父母生育的，因为"任何来自另一来源的事物都不会成为这个对象"。克里普克是把起源于那个特定的受精卵作为伊丽莎白女王的个体本质。据此，克里普克提出了一条原理："一个对象的起源对于这个对象来说是本质的。"①

其次，一个个体所由以构成的材料对于这个个体来说是本质的。既然对于生物体而言，它的起源是其本质，非生物个体的本质又是什么呢?对此，克里普克提出了"个体构造说"，这一学说认为如果某一个体 a 在现实中有某一种起源上的构造，那么在 a 存在的任何其他可能世界中 a 也都会有这同样的起源构造，也即这同一个起源构造是 a 的本质。实际上，可以把"个体构造说"看成是"个体起源说"在非生物个体上的一个应用②，构造物体的材料、物质本身就可以视为该物体的来源。对于桌子这样的物质对象，克里普克认为它实际由以制造的特殊材料就是本质的。克里普克以这间房间里的一张木制桌子为例进行说明。他问道：这张桌子能由一块与原来完全不同的木料制作出来，或者甚至是由从泰晤士河中取来的水冻成冰块做成的吗?他认为，可以设想这张桌子确实是由从泰晤士河中取来的水冻成的冰做成的。但可以假设并非如此。他指出，尽管我们可以设想用另一块木料甚至用冰来制作一张桌子，它的外表与眼前这张桌子一模一样，而且我们也可以把它放在这间房间的这个位置上，但这并不是在设想眼前的这张桌子是由另一块木料或冰做成的，而是在设想另一张桌子，它用另一块木料甚至用冰做成，它所有的外表细节都与这张桌子完全相似。这张桌子本身不可能有与它事实上的来源不同的来源。对于这个例子，他还给出了如下的逻辑证明。若设"B"为一张桌子的名称，"A"是实际用来制造 B 的那块木料的名称，"C"是另一块木料的名称，则很显然的是，与此同时由 C 制造出的某张桌子 D 与 B 是不同的，即 B≠D。那么，B 可能是用 C 制造出来的吗?也就是说，用 C 制造出来的某张桌子 D

① 克里普克. 命名与必然性. 梅文，译. 上海：上海译文出版社，2001：91-93.

② 张力锋. 模态逻辑和本质主义. 北京：北京大学，2004：96.

有可能同一于 B，即有一个可能世界 w，使得 B=D 吗？克里普克用归谬法来说明这是不可能的。假如有这样一个可能世界使得 B=D，则由“B”“D”都是严格指示词，根据必然同一原则有 L（B=D），因此在现实世界中应有 B=D，而这与前提矛盾。由此，克里普克得出另一个原理：“如果某一个物质对象是由某一块物质构成的，那么它就不可能由任何其他物质构成。”也就是“制造对象的那种物质对于这个对象来说是本质的”①。萨蒙指出：“克里普克的论证很具有概括性。类似的讨论能够被提出关于桌子以外的对象：其他的人造物，比如墙、桥，自然的非动物对象如山、岩石，甚至自然的组织像人。实际上，这个论证似乎应用于事实上可能被说成有物理起源和构成的任何种类的对象。代替讨论一张被给出桌子的构成起源材料，我们也可以谈论一个被给出个人的起源的受精卵等等。”②

二、自然种类的本质

克里普克认为，自然种类的本质就是该种类的全部个体所具有的内部结构。他讨论了非生物自然种类和生物种类的本质。

1. 非生物种类“黄金”“水”的本质

克里普克认为，黄金的原子序数是 79，因而原子序数 79 这一内部结构就给出了黄金的本质。他用可能世界理论进行了论证。在任一个可能世界中某物质是黄金，当且仅当它的原子序数为 79。而我们最初用来识别黄金的标准，诸如颜色、质地等都不是它的本质，我们会遇到另一种物质，它具有我们最初用来识别黄金的一切外貌特征，但却不是黄金，而是黄铁矿或假金。黄铁矿和假金之所以不被称作“黄金”，是因为它们并非原子序数 79 的元素。为将黄金的本质分析得更透彻，克里普克将此事例向前更推进一步到可能世界的情形。我们考虑可能世界，在一种非真实的情形中，黄铁矿或假金在美国的许多山上，或者在南非和俄罗斯的一些地区被发现了。假设在所有这些现在实际上蕴藏着黄金的地区所蕴藏的都是黄铁矿而不是黄金，或者更极端地，蕴藏着某种表面与黄金极为相似但却不具备它的原子结构的物质，甚至还存在着一些更好的成对的相似物，例如，在周期表的一栏中的某对元素彼此十分相似，但是它们仍然是不同的

---

① 克里普克. 命名与必然性. 梅文，译. 上海：上海译文出版社，2001：92-93.

② Natha U. Salmon. Reference and Essence. Prometheus Books，2005：199.

元素。难道这时人们就会说黄铁矿或者那些特殊的物质就是黄金了吗？克里普克断言人们不会这样做，人们只会说某种别的物体会在实际蕴藏黄金的那些地方被发现，而且具有黄金通常的识别特征。在这样的一个可能世界中，缺乏原子序数 79 这一本质的物质依然不会成为黄金。即使黄金不具有它现在的外部特征，它也仍然还是黄金。假设黄金是一种原子序数为 79 的元素，那么任何一种别的物质，即使看上去像黄金，而且在黄金产地被发现，它也不会是黄金。它会是某种别的与黄金极为相似的东西。克里普克还以视觉错觉为理由，设计了一种情形，在这一情形下黄色可能不是黄金的原来颜色，一旦消除了产生视觉错觉的原因，人们就会发现黄金实际上是另外一种颜色，但克里普克认定人们并不会由此而宣称黄金不复存在了，因为这种物质并没有改变原有的原子序数 79。因此，表明黄金内部结构的原子序数 79 就是它的本质，这一点是必然的而不是偶然的。

克里普克还论述了水的本质。水是 H_2O，这是表达了一个科学发现的必然真理，水的本质就是具有 H_2O 的内部结构。“我们最初识别水是根据它对我造成的特有的感触、它的外貌特征或许还有它的味道（尽管它的味道通常可能是水不纯净的缘故所致）。如果实际上甚至存在着某种物质，它具有与水完全不同的内部结构，但在上述方面都与水相似，那么我们会说有些水不是 H_2O？我认为不会这样说。我们倒会说，正如存在着假金那样，可能也会有某种假水；存在着这么一种物质，它尽管具有我们最初用来识别水的各种特性，但是它事实上却并不是水。我认为，这一点不仅适用于现实世界，而且也适用于谈论非真实情形的情况。如果有某种物质是一种假水，那么它就是假水而不是水。另一方面，如果这种物质可以采取另一种形式——例如据称在苏联所发现的高聚水（Polywater），它具有与我们现在称之为水的东西非常不同的识别标志——那么，它也是水的一种形式，因为它是同一种物质，即使它不具备我们最初用来识别水的那些外貌特征。”① 因此，水的本质是具有 H_2O 的内部结构，这是一个必然的真理。

2. 生物种类“虎”“猫”的本质

克里普克认为老虎也有自己的内部结构，其内部结构就构成了老虎的

① 克里普克．命名与必然性．梅文，译．上海：上海译文出版社，2001：106-107．文字有个别改动。

本质。“我们在这个世界的某个地方可能发现一些动物，尽管它们看上去恰恰像一只虎，然而经考查后发现甚至连哺乳动物都不是。例如它们事实上是具有非常特殊外貌的爬行动物。我们是否能够根据这个描述断言说有些虎是爬行动物呢？我们不会这样做的。我们将宁肯下结论说，尽管这些动物具有我们最初据此来识别虎的外在标志，但它们事实上却并不是虎。因为它们与我们称之为‘虎种’的那个种是不同种的。现在，我认为这样说并不是由于关于虎的旧概念已为新的科学定义所代替，正如有些人想要指出的那样。我认为，这个结论在虎的内部结构被加以研究之前对于虎的概念来说就是真的。即使我们不知道老虎的内部结构是什么，我们假设——并且假设我们是正确的——虎形成了某个种类或自然种类，那么我们就可以设想，存在着这样一种生物，尽管它具有虎的所有的外部特征，然而它在内部结构方面与虎有很大的差异，以致我们应当说，它们不是同种的东西。我们可以在不知道它的内部结构，即这个内部结构到底是什么的情况下设想这一点。”① 相反，即使失去了我们通常用以识别虎的那些特性，老虎仍然还是老虎，只要构成其本质的内部结构没有改变，比如老虎可以不是四足动物，可以不是黄褐色的，甚至还可以不是食肉动物，等等。

克里普克还谈到了猫的本质。如果猫是动物（具有某种被确定为动物的内部结构），那么任何具有某种适当的内部结构像猫的动物便不是猫。设想在一种非真实的情况下，有一些外形像猫的精灵，但这些精灵并不是猫。我们可能发现，我们所有的实际的猫都是精灵。然而我们一旦发现它们不是精灵时，那么猫的性质的一部分就在于：当我们描述一种到处都有这样的精灵存在的非真实的世界时，就必须说，这些精灵不会是猫。这将是一个包含有装扮成猫的精灵的世界。虽然我们可以说猫可能被证明为精灵，是某个种类的精灵，但假设这些猫事实上就是动物，那么任何猫形的但不是动物的存在物，在现实的世界或在非真实的世界就都不是猫。同样的道理也适用于那些具有猫的外貌特征但又具有爬行动物的内部结构的动物。如果这种动物果真存在，那么它就不会是猫，而是假猫。

3. 捍卫克里普克自然种类本质的观点

应该说，克里普克对自然种类本质的论证是比较合理的。自然种类的本质就是该种类的全部个体所具有的内部结构，这是毋庸置疑的。有人认

---

① 克里普克．命名与必然性．梅文，译．上海：上海译文出版社，2001：98-99.

为，克里普克的本质主义会是十分荒谬的，因为，“我们可以设想这样一个世界 W_i，W_i 中的事物在内在结构方面和现实世界的完全一致，但在外部特征上刚好相反。例如，W_i 中有一种呈灰白色、质地坚硬、有延展性、在潮湿空气中容易生锈、可以用来构造各式机械的物质，它却具有 H_2O 的内在结构；并且，W_i 中还有一种无色透明的液体，就其外表特征而言与地球上的水一模一样，但却具有 Fe 的内在结构。按照克里普克的标准，我们应该将前者称为水，将后者称为铁”①。这种批评是无根据的，是对克里普克本质主义的误解。第一，克里普克并没有否认内部结构决定外部特征。比如，克里普克认为：“黄金是一种原子序数为 79 的元素，这一点就是必然的而不是偶然的（我们还可以以同样的方式更进一步地研究颜色和金属特性是怎样从我们所发现的黄金这种物质中得出的。就这种性质是从黄金的结构中得出的而言，它们是黄金的必然性质，即使它们毫无疑问地不是‘黄金’这个词的意义的组成部分，而且不是以先验的确定性来被人认识的）。”也就是说，黄金的内部结构决定其外部特性，如黄金的黄色和金属的特性等。水和铁的内部结构，水是 H_2O 和铁是 Fe 同样也决定其外部特性，由于有内在结构的决定，所以，具有 H_2O 的内部结构的东西不可能外部特性是“呈灰白色、质地坚硬、有延展性、在潮湿空气中容易生锈、可以用来构造各式机械”；具有 Fe 的内部结构的东西，其外部特性也不可能是“一种无色透明的液体，就其外表特征而言与地球上的水一模一样”。这种说法实际是把内在结构和外部特性完全割裂开来了。克里普克在论证的过程中从来也没有否认内部结构决定外部特性。他往往是从外部特性入手，证明具有某种外部特性的东西，如果其内部结构不符合该事物，外部特性再类似也不可能是该事物。如，我们可能遇到另一种物质，它具有我们最初用来识别黄金的一切外貌特征，但却不是黄金，而是黄铁矿或假金。黄铁矿或假金之所以不被称作“黄金”，是因为它们并非原子序数 79 的元素。第二，该说法也是对可能世界的误解。该种说法把可能世界看作可以自己随意想象的世界，只要不包含逻辑矛盾就行。其实，所谓可能世界是现实世界的非真实的情形，我们对可能世界的设定不可能完全脱离我们的现实世界。内部结构是“H_2O”，而外部特性是“呈灰白色、质地坚硬、有延展性、在潮湿空气中容易生锈、可以用来构造各式机械”，这样的世界不是可能世界，而是不可能世界，从自然科学关于

---

① 陈波. 逻辑哲学导论. 北京：中国人民大学出版社，2000：56.

物质的内部结构和外部特性的关系方面来说，这个世界肯定是充满矛盾的世界。第三，这种说法忽视了克里普克理论中的一个相当重要的前提，这就是“名称是严格指示词，在任何可能世界中都指示同样的对象”。因此，在任何可能世界中，“水”和“铁”都指示同样的对象，而不可能是别的对象。因此，该种说法就是完全无视“名称是严格指示词”的结果。而关于“名称是严格指示词”这个问题，克里普克在序言中说过，这是一种自然的直觉。

还有一种说法认为：“克里普克对自然类事物本质的阐述是不合理的。这些对象类是现实世界中的事物类，我们在考察这些对象类中对象的本质时，其立足点是现实世界，我们当然要涉及对象存在的各种场合，不论是古代还是现代，也不论在现实世界中的哪个地点，但不需要是设想现实世界的非真实情形，因为现在不是在研究反事实条件句或探讨逻辑的必然性，而是在研究现实世界的某个事物类中的事物实际具有的特性。”“物质个体和一类自然界事物的本质属性则不同，仅与我们生活在其中的物质世界在各个时期的实际状态有关，因而是一种较弱的必然性，可称为事实的必然性。正是鉴于此，在分析这些事物的本质属性时，应限制可能世界概念的范围，摒弃现实世界的非真实情形。”① 这种看法的意思是，讨论现实世界的自然种类的本质和个体的本质不需要诉诸可能世界。这种批评是不合理的，因为克里普克的本质主义就是立足于可能世界的，整个《命名与必然性》中提出的观点也是以可能世界语义学为基础的。克里普克的观点之所以产生重大的影响，就是因为其研究角度和方法的新颖。克里普克在序言中就指出该著作产生于他早年在模态逻辑的模型论方面所做的一些形式研究。实际上，如果不立足于可能世界，不以可能世界语义理论为基础，克里普克也就没有必要写《命名与必然性》一书了，即使要写，也意义不大，不太可能提出什么创新的观点。张家龙指出：“克里普克和普特南的本质主义恰恰是用可能世界的理论发展了亚里士多德的本质主义，从而使亚里士多德的本质主义具有了科学的形态。”② 因为亚里士多德的本质主义观点只讨论了现实世界中事物的本质，可以说其理论只是本质主义观点的一种或一个方面。从可能世界角度出发讨论事物本质，这就是克里普克的本质主义的重大贡献。而且“当对个体进行跨可能世界考察时，只

① 冯棉．可能世界与逻辑研究．上海：华东师范大学出版社，1996：36，38.
② 张家龙．模态逻辑与哲学．北京：中国社会出版社，2003：120.

有起源才能经得起逻辑必然性的检验。坚持亚氏本质主义不应成为反对克氏本质主义的理由”①。

自然种类的本质就是该种类的全部个体所具有的内部结构。应该说这样的观点是基本合理的。美国当代哲学家普特南对自然种类的本质问题也进行了哲学论证。普特南反驳了一种传统观点，他说：“说某物属于某一自然种类仅仅是将性质的一个合取归属于它这种说法恰恰是假的。”② 因为，构成一个自然种类的那些对象的集合可能有一些异常成员。比如，对于柠檬来说，人们可能规定一个事物是柠檬，当且仅当，它满足黄色的、酸味的和某种果皮的等性质的合取；但显而易见的是，一个绿色的、尚未成熟的柠檬依然是柠檬。因此，这些关于某一种类正常个体的特征描述并不构成该种类的本质，它只是该种类的范型（stereotype），“说某物是柠檬就是说它属于一个其正常成员有着某些性质的自然种类，而不是说它自身必然有那些性质”。但普特南并不满意于利用范型来定义或说明自然种类，他将范型不适合于这一目的的原因归结为，“（1）讨论中的自然种类的正常成员实际上也许不是那些被我们认为是正常成员的东西；（2）自然种类的特征会随着时间的变化而变化（可能是由于条件的变化），但其‘本质’并没有如此大的改变以致我们要停止使用这个语词”。相反，“这些特征的出现（如果它们出现了的话）可能被该物和这个自然种类的其他成员所共有的‘本质属性’加以解释”③。普特南认为对自然种类本质的探究应该是自然科学理论构造的问题。但他从哲学角度指出，自然种类的本质就是它的内部构造。

然而，这种本质是如何决定的呢？普特南在《“意义”的意义》这篇文章里谈到了这个问题。他举了水的例子。日常使用的英语语词“water”（水）以及它在其他自然语言中的对应词被认为在外延上是固定的。在某一段时间内，科学发现表明，那种被认为属于这些词的外延的物质其化学成分是 H_2O，因此水就被定义为任何具备这些化学成分的东西，这些化学成分构成了它的本质，并且要求我们相信，不仅现在必须把它理解为那些代表水的词所指的东西，而且也是它们一贯所指的东西，不管使用这些词的人是否知道这一点。普特南构想了一个“孪生地球”，其与实

① 刘叶涛. 关于名称和本质的若干思考. 江汉论坛，2005（1）.

② 普特南. 语义学是可能的吗？//A. P. 马蒂尼奇. 语言哲学. 牟博，等译. 北京：商务印书馆，1998：591.

③ 同②592-594.

际地球存在着不同：在那里满足水的操作定义的物质的化学成分与现实地球上的水的化学成分不同。他进而论证："操作定义，就像实指定义一样，只是指出标准的一种方式——即指**着现实世界中的**一种物质说，不管在哪个世界中，x 要是水，就必须与满足该操作定义的现实世界中的这种物质的**正常**成员具有相同的液体关系。孪生地球上的'水'不是水，尽管它满足这个操作定义，因为它与满足这个操作定义的现实世界的那种物质不具有相同液体关系；而且，现实世界中的物质，如果它满足这个操作定义但在微观结构上却不同于这个世界上的其他满足该操作定义的物质，它也不是水，因为它与这个世界中的'水'的**正常**例子不具有相同液体关系。""一旦我们发现水（在实际世界中）是 H_2O，**就不可能有一个可能世界，在其中水不是** H_2O。特别是，如果一个'逻辑上可能的'陈述就是一个在某一个'逻辑可能世界'中能够成立的陈述的话，**'水不是 H_2O'就不是逻辑可能的**。"①

普特南的意思是，自然种类的本质只能是它的内部构造。即使退一步说，假如在某个孪生星球上存在表面上与我们地球上的水相同的物质，但它们的内部结构不是 H_2O，那么它们也不是水，因为水的内部结构只能是 H_2O。其实，这个假说是不能成立的，因为事物的内部结构与外部特征是一致的，不可能有表面上像地球上的水的物质，而内部结构不是 H_2O。普特南之所以这样举例子，只是为了说明即使表面特征相符合，而内部结构不同，也不可能是表面上认为的那种物质，因为是什么物质必须由内部结构决定，只有内部结构才是自然种类的真正本质。

以上即是普特南关于自然种类本质的观点。"普特南的观点与克里普克的观点有细微差别。普特南认为，不存在水不是 H_2O 的可能世界；克里普克则认为，在一个非真实的可能世界中，如果有一种物质具有我们最初用来识别水的各种特性，但其原子结构不是 H_2O，那么它就不是水，而是假水。这两种说法本质上是相同的。"② 应该说，两种观点基本一致，普特南的观点是对克里普克的观点的捍卫和更进一步的论证。

三、克里普克本质主义的理论继承

克里普克的本质主义首先与亚里士多德关于什么是本质的论述有关，

---

① 普特南."意义"的意义//陈波，韩林合.逻辑与语言：分析哲学经典文献.北京：东方出版社，2005：471-472.

② 张家龙.模态逻辑与哲学.北京：中国社会出版社，2003：107-108.

亚里士多德曾经指出："本质特性被设定为与其他所有事物相关且又使一事物区别于其他所有事物的东西；例如，能够获得知识的那种有死的动物就是人的本质特性。""本质特性可以在和若干事物的对比关系中得到说明；因为这个特性必定属于与每一存在的事物相关的那个东西，所以，如果这个特性没有与相关的一切事物区分开，它就不可能很好地被设定。"① 本质即是区别于其他事物的内在规定性，是事物本身所特有的。虽然克里普克没有论述什么是本质，但他正是在承认亚里士多德关于什么是本质的界定之后，才开始论述个体的本质和自然种类的本质的。

克里普克的个体本质和自然种类本质的观点与亚里士多德的形式和质料有着直接的关系。可以说，个体本质和自然种类本质的观点是对亚里士多德的形式和质料说的一种继承。亚里士多德提出了一个四因说，即质料因、形式因、动力因和目的因。所谓质料就是事物的"最初基质"，即构成每一事物的原始质料，也就是"事物所由形成的材料"，这是"构成了一个物件而本身继续存在着的东西"，它本身不是一种特殊的事物，没有任何特定的规定性。② 如构成房子的建筑材料砖、瓦，构成桌子的木料，铜像的铜，等等。形式即事物的形式结构，"事物的形式或是模型"，如房屋的图样或模型。亚里士多德还认为形式是说明事物本质的；形式也可以看成是事物的结构，因为没有结构，散漫的东西不能表现出事物的本质；形式还可以看作事物的"整体"，因为事物的个别部分不能表现其本质。形式也指事物的"定义"，因为定义规定事物是什么，也就是规定了事物的本质。形式就是是其所是的那个东西。关于动力因和目的因，这里不做阐述。

克里普克本质主义的基本思想是，一个个体的起源（或它构成的材料）对于该个体来说是本质的；自然种类的本质就是该种类的全部个体所具有的内部结构。个体的本质在于其起源或它由以构成的材料，这一观点来源于亚里士多德的质料说。所不同的是，在亚里士多德那里，质料是原材料，是"最初基质"，没有任何特定的规定性，而且是相对于事物类而言，不是相对于个体而言的。克里普克则赋予这种"最初基质"——起源或构成的材料本质的规定，认为起源或构成的材料形成了个体的本质。自

① 苗力田. 亚里士多德全集：第一卷. 北京：中国人民大学出版社，1990：440-441.

② 亚里士多德. 物理学 第2卷第3章//北京大学哲学系外国哲学史教研室. 西方哲学原著选读：上卷. 北京：商务印书馆，1981：133.

然种类的本质就是该种类的全部个体所具有的内部结构，这一思想与亚里士多德的形式更是密切相关。形式是事物的结构，形式是事物的整体，形式也指事物的定义，所以形式是说明本质的。在亚里士多德那里，正是因为有了形式与质料的结合，才使得事物由潜在的变成现实的，因此，形式对事物起决定作用。而“全部个体所具有的内部结构”其实就是这种自然种类的形式。当然，亚里士多德的形式与质料是为了说明事物的形成，形式与质料的结合才构成了事物。质料是潜在的，而形式是现实的。在具体事物中，没有无质料的形式，也没有无形式的质料，形式与质料的结合过程，就是潜能转化为现实的过程。但是，正是亚里士多德的形式与质料说启发了克里普克对个体本质和自然种类本质的研究。

可见，亚里士多德的形式与质料说是克里普克的本质主义的思想渊源。当然，克里普克在研究个体本质和自然种类本质的时候，不是简单继承亚里士多德的观点。因为，在亚里士多德那里，质料不是本质，而且他所谈论的不是个体事物的质料，而是一类事物的质料。克里普克则使得质料（起源或构成的材料）成为个体的本质。更为重要的是，克里普克研究个体本质和自然种类本质的方法与视野是新颖的，他是以可能世界作为研究的视野或立足点的。

另外，克里普克对个体本质和自然种类本质的探讨并没有清楚说明是从本体论还是认识论的意义上进行论述，但是从他的本质主要作为一事物在每一个可能世界都具有的特性的论述看，应该说他的本质观点主要是侧重于认识论意义的。立足于可能世界的背景，在每一个可能世界中事物都具有的特性是本质。例如，克里普克论述道，杜鲁门夫妇可能有一个孩子，她在外貌及很多特征上与伊丽莎白女王相似，甚至这个孩子在另一个可能世界中成了英国女王，但这一切仍然不能说明伊丽莎白女王可能是杜鲁门夫妇的女儿，而只是表明了可能有另外一个女人具有伊丽莎白女王的很多特征，那个女人是杜鲁门夫妇的孩子。因为两人起源不一样，起源才是区别二者的根据。再如，“水是 H_2O”，H_2O 是水在每一个可能世界具有的内部结构，因而是水的本质。在某一个可能世界存在着外表与地球上的水类似的液体，但其内部结构不是 H_2O，而是别的，比如 XYZ，那么它就不是水而是“假水”。在这里，内部结构是区别这两种液体的标识。可见，其本质主义理论主要是认识论意义上的。

克里普克的自然种类本质的观点还与洛克的“实在本质”有关。洛克在《人类理解论》中提到，所谓“实在本质”是事物隐藏的或未被认识到的结构，是为事物的种种可感性质所依赖的那种构造。比如“黄金”的“实在本质”就是那个物体的不可觉察的各个部分的组织。1976 年，麦基出版《洛克的问题》一书，麦基认为洛克所谓的实在本质就是日后克里普克与普特南所说的物质的分子结构和原子结构，洛克的本质理论是理解克里普克-普特南本质理论的一个捷径。他说：“既然我们可以将洛克的实在的本质等同于我们现在所说的事物的分子和原子结构，我们也许就可以说在洛克时代许多无法被认识的实在本质在今天已经能够被化学家和物理学家很好地认识了。”① 麦基甚至认为，如果洛克不是对人类的认识能力那么悲观，他就很有可能认识到“事物的同一性乃是由其内在结构所决定”的观念，并由此进一步发展出整个指称的因果理论。② 麦基的观点当然有些夸大了事实，但是从中我们还是可以看到克里普克对洛克观点的一种继承，克里普克所解决的就是洛克认为不能够被认识到的事物的实在本质。不是表面现象而是内在结构决定了事物的本质，这个观点在西方哲学发展中是一个共识。而克里普克正是用事物的内部结构解决了自然种类的本质问题。可以说，克里普克继承了洛克的观点，也解决了洛克的困惑。

第三节　反本质主义观点

一、蒯因的反本质主义观点

在 20 世纪西方著名的哲学家和逻辑学家中，蒯因是坚决反对本质主义的，他对量化的模态逻辑的合理性表示怀疑，认为模态语组“必然地……”和“可能地……”在指称上是暧昧的。在模态语境中，同一性替换原则和存在概括原则都遭到了破坏。他是这样论证的：

(1) 9 必然大于 7。

(2) 必然地，如果在晨星上有生命，则在晨星上有生命。

这里，(1) 是数学真理，(2) 是逻辑真理，两个都是真命题。

---

① 周濂. 从日常概念到科学概念：一种解释克里普克-普特南本质理论的可能途径. 世界哲学，2004 (6)：85.

② 同①.

下列两个命题是天文学上被证明了的真理：

(3) 行星的数目＝9

(4) 晨星＝暮星

如果我们用（3）和（4）分别对（1）和（2）使用同一性替换规则进行替换，得到：

(5) 行星的数目必然大于7。

(6) 必然地，如果在晨星上有生命，则在暮星上有生命。

这就是说，通过同一性替换，我们从真命题得到了假命题。蒯因认为，“重要的事情是要了解‘必然地……’和‘可能地……’这两个语组，像引文‘不知道……’和‘相信……’一样，是在指称上暧昧的”①，它使得同一性替换规则无效。

蒯因还进一步考虑了在模态语境中使用量词的问题。在经典谓词逻辑中，有一条存在概括规则：

F(y)→(∃x)F(x)

其意思是，如果某一个个体y是F，则至少存在一个个体x是F。例如从“2是偶素数”，可以得到“（∃x）（x是偶素数）”。蒯因证明，当把这一原则应用于模态语境时，它就不再普遍成立了。例如，对（1）实施存在概括，可得：

(7)（∃x）（x必然大于7）

并且对（2）实施存在概括，可得：

(8)（∃x）必然地（如果在晨星上有生命，则在x上有生命）

按照蒯因的观点，存在就是成为约束变元的值。于是，（7）承诺了一个必然大于7的个体的存在；（8）则承诺了一个使得“如果在晨星上有生命，则在x上有生命”是必然的个体的存在。不过，由于（7）是从（1）推出的，因此“必然大于7”的个体当然是9，但是指称9这同一个体却有两种方式：一是自然数9，一是行星的数目。若把自然数9用作（7）中约束变元的值，则得到真语句“9必然大于7”；若把“行星的数目”作为（7）中约束变元的值，则得到假语句“行星的数目必然大于7”。（8）

① 蒯因．从逻辑的观点看．江天骥，等译．上海：上海译文出版社，1987：134.

的情形也是一样的。而对 x 所代表的个体有不同的指称方式，这并不是个别现象。因此就总有这样一种可能：从真命题出发，通过应用存在概括规则，得到一个假命题，造成存在概括规则失效。

蒯因还提出一个“作为数学家的骑车人的悖论”来非难本质主义。他说：“或许我可以如下方式让人们感到困惑。数学家们很可能被认为是必然有理性的，而不一定都有两条腿；骑自行车的人必然有两条腿，而不一定是有理性的。但是把数学和骑自行车都算作其特征的一个人的情况如何呢？这个具体的个人是必然有理性而偶然有两条腿，还是相反？就我们只是有所指地谈论对象（并非特别偏爱数学家而鄙薄骑车人，或者相反）而言，将一些特性当做必然的，而将另一些特性当做偶然的，是无意义的。诚然，他的一些特性是重要的，另一些特性是不重要的，一些特性持久些，另一些短暂些，但没有什么特性可算做必然的或偶然的。”① 这段话的意思是，对本质主义做出承诺会造成悖论：相对于某些兴趣而言，某些特性是本质的，而相对于其他一些兴趣而言，这些特性又会是偶然的，因此，一个给定的个体既本质地又偶然地具有这些特性。

蒯因还论证说，de re 模态必然导致本质主义。以$(\exists x)\Box F(x)$为例。它是说，存在这样的 x，它必然地是 F，或者说，它必然地具有属性 F。这就承认了事物的特征有些是必然地具有，有些是偶然地具有。而亚里士多德认为，本质特征是某些对象具有而其他对象不具有的，具有它们的对象就必然地具有的特性。于是，蒯因得出结论，容许有$(\exists x)\Box F(x)$这类语句的模态逻辑显然是“回到了亚里士多德的本质主义”，“拥护量化模态逻辑的人必然赞成本质主义”。蒯因还指出，本质主义不符合用分析性解释必然性的观点。

二、对蒯因的反本质主义观点的回应

面对蒯因“在模态语境中，同一性替换原则和存在概括原则都遭到了破坏”这样的诘难，克里普克是这样回答的。首先，他指出：“我在研究模态逻辑时就认为，正像威金斯（Wiggins）所说的，莱布尼茨关于同一物的不可分辨性原理与矛盾律一样是自明的。我总不明白，为什么居然有些哲学家会对这一点抱有怀疑。对模态逻辑（即关于‘可能世界’的语义学）进行的模型论研究只能证实，那些涉及模态特性的所谓反例最后总是

① 蒯因. 语词和对象. 陈启伟，等译. 北京：中国人民大学出版社，2005：230.

被证明为与某种混乱有关：有关的语境并不表示真正的特性；范围上存在着混淆，或者将个体概念之间的偶然吻合与个体之间的同一性相混淆。而模型论则把这一切彻底澄清了，虽然这个问题在直观的水平上就应该是充分清楚的。如果撇开从 x 无需具有必然存在这个事实所得出的种种令人困惑的考虑，那么，根据(x)□(x＝x)和莱布尼茨的同一律，同一性是一种'内在的'关系的原理，即可得出：(x)(y)(x＝y)→□(x＝y)[什么样的配对（x，y）可以成为反例呢？这不是不同对象的配对，因为那样一来，前项就是假的了；也不是任何对象与其自身的配对，因为那样一来，后项就是真的了]。"同一性原则是不可怀疑的，一些人对模态逻辑的反对是误解和混淆造成的。其次，克里普克提出了严格指示词的概念，即在所有可能世界都指示同一对象的词项。他说："如果'a'和'b'是严格的指示词，那就得出：如果'a＝ b'是真的，它就是一条必然真理。如果'a'和'b'不是严格的指示词，那么虽然由'a'和'b'所指示的对象必然是同一的，对于陈述'a＝ b'来说，也不能得出上述结论。"[①] 也就是说，蒯因的推理出现了问题，"9"是严格指示词，其关键在于"行星的数目"不是严格指示词，而是非严格指示词。"行星的数目＝9"，一个是严格指示词，一个不是严格指示词，进行替换，当然会出现问题。"克里普克的主要论纲是，自然语言的专名没有意义，不能被摹状短语置换，因为摹状短语在模态语境中的作用不同。"[②] 在模态语境中，不能用非严格指示词去替换严格指示词，否则就会由真命题而得出假命题。由此，蒯因的"在模态语境中，同一性替换原则和存在概括原则都遭到了破坏"这样的诘难是不能成立的。

关于数学家的骑车人悖论，张家龙认为，其实这一悖论是蒯因自己制造出来的，该悖论根本不存在。在这个所谓的"悖论"中，数学家是一个种类，骑车人是一个种类。虽然数学家必然地是有推理能力的而并非必然地是有两条腿的，而骑车人必然地是有两条腿的而并非必然地是有推理能力的。但这两个种类的相互交叉形成一个新种类即作为数学家的骑车人，其属性就应该是必然地是有推理能力的、必然地是有两条腿的，否则就不是数学家和骑车人相互交叉形成的一个新种类。[③] 蒯因在设定前提的时候

① 克里普克．命名与必然性．梅文，译．上海：上海译文出版社，2001：3.

② 斯蒂芬·里德．对逻辑的思考：逻辑哲学导论．李小五，译．沈阳：辽宁教育出版社，1998：139.

③ 张家龙．模态逻辑与哲学．北京：中国社会出版社，2003：112.

就错误假设了数学家中没有骑车人、骑车人中没有数学家，所以才导致所谓的“悖论”。

普兰廷加指出：“这个论证（即蒯因关于数学家和骑车人的论证）作为一个对本质主义的反驳是不成功的。不管怎样，它的结果产生的是一种混乱的感觉。”①

首先，蒯因假设本质主义者将接受：

(1) 数学家必然地有推理能力，但并不必然有两条腿。

并且，

(2) 骑车人必然地有两条腿，但不必然有推理能力。

现在我们假定：

(3) 保尔·K. 泽威尔既是骑车人又是数学家。

从以上前提我们可以推出：

(4) 泽威尔必然地有推理能力，但并不必然有两条腿。

以及，

(5) 泽威尔必然地有两条腿，但不必然有推理能力。

以上推理显示出两次矛盾：(4) 相信泽威尔必然地有推理能力的属性，而 (5) 却否认了这个属性；(5) 断言他本质地有两条腿的属性，但被 (4) 反对。

普兰廷加认为蒯因的反驳是不成功的，反而产生混乱。他的论证过程如下：考虑这个从 (2)、(3) 到 (5) 的推理，(5) 是一个从 (2) 和 (3) 得到的合取，并且假定是第一次合取。

(6) 泽威尔必然地有两条腿。

是被认为产生于 (2) 和 (3) 的第一次合取，即，

(7) 骑车人必然地有两条腿。

以及，

(8) 泽威尔是骑车人。

---

① A. Plantinga. The Nature of Necessity. Oxford University Press, 1974: 24.

但很微妙的是，尽管此刻我们对 de re/de dicto 的区分模棱两可，我们仍然知道（7）能够被理解为 de dicto，就像

（7a）必然地，所有骑车人有两条腿。

或者 de re，就像

（7b）每一个骑车人有必然地有两条腿的属性。

并且假如（6）是从（8）和（7）得到，后者必定被看作一种预设：每一个骑车人有（6）这种归于泽威尔的属性。那就是，（7）被理解为（7b）。可以肯定地说，要本质主义者接受它是毫无希望的。不用怀疑，他将承认以下的必然真理：

（9）所有（正常的）骑车人是有两条腿的。

并且由于（7a）这个真理，他将非义务接受这个推论“像泽威尔这样正常的骑车人是必然有两条腿的”。相同的说明同样能够应用于从（2）和（3）到（5）的第二个合取的推理。因此，假如我们把它理解为 de dicto，那么（2）是真的但并不是对这个论证的应用。把它理解为 de re 将被本质主义者否定。

因此，作为一个对本质主义的反驳，蒯因的论证遗漏了这个细节。但是也许我们应该强调另一半，并且把它代替为关于 de re 模态可能被虚构为一个令人困惑的意义表达式。[①] 也就是说，蒯因的论证来源于对模态理解的模棱两可，是对必然性这个模态算子的模糊理解所导致的，有两种必然性，即事物的必然和命题的必然，而蒯因在论证的时候混淆了二者，因此他的论证是不能令人信服的，所谓的“数学家的骑车人悖论”根本不存在。

关于 de re 模态必然导致本质主义，蒯因预设本质主义是一种不合理的哲学，从而达到反对搞量化模态逻辑的目的。他的这种诘难根本不成立，他根本提不出反对本质主义的根据，而不同意本质主义并不能推出本质主义是不合理的哲学。本质主义本身就是一种合理的哲学，我们在前面已经论证了本质主义的理论具有合理性。而对于“本质主义不符合用分析性解释必然性的观点”这一问题，我认为，用分析性解释必然性的观点是

① A. Plantinga. The Nature of Necessity. Oxford University Press，1974：24-25. 引用有所修改。

不正确的，因为分析性是一个含糊的概念。克里普克说："我预先假设，分析真理是一个在严格的意义上依赖于意义的真理，因而它既是先验的，又是必然的。如果把那些其先验真理性是通过确定一个指称而被认识的陈述说成是分析的，那么有些分析真理就是偶然的……请注意，康德的'黄金是一种黄色的金属'这个例子甚至不是先验的，它具有无论什么样的必然性都是根据科学研究确立下来的，因此它在任何意义上都根本不是分析的。"① 克里普克证明了后验必然命题的存在，如"长庚星是启明星"这样的命题。长庚星和启明星指同一颗星星，这是一个天文学家的发现，是后验的，但因为"长庚星"和"启明星"都是严格指示词，在所有可能世界指同一颗星，因而这是一个后验必然命题。这种必然性命题就不能用分析性来解释。这就表明，用分析性根本不能解释必然性，因为必然命题并不都是分析的或先验的。斯蒂芬·里德指出："通过经验发现的等同性的必然真命题第一步就阻止了把必然的还原为分析的。"② 由此可见，蒯因根据本质主义不符合用分析性解释必然性的观点作为反对本质主义的理由是站不住脚的。

第四节　对本质主义的完善和发展

一、对个体本质主义观点的完善

关于个体的本质，克里普克的观点是，个体的起源或由以构成的材料对于该个体来说是本质的。当然，这种起源的构造并非确定所有个体本质的充分条件。不过，对于生命物质和自然的非生命物质，个体的起源可以说能够揭示其本质。当然，有学者认为，"个体起源说"也不能满足成为生物个体本质的充分条件。比如，李林和李树是亲兄弟，他们的父母是李伟加和刘丽。虽然"为李伟加和刘丽所生"是李林的一个本质属性，但并非具备这一性质的人就是李林，李树就具备这个属性，但他并不是李林。因此，"起源于它实际的亲体"就不满足成为个体本质的充分条件。还有，在精子与卵子结合的时候，由于内外部环境的影响，其基因的组合并不是

① 克里普克. 命名与必然性. 梅文，译. 上海：上海译文出版社，2001：101.

② 斯蒂芬·里德. 对逻辑的思考：逻辑哲学导论. 李小五，译. 沈阳：辽宁教育出版社，1998：139.

只有一种可能性，这种组合具有明显的偶然性。以决定性别的遗传物质——性别染色体为例，假定一个精子所携带的性别染色体为 Y，而另一个卵子所携带的性别染色体则为 X。这样，其正常组合方式就是 XY，在这种组合方式下，所形成的受精卵将发育成男婴。但由于受精过程中细胞内部其他遗传物质之间的相互作用，以及外界化学物质、射线等的干扰，在理论上永远存在那条 Y 染色体转变为 X 染色体的可能性，这时所形成的受精卵就会发育成一个女婴。[①] 这种观点当然不能说不对。但是，我们认为，作为哲学，我们不可能也没有必要像自然科学那样讨论得那么精确，如果哲学也像自然科学那样讨论，那么哲学就成了万能的学科。我们还是把更为细微的讨论留给自然科学吧。如果要不断这样深入下去，那么还有双胞胎、三胞胎，甚至四胞胎，其每一个体的本质又如何？而且，越来越多更加复杂的问题将会产生。对此，我们可以借用维特根斯坦的一句话："对于不可说的东西我们必须保持沉默。"[②] 哲学有哲学的界限，它不能越过这个界限。而这种对本质的探讨对于哲学来说就属于"不可说的"，说不可说的东西，即使说了也是说不清楚的，因此，我们必须保持沉默。而且，退一步说，"一个人的本质在于其父母精子和卵子结合而成的受精卵"，实际上隐含着"是某一个受精卵，而且是在某一种内外部条件的影响下，性别染色体的某种组合而形成的"。我们认为，克里普克的观点中有这个思想在内，他肯定知道一对父母很可能有多个儿子或女儿，只是他认为没有必要说得那么具体。因为前面说到了，谈论这个问题，应该是生命科学的任务。所以，一般来说，我们认为个体的起源或由以构成的材料对于确定生命物质和自然的非生命物质个体的本质来说是基本可行的。

但是，我们认为，对于人造的个体物品而言，"由以构成的材料"作为其本质可能还远远不够，还要把握其形式和结构。比如，对于同一块木料而言，我们既可以把它做成桌子，也可以将它制成花瓶，而桌子和花瓶显然是两样不同的物品。克里普克也意识到了这一点，他说："我并不认为，只有起源和基本构造是本质的。例如，如果这一块用来做这张桌子的木料被改做成一只花瓶，那么这张桌子也就从来没有过，因此（粗略说

① 张力锋. 模态逻辑和本质主义. 北京：北京大学，2004：107.

② 维特根斯坦. 逻辑哲学论. 贺绍甲，译. 北京：商务印书馆，2005：105.

来）是一张桌子看来就成为这张桌子的一个本质特性。”① 有的学者因此指出：“克里普克关于非生物体对象的个体本质的理论还是不完善的，即使其在基本方向上是正确的，理论本身仍然是需要加以充实的。”② 这种说法有一定道理。克里普克认为该个体由以构成的材料对于这个个体来说肯定是本质的。但是，实际上这还不够，这一说明对于个体本质来说仅仅是必要条件，而不是充分条件。我们在讨论该桌子的本质的时候，可能还要涉及桌子这个种类的本质。因为作为个体具有特殊性，但是个体又属于某一种类，因此又有共性。个体的构成主要涉及的是特殊性方面的问题。不过，克里普克在关于种类的本质中谈到，“一个自然种类的内部结构对于该种类来说是本质的”。尽管他针对的是自然种类，但我们可以把它借用过来用于对人造物种类的说明。所以，我们可以说，桌子种类的内部结构对于桌子来说是本质的。克里普克没有谈到人造物种类的本质，但他肯定也主张人造物种类本质的内部结构说。桌子的内部结构对于桌子种类来说是本质的。因此，这张桌子的最初构造材料连同其类的本质（内部结构）一起完全就确定出它的个体本质。对于其他人造物个体的本质，我们都可以从由以构成的材料和其内部结构上进行揭示。个体由以构成的材料和其内部结构一起给出了人造物个体的本质。

此外，关于个体本质的揭示，特别是个体的人的本质的揭示从起源这个方面进行考察，似乎无可厚非。但是，这是从生物学意义上揭示的作为个体的人的自然属性，而人之所以为人不仅在于自然属性，而且在于社会属性。因为人主要是社会的人，即使是个体的人，其根本属性也应该从社会性方面进行考察，这是克里普克的本质主义所忽略的。

二、本质主义观点对于人造物种类和社会种类本质揭示的意义

克里普克认为，自然种类的本质由该种类的内部结构决定，我们认为这个观点是基本合理的，我们甚至可以把这种观点推广到有关的其他种类的本质研究方面，比如人造物种类的本质（该问题在前文提到过，但没有展开论述）。桌子、电视机、电脑、汽车、飞机等人工产品种类的本质也可以从其内部结构去考虑和研究，因为其内部结构是决定该人造物种类的功能的关键因素。当然，对于人造物本质的讨论要比自然种类本质的讨论

① 克里普克. 命名与必然性. 梅文，译. 上海：上海译文出版社，2001：93.

② 张力锋. 模态逻辑和本质主义. 北京：北京大学，2004：97.

复杂一些。因为其有自然因素，也有人工因素。比如，像电视机、电脑、汽车、飞机这样的人造物，其本质不仅包括内部结构，可能还要从其功能方面进行说明，但是功能和内部结构是密切联系的。克里普克考察了人造物个体桌子的本质，是从由以构成的材料进行揭示的，而对人造物种类并没有进行研究，但他对自然种类本质的研究的观点，对于人造物种类本质的揭示也有重要意义或启示。普特南也曾把这种本质主义观点推广到人造物的研究方面，比如，“铅笔”“椅子”“瓶子”等。他说，在传统观点看来，人造物“铅笔”“椅子”“瓶子”这些词项当然是由性质的联合体或者一组特性决定的。任何一种东西，只要它具有这种联合体中的所有性质或一组特性中足够数量的性质，它就必然是铅笔、椅子、瓶子。但是，在一个可能世界中，我们发现铅笔是生物。我们切开铅笔，在电子显微镜下观察它，发现了几乎看不见的神经网络和其他器官。因此，如果这种情况是可以设想的，那么，铅笔最终被发现是一种生物，这种情况在认识上就是可能的。所以，“铅笔”这个词和任何摹状词都不同义，它甚至也不和任何一个松散的摹状词松散地同义。因此，关于铅笔这种人造物种类的本质的揭示也要从其他方面研究。不过，他没有进行深入的研究，因为在这里他主要说明的是“铅笔”这样的词是一个索引词。但我们认为，按照普特南的立场，他是同意关于人造物种类本质的揭示也要从种类的内部结构方面去研究的。关于这一点，艾耶尔也曾指出，“普特南不仅将这个论证（水的本质是 H_2O 的论证）扩展到所有自然种类的实例中，而且还准备扩展到人造物的实例中去”①。

人造物种类本质的研究可以从内部结构方面去考察。我们甚至认为，研究社会种类的本质，我们也可以结合克里普克的个体本质起源构成说和自然种类本质的内部结构说对其进行考察。当我们研究“国家”“阶级”“民族”等社会种类的本质的时候，往往是从起源、构成和内部结构等方面去考虑。比如“国家”，《现代汉语词典》的解释为：“阶级统治的工具，同时兼有社会管理的职能。国家是阶级矛盾不可调和的产物和表现，它随着阶级的产生而产生，也将随着阶级的消灭而自行消亡。”② 这样的解释其实主要就是从其起源等方面去考虑的，当然也包括从功能方面进行界

① 艾耶尔. 二十世纪哲学. 李步楼，等译. 上海：上海译文出版社，2005：311.

② 中国社会科学院语言研究所词典编辑室. 现代汉语词典. 第 7 版. 北京：商务印书馆，2016：497.

定，但是功能与起源和内部结构是紧密相连的，起源和内部结构对功能起决定作用。再比如“民族”，对于这个概念我们是这样解释的：“指历史上形成的、处于不同社会发展阶段的各种人的共同体。特指具有共同语言、共同地域、共同经济生活以及表现于共同文化上的共同心理素质的人的共同体。”① 这样的一个定义也主要是从起源和内部结构方面进行规定的。关于其他社会种类的本质，我想也是能够从起源和内部结构方面进行考察的。由于本书不是专门讨论本质主义的，因此，这里不将自然种类本质的观点推广到人造物种类和社会种类的研究方面做更详细的阐述。

总而言之，克里普克的自然个体和种类的本质主义观点对于人造物种类和社会种类本质的揭示有启发意义。

三、克里普克本质主义的理论后果

克里普克的本质主义的观点尽管从其内部来说是合理的，不过，克里普克的方法是物理主义的方法，本质主义观点具有机械论的色彩，而且产生了一个不可避免的后果，那就是把本质问题简单化了。

克里普克的本质主义观点的基本理论是，个体的起源或它由以构成的材料对于该个体来说是本质的，而自然种类的本质则是该种类个体所具有的内部结构。其实，克里普克的这种研究本质的方法与逻辑经验主义有着一定的联系。逻辑经验主义的基本观点大体可概括为：第一，把哲学的任务归结为对知识进行逻辑分析，特别是对科学语言进行分析。第二，坚持分析命题和综合命题的区分，强调通过对语言的逻辑分析以消灭形而上学。第三，强调一切综合命题都以经验为基础，提出可证实性或可检验性和可确认性原则。第四，强调要以自然科学，特别是数学和物理为模本建立自己的理论，要使自己的概念和论证达到自然科学那样的精确程度，试图把一切经验科学还原为物理科学，实现科学的统一。逻辑经验主义者利用数理逻辑作为自己的主要研究手段，并建立了一套技术术语。卡尔纳普就认为任何一门学科的语言都可以不变其内容地翻译成物理语言，也就是说任何科学都可以还原为物理学。所以，一切科学在根本上都是物理学。克里普克虽然不是逻辑经验主义者，但他作为分析哲学家，承继了逻辑经

① 中国社会科学院语言研究所词典编辑室．现代汉语词典．第7版．北京：商务印书馆，2016：910.

验主义的某些方法。比如，主张哲学研究应以自然科学研究为模本，要求在哲学研究中努力做到概念准确、推理严密、论证扎实，追求哲学知识的精确性；主张把大问题分解为小问题，对具体问题进行具体分析，避免做出华而不实的哲学结论；重视逻辑分析的方法，运用现代逻辑作为手段和工具去分析哲学概念。他对个体本质和自然种类本质的分析，就是受到了可证实性或可检验性和可确认性原则的影响，重视自然科学的方法，存在科学主义的倾向。

克里普克对个体本质和自然种类本质的研究追求一种精确性、可操作性，“个体的本质在于其起源和构成材料，自然种类个体的内部结构就是其本质”的观点就是这样一种方法的结果。用物理学的语言来描述事物的本质，事物的本质就成了纯物理学的本质，理论很清楚、明确。可是，这具有机械论的色彩，从而不可避免地产生一个后果，这就是把本质问题简单化了。在哲学史上本质问题是一个具有争议的问题，而且事物的本质也不可能仅仅由科学活动来揭示。这是克里普克的本质主义理论难以克服的缺陷，也是其研究本质的方法的一个必然结果。施太格缪勒在评价真理和指称理论时指出：“真理、翻译和指称不可能在科学上精确化。这也同样适合于其他哲学概念……如果人们认为我们总有一天能够做到这一点，那是不现实的。”① 因此，用物理主义方法研究哲学，以使哲学概念精确化，是“一种科学的空想”②。借用施太格缪勒的观点，我认为在本质问题上采用物理主义的方法，试图把本质概念精确化，似乎也是一种科学的空想。这样的事物本质也太精确化、简单化了，不太符合人们社会生活的实际需要。正因为如此，对于这样研究事物本质的方法，一些人持批评态度。“克里普克-普特南的问题在于片面强调科学理论也即事实知识的力量，而忽视语义知识的重要性，并因此将哲学工作引向事实知识的领域，而这恰恰是哲学工作者所不擅长的领域。”③ 尽管艾耶尔本人就是逻辑经验主义者，但是在评价本质主义的时候，他指出：“我敢肯定，节外生枝地谈论什么本质或必然或可能的世界是得不偿失的。依我所见，这样来谈论问题是一种倒退，尽管近年来很时髦。”④ 当然，艾耶尔的态度过于激

① 施太格缪勒. 当代哲学主流：下卷. 王炳文，等译. 北京：商务印书馆，2000：403.

② 同①398.

③ 周濂. 从日常概念到科学概念：一种解释克里普克-普特南本质理论的可能途径. 世界哲学，2004（6）：91.

④ 艾耶尔. 二十世纪哲学. 李步楼，等译. 上海：上海译文出版社，2005：312-313.

进，但是这种关于本质的观点确实有一定的局限性。陈波也指出："在本质问题上，我与克里普克的主要差别在于：他所谈的是对象在形而上学意义上的本质，而我更多地关注对象在认知意义上的本质。可以说，克里普克持有本质主义的形而上学版本，我则持有它的认知版本。我倾向于认为，对象没有形而上学意义上的本质，形而上学版本的本质主义是错误的。"① 虽然我不赞成陈波所说的克里普克的本质主义是错误的，但我认为克里普克的本质主义至少是存在缺陷的。

第五节　本质主义：克里普克的研究纲领

一、模态逻辑导出克里普克的本质主义

本质主义属于亚里士多德传统，随着 20 世纪模态逻辑的兴起，再次成为哲学逻辑或逻辑哲学的一个重要问题。蒯因最先提出了模态逻辑面临的哲学问题，他指出模态逻辑违反了经典一阶逻辑的基本原则，造成了对象的增殖，并承诺了本质主义。在模态语境中，同一性替换原则和存在概括原则都遭到了破坏。比如"行星的数目＝9"，但是不能根据同一性替换原则，由"9 必然大于 7"得到"行星的数目必然大于 7"。而为了保留一阶逻辑原则的有效性，卡尔纳普等人主张引进内涵实体，但蒯因认为这些内涵实体的同一性条件是无法给出的，因而它们是非法的，并会引起对象的增殖。另外，由于 de re 模态区分了对象的必然属性和偶然属性，因而蒯因指责它承诺了亚里士多德的本质主义，后者在他看来是不合理的。

蒯因对模态逻辑的批评引发了人们的热烈讨论，从而出现了大量的文献。在《模态和摹状词》（"Modality and Description"，1948）一文中，斯穆里安（A. F. Smullyan）主张，经典一阶逻辑原则的失效问题是一个谬误，它产生于没有区分模态陈述中限定摹状词的两种辖域。在《外延性》（"Extensionality"，1960）这篇文章中，马库斯则从对同一式的理解角度出发，指出真正的同一式是由真正的专名构成的，而出现摹状词的所

① 陈波. 社会历史的因果描述论：一种语言观和由它派生的一种新名称理论. 哲学分析，2011 (1)：23.

谓“同一式”只是一种较弱意义上的等价关系式，因此蒯因所提出的同一性替换原则的失效问题也是不能成立的。在《本质主义和量化模态逻辑》（“Essentialism and Quantified Modal Logic”，1969）中，帕森斯区分了个体本质和一般本质（即种类本质），并就一般本质提出量化模态逻辑可能在下述三种意义上承诺了本质主义：第一，量化模态逻辑系统以某个本质主义句子作为定理。第二，量化模态逻辑系统要求某些本质主义句子为真。第三，量化模态逻辑有某些合式的本质主义句子。但帕森斯认为，在极大模型上这三个要求都得不到满足，这种对量化模态逻辑的解释容纳了反本质主义，从而模态逻辑承诺本质主义的论题就不攻自破。林斯基则在《指称、本质主义和模态》（“Reference，Essentialism，and Modality”，1969）一文中捍卫了本质主义，支持蒯因对模态逻辑和本质主义关系的论断，但认为本质主义是一种可以理解的形而上学。

马库斯在《模态和内涵语言》（“Modalities and Intentional Languages”，1961）一文中，指出了普通专名指称上的一个特点，即它就像是“贴标签”一样必然地指称着对象。不同的是，限定摹状词是通过描述对象特征的意义来指称对象的，一般在模态语境中其指称是晦暗的，而专名是没有意义的，它就像是贴在其指称对象身上的一个“标签”，总是指称着那同一个对象。这样，如果由两个专名所构成的真正的同一式是真的，那么它就先验地必然为真。而马库斯认为真正的同一式只能是由专名构成的，因此，即令是在模态语境中，专名之间的同一替换仍然是有效的，蒯因指责模态逻辑破坏了经典逻辑的同一性替换原则是不恰当的。另外在这篇文章及《唯名论和替换量词》（“Nominalism and the Substitutional Quantifier”，1978）中，马库斯给出了对量词的另一种解释——替换解释，认为用它可以使 de re 模态免于蒯因的本质主义承诺的批评。在《模态逻辑中的本质主义》（“Essentialism in Modal Logic”，1967）和《本质属性》（“Essential Attribution”，1971）中，马库斯考察了亚里士多德的本质主义，在本质属性中排除了空洞的本质属性（如性质“是人或不是人”）和不足道的本质属性（如性质“与苏格拉底同一”），并给出了它的形式表述，但马库斯否认模态语言一定就承诺了本质主义；而对本质主义本身，她认为并不是像蒯因所说的那么令人厌恶，相反，她捍卫了种类的本质性。

面对蒯因对模态逻辑和本质主义的非难，克里普克在《命名与必然性》中全面阐述了他的与模态逻辑哲学有关的观点，旗帜鲜明地提出了他的本质主义学说：个体的本质在于其起源或由以构成的材料；自然种类的本质就是该种类的全部个体所具有的内部结构。本质主义是克里普克所精心树立起的一面理论大旗，是其理论的研究纲领。他用本质主义的科学性和合理性，说明模态逻辑是一门科学的逻辑。

二、本质主义：克里普克的研究纲领

模态谓词逻辑的一个最重要特征是承认量化模态式的存在，后者在模态逻辑中又被称为 de re 模态。在现代模态逻辑中，对于 de re 模态和 de dicto 模态，可以从公式的句法结构角度明确地定义二者之间的区别。

一个包含模态或时态算子的公式是从物的（de re），当且仅当它包含一个模态或时态算子 R，该算子在其辖域中或者有（1）一个个体常元，或者有（2）一个自由变元，或者有（3）一个为不在 R 辖域内的量词所约束的变元。所有其他包含模态或时态算子的公式都是从言的（de dicto）。

例如(∃x)LF(x)是从物的，而 L(∃x)F(x)是从言的。前者是说，存在一个事物，它必然具有性质 F；而后者是讲，存在一个事物，它具有性质 F，这一点是必然的。蒯因用一个生动的例子反映出二者之间的差别：在一种不容许不分胜负的博弈中，参加者有一个将获胜是必然的，即 L(∃x)F(x)是真的；但是不存在这样一个参加者，使得人们可以说他获胜是必然的，也即(∃x)LF(x)是假的。而用可能世界语义学的话来讲，(∃x)LF(x)在一个可能世界 w 中真，是指在 w 中有一个个体 d，它在 w 可达的任一可能世界中若存在，则具有属性 F；L(∃x)F(x)在一个可能世界 w 中真，是指在 w 可达的任一可能世界中，都有一个个体具有性质 F。很显然，de re 模态承认了事物具有与其存在直接相关的必然属性，也即本质属性，因而 de re 模态在哲学上就承诺了本质主义。

克里普克曾直言自己是一个本质主义者。他认为本质主义即是对 de re 模态的信念，本质不像蒯因或卡尔纳普等人所认为的那样仅相关于我们用以描述规定对象的方式，而且，一性质对于一对象是不是本质的也无关于“我们是否可能发现尼克松其实是个机器人”这样的认识论问题。克里普克对本质主义给出了亚里士多德式的说明，本质属性是一对象在任何可能世界都具有的属性。由此，克里普克把本质主义作为自己的研究纲领，即在他的理论中起指导作用的原则。

作为克里普克的研究纲领，本质主义不仅能够为模态逻辑的合理性进行辩护，而且是《命名与必然性》主要理论观点的指导原则，对书中克里普克的理论观点的证明起着十分重要的作用。

历史因果指称理论虽然直接地说与本质主义无多大关联，比如萨蒙认为本质主义独立于直接指称理论[①]，但是，本质主义及可能世界语义学对于批判传统的弗雷格和罗素的摹状词指称理论却是不可或缺的，借助于个体本质主义及可能世界语义学的观点，克里普克批判了传统的摹状词理论用以确定专名指称的限定摹状词其实只是揭示了所指对象的偶然属性，而非本质属性，专名的涵义并不等于一个限定摹状词或一簇限定摹状词。因而，传统的摹状词指称理论是不正确的。所以，间接地，本质主义和可能世界语义学使历史因果指称理论得以建立。

在《命名与必然性》中，克里普克提出的另一个重要观点是先验偶然同一性命题和后验必然同一性命题的存在。传统的摹状词理论只能形成偶然同一性命题。比如，“亚里士多德是亚历山大大帝的老师”只是一个偶然同一性命题，因为，“亚历山大大帝的老师”不是亚里士多德的本质属性。借助于个体的本质，即亚里士多德这个个体的起源，我们就可以构成一个后验的必然同一性命题。更为重要的是，克里普克借助于自然种类的本质在于它们的内部结构的观点，证明了理论同一性命题是后验必然命题。在“黄金是原子序数为 79 的元素”、“水是 H_2O”和“热是分子运动”等表达理论同一性的陈述中，通名“黄金”“水”“热”等是严格指示词，它们“比通常想象的更接近于专名”“与专名之间具有比通常所认识到的更多的亲缘关系”。“原子序数为 79 的元素”“H_2O”“分子运动”等揭示了自然种类黄金、水、热的本质，它们也是严格指示词。因此，它们与所命名的现象之间的同一性就是必然的。理论同一性的陈述是后验必然命题的例证，“黄金是原子序数为 79 的元素”“水是 H_2O”等命题是通过经验发现的，因而人们可以通过经验去发现事物的本质。“关于一种物质是什么的科学发现，不是偶然真理，而是严格意义上的必然真理。因此我们又一次遇见了经验的必然真理。譬如由金的原子结构推论出来的那些金的特性，是金的必然特性，尽管它们当然不可能被先验地知道，因此也不属于‘金’的意义。这里显示出克里普克的观点与大部分逻辑学家和分析哲学家的观点的另一个区别：大部分逻辑学家和分析哲学家把意义概念看

---

① Nathan U. Salmon. Reference and Essence. Prometheus Books，2005：218.

作是本质概念在现代的继续，克里普克却认为意义和本质是分离的，假如把本质特征理解为必然特性的话。对于克里普克来说，对本质的研究也不是现象学认为的那样，只有一种将经验科学串联起来的先验科学才能进行的研究，相反，它乃是经验科学本身的任务。”① 克里普克对本质的理解是独特的和富有洞见的。

① 施太格缪勒. 当代哲学主流：下卷. 王炳文，等译. 北京：商务印书馆，2000：336-337.

第四章　必然性理论

必然性是一个非常重要的概念，有人把它称作“发明之母”。“在哲学中，必然性概念被在不同的意义上理解，并且在某种方式上是更具争议的观点。在哲学圈子内，即使不是全部，必然性也被看作很多哲学问题的根源。在20世纪下半叶，美国最著名的哲学家蒯因断定，逻辑必然性，现在指向模态逻辑，是错误的虚构，这种（逻辑的）错误是对所涉及概念的混淆使用（有关蒯因对必然性和模态逻辑的反对我们在第三章本质主义中已经涉及，这里不再论述）。在这样的哲学背景中，克里普克出版了他的最早的模态逻辑的作品。克里普克模态逻辑的作品对模态逻辑的发展和未来哲学的发展有着重要的影响。那也是克里普克后来很多哲学观点的基础。”① 由于克里普克的模态逻辑观点对后来的哲学思想有重要影响，因此，要理解其《命名与必然性》的主要理论观点，必须把握他关于必然性的思想。本章从必然性的理论渊源开始，逐渐引出克里普克在模态逻辑的框架内对必然性的解释，并探讨必然性的观点在《命名与必然性》中的重要地位和作用。

第一节　必然性的理论发展

一、亚里士多德的必然性思想

在亚里士多德之前，古希腊哲学家们就对必然性进行过探讨。留基伯说：“没有任何东西是任意的，一切都能说出理由，并遵循必然性。”赫拉克利特说，“命运就是必然性”，就是“逻各斯”。德谟克里特把必然性理

① G. W. Fitch. Saul Kripke. Acumen Publishing Limited，2004：1.

解为物质世界固有的运动变化的客观规律，事物的因果制约联系。他认为，一切都遵照必然性产生。他用原子的漩涡运动来解释宇宙万物，“漩涡运动既然是一切事物形成的原因，这在他就被称为是必然性”①。他认为世界上并没有真正偶然发生的事物，一切都是必然的。

亚里士多德在哲学史上第一次系统地探讨了必然性这个哲学范畴。他在《形而上学》中是这样定义“必然”的：“它必然是就表示不可能不是。”“必然不允许一会儿这样，一会儿那样。故如果出于必然，将不会既如此又不如此。”“在存在着的东西中，有一些永远如此（且出于必然），不是在强制意义下的必然，而是说它不可能别样；有些则不是出于必然，不永远如此，而是经常这样，这就是偶性存在的本原和原因。因为我们把那些既非永远也非经常如此的东西称为偶性。”② “如果这件事一定要发生的，或通常要发生的，那么它就不是偶然的，也不是由于偶然发生的”③，而是出于必然了。他举例说，伏天总是炎热，严冬总是寒冷，都是必然的，这是事物发生的必然性。他又说，一个东西不可能以另外的方式存在，它必然地像它存在的那样存在，“必然性”的所有其他意义都是以某种方式从这个意义得出来的。即“只能如此存在的”是必然性含义之一。“每一将来的事情都将是‘必然的’，活着的人必然有一天他将死亡。”④意即必然性是事物发展和灭亡的内在趋势。他还说：“一切事物之成为可以灭坏均非偶然。凡属偶然就可有时而不然，但可灭坏性当其见于一切事物就成为一个必然禀赋”，“可灭坏性必然就是每个可灭坏事物的怎是，或存在于其怎能是之内。”意即必然性是存在于事物的怎是（本质）之内的、使事物最终走向灭亡的属性。以上的必然性主要是从本质和发展趋势方面进行论述的。亚里士多德还从因果联系方面对必然性进行了论述，他说：“必然的意思是没有它作为伴随条件生命就不可能，例如呼吸和营养对动物就是必然的，因为缺少这些条件生命就不能存在，没有它善既不能存在也不能生成，恶也不能被消除和摈绝。例如，为了不生病，服药是必需的；为了获得财富，去埃吉娜的航行是必要的。”⑤ 事物的因果联系中有

① 叶秀山，傅乐安. 西方著名哲学家评传：第一卷. 济南：山东人民出版社，1984：350-352.

② 亚里士多德. 亚里士多德选集：形而上学卷. 北京：中国人民大学出版社，2000：83，95，147.

③ 亚里士多德. 物理学. 张竹明，译. 北京：商务印书馆，1982：65.

④ 亚里士多德. 形而上学. 吴寿彭，译. 北京：商务印书馆，1959：81.

⑤ 苗力田. 亚里士多德全集：第七卷. 北京：中国人民大学出版社，1993：116.

许多的必然性，这些必然性都是一定要发生的、不可能不如此事物间的关系。

亚里士多德指出："必然性有两种：一种是出于事物的自然或自然的倾向；一种是与事物自然倾向相反的强制力量。因而，一块石头向上或向下运动都是出于必然，但不是出于同一种必然。"① 这里主要指的是客观事物的必然性类型。

在《论题篇》中，亚里士多德说："定义乃是揭示事物本质的短语。"② 在他看来，定义所表达的命题是必然的命题。在《解释篇》中亚里士多德讨论了必然命题和可能命题之间的关系。他指出，"命题'并非必然有这件事'并不是'必然没有这件事'的否定命题；因为，当一事物必然没有的时候，就并非必然有。……命题'不可能［有这件事］'当用于一个相反的主词上时，就等于命题'必然［没有这件事］'。因为，当不可能有一事物时，就必然不是有它而是没有它；而当不可能没有一事物时，就必然有该事物。"③ 即"并非必然有这件事"不同于"可能有这件事"，因为前者是"可能没有这件事"。"不可能有这件事"等于"必然没有这件事"。在《前分析篇》论述三段论的时候，他说："三段论是一种论证，其中只要确定某些论断，某些异于它们的事物便可必然地从如此确定的论断中推出。"④ 这是亚里士多德从前提和结论之间的关系来说明必然性，即一种推理的必然性，亚里士多德的演绎逻辑就是体现这种必然性的推理。

由此可见，亚里士多德实际上还涉及了事物的必然性和命题的必然性。普兰廷加指出："de dicto 模态和 de re 模态的区别很明显被亚里士多德接受。"⑤ 因为，亚里士多德说过："有时也出现这样的情况，即使只有一个前提是必然的，当然，不能是两个前提中的任意一个，只能是大前提，我们也能获得必然的三段论。"⑥ 亚里士多德承认以下的推理：

（1）每个人必然是理性的。

（2）房间里的每一个动物都是人。

---

① 亚里士多德．工具论：上卷．余纪元，等译．北京：中国人民大学出版社，2003：328.

② 苗力田．亚里士多德全集：第一卷．北京：中国人民大学出版社，1990：357.

③ 亚里士多德．范畴篇·解释篇．方书春，译．北京：商务印书馆，1959：78-79.

④ 同①85.

⑤ A. Plantinga. The Nature of Necessity. Oxford University Press，1974：9.

⑥ 同①105.

(3) 所以，房间里的每一个动物必然是理性的。

他拒绝如下的推理：

(4) 每一个理性的生物是在澳大利亚。

(5) 每个人必然是理性的生物。

(6) 所以，每个人是必然在澳大利亚。

我们假定亚里士多德将接受从（1）和（2）得到（3）的正确推理。如果他是正确的，那么（3）不能被看作：

(3′)“房间里的每一个动物是理性的”是必然真的。

因为（3′）明显是假的。相反，（3）必须被解释为这样的论断：房间里的每一个动物有一个确定的特性——是理性的——必然地或本质地。也就是说，（3）必须被看作 de re 模态的表达式，而不是 de dicto 模态的表达式。这就是说，（3）不是这种断定：一个确定的断定或命题——房间里的每一个动物是理性的——是必然真的，而是这种断定：每一个确定种类的实体本质地或必然地有一个确定的特性，或者，殊途同归，是这种断定：每一个这样的事物有一个本质上理性的模态特性。[①] 以上就是亚里士多德在论述模态三段论的时候所涉及的事物的必然性和命题的必然性的观点。中世纪的哲学家尚坡的威廉、阿伯拉尔、希雷斯伍德的威廉以及托马斯·阿奎那等人对 de re 模态和 de dicto 模态做了比较详细的论述（该问题前面已经论及），从而在现代形成了从物必然性和从言必然性的区分。

综上所述，亚里士多德关于必然性的思想是相当丰富的，他分别从事物的本质、发展趋势、原因、定义和推理等方面对必然性进行了说明，还涉及了事物的必然性和命题的必然性问题，他的必然性思想对后来的哲学家对必然性的论述产生了重要的影响。

此外，麦加拉-斯多阿学派的第奥多鲁、菲洛和克吕西波对于必然性也做了说明。第奥多鲁认为，必然的就是现在真实并且将来也不会虚假；菲洛指出，必然的就是现在真实并且根据事物本性不会虚假的。克吕西波认为，必然的就是真实的，并且不会是虚假的或者虽会是虚假的但外部环境却阻止它是虚假的。

中世纪唯名论者、著名的逻辑学家和哲学家奥卡姆对必然性也进行了

① A. Plantinga. The Nature of Necessity. Oxford University Press，1974：10. 引用时序号有改动。

论述："一个命题是必然的，不是因为它总是真的，而是因为如果它是，它就是真的，不可能是假的。"[①] 这涉及命题的必然性或从言必然性。

二、近代哲学家对必然性的论述

1. 休谟论必然性

休谟在《人类理解研究》中指出："人类理性（或研究）的一切对象可以自然分为两种，就是观念的关系（Relations of Ideas）和实际的事情（Matters of Fact）。"[②] 属于第一类的有几何、代数、三角、算术等科学。任何一个命题，只要由直观而发现其确切性，或者由证明发现其确切性，就是属于前一类。例如，"直角三角形斜边的平方等于其余两边的平方之和"这个命题便是表达图形之间的一种关系。又如"3 乘以 5 等于 30 除以 2"这个命题，便是表现这些数目之间的关系。这类命题，只凭思想的作用，就能将它发挥出来，并不以存在于宇宙中某处的任何事物为依据。第二类对象不能以同样的方式来加以确定。它们的真理性不管多大，在我们看来总不能与前一类的真理性同样明确。各种事实的反面仍然是可能产生的，因为它并不会包括任何矛盾，而且可以同样轻易明晰地被心灵设想到，正如那符合实际的情况一样。因此，休谟认为，"一切推论都可以分为两类，一种推论是解证的（Demonstrative），是涉及于各观念的关系的，另一种推论是或然的，是涉及于实际的事实或存在的"[③]。推理的真理是必然的、普遍的真理，事实的真理是偶然的、特殊的真理。可见，休谟只承认关于观念间关系的命题有必然性。休谟还特别详细地讨论了因果必然性的命题，认为因果必然性迥然不同于观念间关系的必然性，后者确实无误并且不会为将来的经验所推翻，而前者不是确定无误的并且可以为将来的经验所推翻。不过，他认为，因果必然性只是由于心灵的习惯造成的。他说："看来事件之间的'必然联系'这个观念，乃是由于这些事件在许许多多类似的实例中经常集合一起而产生的；我们从一切可能的观点和立场加以考察，也不能就那些实例中的任何一个指出这个观念的存在。但是许许多多的实例并没有与每个单个实例不同的地方，每个单个的实例都是被假定为确切相似的。只不过是在相似的实例反复出现若干次以

---

① 奥卡姆．逻辑大全．王路，译．北京：商务印书馆，2006：261.

② 休谟．人类理解研究．关文运，译．北京：商务印书馆，1957：26.

③ 同②34.

后，心灵为习惯所影响，于是在某一事件发生之后，就期待经常继它之后而发生的事件发生，并且相信后一事件是会存在的。因此，我们心中所感觉到的这种联系，我们的想象从一个对象进到经常伴随的对象的这种习惯性的推移，就是我们据以形成'能力'观念或'必然联系'观念的那种感觉或印象。"① 当然，休谟把因果联系的必然性归结为心灵的感受，就是把事物间的因果联系看成是主观联系，这样的观点是不正确的。因果联系是客观事物本来的联系，是不依赖于人的意识而存在的客观现象。

2. 莱布尼茨对必然性的界定

德国哲学家莱布尼茨提出了两种真理："推理的真理和事实的真理。推理的真理是必然的，它们的反面是不可能的；事实的真理是偶然的，它们的反面是可能的。"② 他对两类真理进行了分析，他说："一个一般真理的全部例子，不管数目怎样多，也不足以建立这个真理的普遍必然性，因为不能得出结论说，过去发生的事情，将来也永远会同样发生。"这是关于事实真理。关于必然真理，他指出："像我们在纯粹数学中、特别是在算术和几何学中所见到的那些必然的真理，应该有一些原则是不依靠实例来证明的，因此也不依靠感觉的见证的，虽然没有感觉我们永远不会想到它们。"③ "原始的理性真理是那样一些真理，我用一个一般的名称称之为同一的（identiques），因为它们似乎只是重复同一件事情而丝毫没有教给我们什么。它们是肯定的或者是否定的；肯定的是像下列的一些：每一事物都是它所是的。以及其他许许多多例子，你要多少有多少，A是A，B是B。我将是我所将是的。我又写了我所已写了的。"④ 莱布尼茨把"必然真理"定义为一种不能是别样的，其反面意味着矛盾的真理。例如，一个三角形有三条边就是必然的。因为没有三条边的三角形的观念是自相矛盾的。

莱布尼茨对逻辑学的一个重要贡献，就是借助可能世界概念，对必然性概念进行了刻画。根据莱布尼茨的论述，一个命题p是必然的，当且仅当非p导致逻辑矛盾；p是不可能的，当且仅当p导致逻辑矛盾；p是可能的，当且仅当p不导致逻辑矛盾。这就是说，"必然p"等值于"不可

---

① 北京大学哲学系外国哲学史教研室. 西方哲学原著选读：上卷. 北京：商务印书馆，1981：530.

② 同①482.

③ 莱布尼茨. 人类理智新论：上卷. 陈修斋，译. 北京：商务印书馆，1982：4.

④ 莱布尼茨. 人类理智新论：下卷. 陈修斋，译. 北京：商务印书馆，1982：423.

能非 p”。再根据莱布尼茨的“可能世界（包括现实世界）不包含逻辑矛盾”的观点，可以得到以下结论：一个命题 p 是必然的，当且仅当 p 在所有的可能世界中都是真的；一个命题 p 是可能的，当且仅当 p 在有的可能世界中是真的。推理的真理在所有可能世界都真，是必然的；事实的真理在现实世界为真，是偶然的。莱布尼茨借助可能世界对必然性的刻画，对现代的模态逻辑及其语义学的建立和发展有着重要的影响。

按照罗素的看法，莱布尼茨区分了几种必然性，首先是形而上学的或几何学的必然性。只有它才称得上真正的必然性，这种必然性的对立面就是自相矛盾。其次是假设的必然性。在这种必然性中，其结论是以形而上学的必然性从偶然的前提推断出来的。这样，物质的运动就具有假设的必然性，因为它们是运动法则的必然结果，而这些运动法则本身却是偶然的。最后一种是道德的必然性。这是一种上帝、天使和至圣据以选择善的必然性。他说：“使我们与单纯的动物分开、使我们具有理性和各种科学、将我们提高到认识自己和上帝的东西，则是对于必然和永恒真理的知识。这就是我们之内的所谓‘理性灵魂’或‘精神’。”① 他还把必然性作为上帝的对象，“至于必然的真理，则只是依赖上帝的理智，乃是上帝的理智的内在对象”②。这是莱布尼茨在谈论必然性时的消极思想。

第二节　克里普克对必然性的论证

一、必然性和先验性

传统的观点把必然性和先验性相等同，认为先验的就是必然的，必然的就是先验的。在《命名与必然性》中，克里普克对这种观点进行了批评。先验真理指的是那些独立于任何经验而被认识的真理。因此，“先验性概念是一个认识论概念”。因为它所涉及的是如何认识事物、获得真理的问题。必然性概念“有时被用于认识论的意义，并且可能恰恰意味着先验的意思。当然它有时也被用于物理的意义，例如在人们区分物理必然性和逻辑必然性时就是如此。然而我在这里讨论的不是认识论的概念，而是

---

① 北京大学哲学系外国哲学史教研室. 西方哲学原著选读：上卷. 北京：商务印书馆，1981：481.

② 同①484.

形而上学的概念。我们问某种东西是否可能是真的或假的。如果它是假的，它就明显地不是必然真的；如果它是真的，它还可能是假的吗？就这一点而言，这个世界是否有可能不同于它现在这个样子呢？如果答案是否，那么，关于世界的这个事实就是一个必然的事实。而如果答案是'是'，那么关于世界的这个事实就是一个偶然的事实。这一点本身与任何人对任何事物的认识无关"。先验性和必然性"不是什么明显的定义上的等同问题，即要么任何先验的事物都是必然的，要么任何必然的事物都是先验的。这两个概念可能是含糊不清的"①。

因此，克里普克指出："'必然的'和'先验的'这两个词在用于陈述时就不是明显的同义词。也许有哪一个哲学论证可以将两者联系起来，甚至把它们同一起来；但是，所要求的是论证，而不仅是这两个词可以简单地互换（我将在下面论证它们实际上甚至没有共同的外延——必然的后验真理与可能的先验真理都是存在的）。"② 在克里普克看来，先验的与必然的是不等同的，它们没有共同的外延，既存在必然的后验真理，也存在可能的先验真理。关于该问题，我们将在最后一章详细论证。

二、必然性的语义解释

"必然性"是克里普克理论的一个中心概念，那么，克里普克是如何解释必然性的呢？在克里普克看来，必然性是指在每一个可能世界中都具有的特性。在《命名与必然性》中，他指出："如果某物不仅在实际世界中是真的，而且在所有可能的世界也是真的，那么，仅仅通过在头脑中思考所有的可能世界，我们理所当然就能在充分努力之后看到，如果一种陈述是必然的，那么它就是必然的……""一个分析的陈述在某种意义上根据其意义就是真的，并且在所有的可能世界中根据其意义也是真的。这样一来，某种在分析的意义上是真的东西就将既是必然的，又是先验的（这是一种规定）。"③

克里普克借助可能世界对必然性进行了严格的语义解释。

莱布尼茨关于必然性的基本观点是：

(1) 一个命题是必然的（在现实世界中），当且仅当，它不仅在

① 克里普克. 命名与必然性. 梅文，译. 上海：上海译文出版社，2001：13-15.

② 同①17.

③ 同①17-18.

现实世界中是真的，而且在所有可能世界中都是真的。

莱布尼茨的这个观点简明、符合直观，更为重要的是，它对必然性这种很难分析的性质给出了解决的途径：把命题在某一世界中的必然性归结为它在可能世界中的真理性。

克里普克从这一观点出发，把它严格化、精确化，对“必然性”做出了严格的分析，从而建立起可能世界语义理论。他用G表示现实世界，用W表示任一可能世界，任一命题α是真的，即α在现实世界为真，记为：

$$V(\alpha, G)=1$$

一般地，α在可能世界W是真的，记为：

$$V(\alpha, W)=1$$

同理，α在W中是必然的，即□α在W中是真的，用上面的符号可以表示为：

$$V(\Box\alpha, W)=1$$

以上V可以看作在W中对α的真值赋值。它的直观意义是α所描述的情况是否在W中发生。如是，则$V(\alpha, W)=1$；否则，$V(\alpha, W)=0$。用数学的语言说，V是一个二元函数，它的第一个变元是模态系统的合式公式，第二个变元是任一可能世界，值域是{1，0}。用这些符号，(1)又可表示为：

(2) $V(\Box\alpha, G)=1$，当且仅当，$V(\alpha, G)=1$，且对任意的W，$V(\alpha, W)=1$。

可能世界是这一解释里的重要概念。可能世界的直观意义可以是我们现实生活世界的各种可能状态，也可以是物理事态、数学集合、时间段落或空间区域等。对于逻辑学而言，可以不关心可能世界的这些直观的、具体的意义，它所要求的只是在每个可能世界里，所有命题都能确定其是真是假，即有确定的真值。根据这一抽象，逻辑学意义上的可能世界只是一些与命题真值有关的参考点：关于每个参考点，所有的命题都有确定的真值，并随着参考点的不同，命题的真值也可不同。至于这些参考点本身的形态，现实存在性等如何都可不论。换句话说，其本身并不具有本体论的意义。当然，这种抽象不妨碍我们根据可能世界的直观意义进行各种考虑，只是说，不论所讨论的对象是什么，只要它具有这种性质，就都是可能世界。

因此，现实世界与可能世界的区分并无特别重要的意义。考虑现实世界也是一种可能世界，即实现了的可能世界，以及考虑命题 α 在任何可能世界中的必然性，(1) 可以简化为：

> (3) α 是必然的（相对于某个可能世界），当且仅当，α 在所有可能世界中都是真的。

这样，可能世界语义学后来一般都取消了现实世界的特殊地位。

以上的这些解释——(1)(2)(3) 的右边都含有一个很强的条件，要考虑所有的可能世界，从而过于简单，掩盖了某些重要的东西。

严格地看，当我们把□α 与某个世界 W 联系起来，说 α 在 W 中是必然的，并不需要 α 在所有可能世界中为真，则只需 α 在所有对于 W 来说是可能的世界中为真。对于某一世界 W 来说，并非所有世界都是可能的。比如，对于我们现实世界的某地来说，相对于明天天气有各种可能状态，即各种可能世界中但既下雪又不下雪是不可能的状态，这样的一个世界相对于今天该地的世界来说，就是不可能的。在对 W 来说是不可能的那些世界中，不论 α 的真值如何，既然在 W 看来连通这些世界都是不可能的，所以也不会影响到 α 在 W 中的必然性。

明确“对 W 来说是可能的”这一点非常重要。在 (1) 和 (3) 的了解下它被略去了。这当然也是一种处理。但是，要想更精确地刻画 α 在 W 中的必然性，必须增加这一内容，区分两种可能世界，只考虑那些对于 W 来说是可能的世界中 α 的真理性。

对于 W 来说，W′是可能的，又简称为 W 可及 W′，通常记作 WR W′，或 RW W′，其中 R 表示可及关系。可及是可能世界之间的二元关系。同可能世界一样，它也可以有各种直观意义。比如通过物理上的变化、时间上的流逝等，W 有可能转变为 W′，甚至还可以是心理上的联系，在 W 中某人设想了 W′，诸如此类，都可以说 W 可及 W′。不过在逻辑上还是抽象到仅仅从命题的真值联系上考虑可及关系。如果 W 可及 W′，那么在 W 中的必然命题在 W′中都是真的，或者等价的，W′中的真命题在 W 中都是可能的，而不论 W 和 W′在实际中究竟有什么联系，甚至是否有联系。

在以上分析的基础上，考虑到可及关系，对必然性的解释为：

> (4) α 在 W 中是必然的，当且仅当，对于任意可能世界 W′来

说，若 W 可及 W′，则 α 在 W′中是真的。

模态具有多样性，由此也带来了模态逻辑形式上的多样性。再由于 R 的引入，给模态的解释带来了多样性。关系 R 可以有多种性质，也是多样的。一些模态公式恰好对应于 R 的某一性质，因而这种语义学有很强的解释能力，可以处理许多模态系统的语义问题。

以上解释还可以用符号表示为：

(5) V（□α，W）=1 =任 W′，若 RW W′，则 V（α，W′）=1。

以上就是克里普克借助可能世界对必然性进行刻画所得到的基本观点，这也构成了可能世界语义理论的基本思想。

第三节　必然性：克里普克的理论内核

必然性是模态逻辑的一个重要概念，克里普克曾经指出过，《命名与必然性》一书的主要观点产生于他在模态逻辑的模型论方面所做的一些形式研究，因此，在《命名与必然性》中，必然性是一个中心概念，是克里普克的理论内核。

一、命名与必然性的内在联系

在克里普克的命名理论与必然性之间存在着内在的联系，他在第一篇演讲中指出："我希望有人能够看出在本书书名的两个论题之间存在着某种联系。不过，要是没有看出这种联系也无妨。我会在几次演讲里对它们加以阐述。"① 一些哲学家看到了研究克里普克理论中这些关系的必要，并做了专门的讨论。比如，斯托尔纳克的文章《指称与必然性》主要就是讨论这些关系。在这篇文章中他写道："在这些演讲中，克里普克为一些大胆的论点做了辩护，关于命名的那些论点是属于语义学和语言哲学，其他关于必然性的论点属于形而上学。对于这些不同论点的论证是相互联系在一起的，这一点人们十分清楚，只是对在克里普克的论证策略和议题本身中的这些联系究竟是什么的问题上尚存争议。"② 泰勒·博格在《语言

① 克里普克. 命名与必然性. 梅文，译. 上海：上海译文出版社，2001：1.

② Robert Stalnaker. Reference and Necessity//A Companion to the Philosophy of Language，edited by Bob Hale and Crispin Wright. Basil Blackwell，1997：534.

哲学与心灵哲学》这篇文章中指出："克里普克将他的名称理论建立在一个必然性之上。"① 达梅特则指出，克里普克企图在本身是相互独立的领域中追求某种内在的联系。可见，克里普克的命名理论是围绕着必然性而展开论述的，二者之间有着内在的联系。

首先，对传统摹状词指称理论的批评是以必然性为中心的。传统摹状词指称理论用以揭示专名涵义和指称的限定摹状词，只是所指对象的偶然属性，而非必然属性。因为必然属性是在每一个可能世界都具有的属性，而限定摹状词表示的对象特性不是在每一个可能世界都具有的属性。所以，专名没有涵义，摹状词指称理论是不科学的。这是克里普克所采用的典型的"模态论证"的方法，他的基本路径是，从揭示模态语境中严格指示词与限定摹状词的不同的形式特征入手，指出它们在模态语境中的替换将对句子真值产生不同的结果，来说明专名不与摹状词同义。在这里，克里普克实际上把必然性等同于本质属性，它们都指在每一个可能世界中个体或事物种类都具有的特性。

其次，因果指称理论也是借助于必然性的。克里普克传递专名指称的因果链条也与必然性紧密相关。在克里普克看来，专名指称的确定是依赖于因果链条，一环一环地传播下去，也就是说，日常交际中的指称由与命名相联系的因果过程来决定。实际上，这种传递与必然性有一定的关联，主要是因为专名是严格指示词，在所有可能世界指称同一对象，所以专名的传递和指称的确定带有必然性的特征。离开了专名是严格指示词这个前提，专名指称的确定和传递就会出现问题。由此可见，因果链条在某种意义上是必然性的因果链条。

二、同一性与必然性

克里普克探讨的同一性与必然性有着紧密的联系，表现在：

一方面，打破了传统必然性、先验性和分析性相同一的观点。传统的观点认为先验性、分析性和必然性相等同，一个命题是先验的，则肯定是必然的，一个命题是必然的，则肯定是先验的。但克里普克表明，先验的不一定是必然的，因为存在先验偶然命题。必然的并不都是先验的、分析的，因为具有必然性的命题有的是后验的，不能用分析性解释必然性。比

① 泰勒·博格. 语言哲学与心灵哲学//陈波，韩林合. 分析哲学：回顾与反思. 成都：四川教育出版社，2001：171.

如，“长庚星是启明星”就是一个后验的必然命题：“长庚星”与“启明星”都是严格指示词，在所有可能世界中指称相同的对象；但是，“长庚星是启明星”是一个天文学家们的发现，是后验的。

另一方面，证明了自然种类的同一性命题和科学理论的同一性命题具有普遍必然性。比如，“黄金是一种原子序数为79的元素”是一个必然性的命题，因为“黄金”和“原子序数为79的元素”都是严格指示词，因而是一个具有普遍必然性的命题。“水是H_2O”也是一个具有普遍必然性的命题，因为，“水”和“H_2O”都是严格指示词，在所有可能世界中指示相同的对象。其实，在一定的意义上，克里普克的后验必然命题是对休谟问题的一个回答，休谟问题的核心内容就是经验命题并不具有普遍必然性。休谟以后，哲学家们围绕着休谟问题进行了大量的研究和探讨，但都没有给出比较合理的解决方案，克里普克以独特的方式证明了后验同一性命题具有普遍必然性，这是回答休谟问题的一个大胆的尝试。尽管这种回答还不令人满意，但他的方法和思路却给我们解决休谟问题提供了启示，休谟问题的解决不可能是绝对的，而只能是相对的，是在一定的条件下和范围内的解决。

另外，克里普克的本质主义理论实际上也是一种必然性的本质理论。他的个体本质学说是必然的起源说和必然的构造说；自然种类本质理论是一种必然的内部结构说。

由此可见，必然性是克里普克的一个理论内核，它贯穿于《命名与必然性》的理论体系之中。必然性也是他的最根本的形而上学观点。

三、形而上学的必然性

在克里普克看来，后验必然命题的主项和谓项都是严格指示词，或相当于严格指示词。它们要么是专名或普通名词，要么是对事物种类本质的揭示。而专名或普通名词在每一个可能世界中都指示相同的对象，事物的种类本质是事物的必然属性，在每一个可能世界中都是如此。正如萨蒙所指出的：“一个包含严格指示词Γ的句子是必然的，当且仅当Γ的所指对象具有某种本质属性。”①

由此，专名之间的同一性陈述是必然的，因为专名是严格指示词；理论同一性命题是必然的，因为它的主项是严格指示词，谓项揭示了事物的

① Nathan U. Salmon. Reference and Essence. Prometheus Books，2005：82.

本质或必然属性；自然种类的一般陈述是必然的，因为其主项和谓项都相当于严格指示词。

正是依赖于严格指示词的理论，克里普克证明了专名之间的同一性命题与理论同一性命题等经验事实和科学理论命题是后验必然命题。当然，一些人认为，克里普克对后验必然命题的论证依赖于"严格指示词"的假定，理由不充分。科德里指出："严格地指称的种类名词严格指称什么存在着问题。"①

但是，我们认为，克里普克对后验必然命题的证明既然是基于一种先天的直觉，不管这种直觉是否成立，克里普克的这种必然性是一种形而上学的必然性。因为克里普克的论证不是在认识论的意义上进行的，而是采用一种超越经验事实的论证方式，依赖于所谓自然的直觉。克里普克的论证就像康德在《纯粹理性的批判》中对先天综合判断的论证也依赖于先验的直觉一样，那是一种形而上学的论证方式。克里普克在论证中也表露出这一点："这个概念（必然性）有时被用于认识论的意义……当然它有时也被用于物理的意义，比如当人们区分物理必然性和逻辑必然性时就是这样。但是我在这里讨论的不是认识论的概念，而是形而上学的概念。"②普特南也把后验必然命题看作一种形而上学必然性的命题，他指出："克里普克把那些从合理性上讲不可修正的陈述（假设有这样的陈述）称做认识论上的必然陈述。至于那些在所有可能世界都为真的陈述，他简单称之为必然陈述（有时也称作'形而上学的必然'）。用这种术语，我们可以把刚才所做的那个评论重述如下：一个陈述可以既是（形而上学上）必然的，又是认识论上偶然的。"③

也就是说，克里普克证明的后验必然命题是认识论上偶然的，但形而上学上是必然的。因此，克里普克是从形而上学的角度证明后验必然命题的。

① Ben S. Cordry. Necessity and Rigidly Designating Kind Terms. Philosophical Studies, Kluwer Academic Publishers，2004，119（3）：243.

② Saul A. Kripke. Naming and Necessity. Basil Blackwell，1980：35.

③ 普特南．"意义"的意义//陈波，韩林合．逻辑与语言：分析哲学经典文献．北京：东方出版社，2005：472.

第五章　严格指示词理论

萨蒙指出："单称的直接指称理论所产生的一个重要后果是，像专名和索引的单称词项是所谓的'严格指示词'。'严格指示词'这个短语是克里普克规定的，并且被广泛应用……"① "严格指示词"这个概念是克里普克的一个创造，它指的是"一个表达式的一种语义特性"②，在克里普克的理论体系中具有非常重要的地位，是其理论的先验前提，无论是对于克里普克的历史因果指称理论，还是先验偶然同一性命题和后验必然同一性命题的成立都具有十分重要的意义。没有严格指示词，克里普克的名称理论就不能成立。

第一节　名称是严格指示词

一、克里普克的名称是严格指示词的观点

摹状词理论者都认为，专名与一个或一簇摹状词是同义的，也就是说一个或一组摹状词给出了专名的内涵或涵义。克里普克指出，这种看法是错误的，它没有认识到专名是严格的（或固定的）指示词，而摹状词则是非严格的指示词。在克里普克看来，如果一个指示词在每一个可能世界中都指示同一个对象，就称之为严格的指示词，否则就称之为非严格的或偶然的指示词。当然不要求对象在所有可能世界中存在。专名是一个严格的指示词，它在一切可能世界中都指称同一个对象。例如，在"尼克松是1970年的美国总统"这句话中，"尼克松"是一个专名，在一切可能世界

---

① Natha U. Salmon. Reference and Essence. Prometheus Books，2005：32-33.

② Jason Stanley. Names and Rigid Designation//A Companion to the Philosophy of Language. Basil Blackwell，1997：555.

中都指称尼克松这个人，一个不叫尼克松的人不可能成为尼克松，即使在某个可能世界中，尼克松不是1970年的美国总统，他还是叫作“尼克松”。但是，摹状词却不一样，上句话中的“1970年的美国总统”作为一个摹状词，它在不同的可能世界中可以指称不同的人，例如在某个可能世界中指称汉弗莱，而不是指称尼克松，这就是说，一个不是1970年的美国总统的人有可能是1970年的美国总统，因此，“1970年的美国总统”就是一个非严格指示词。克里普克关于专名是严格指示词的分析符合人们的日常直觉。

克里普克指出：“假设一个名称的指称是由一个或一簇摹状词给出的。如果这个名称和那个摹状词或簇摹状词意指同一个事物，那它就不是一个严格的指示词，也不一定能在所有可能世界中都指示同一个对象，因为其他对象在另外的可能世界中也可能具有这样的特性，（当然）除非我们碰巧在描述中使用了本质特性。因此，如果我们把‘亚里士多德是师从柏拉图的最伟大的人’作为一条定义，那么，‘亚里士多德’这个名称就是指‘师从柏拉图的最伟大的人’。当然，在另外某个可能的世界中，这个人也许从未师从过柏拉图，亚里士多德也许是另外某个人。……看来下述假设也许合理：在某些情况下，一个名称的指称的确是通过一个摹状词用类似于确定米制的方式确定的。当那个神话中的人物第一次看到‘启明星’时，他很可能说‘我将用启明星作为远方天空中出现的那个天体的名称’，从而确定了他的指称。因此，他是以‘启明星’在天空的明显的位置来确定‘启明星’的指称的。那么，由此能否得出如下结论，即这个名称的部分意义是启明星在那段时间内具有某个如此这般的位置吗？绝对不能。以为如果启明星在此以前曾受到某个彗星的碰撞，那么它在那段时间里就可能出现在另一个位置上。在这样一种非真实的情形下，我们就会说，启明星不在那个位置上，而不会说，启明星不成其为启明星了。因为‘启明星’这个词严格地指示某个天体，而‘在遥远位置上的那个天体’则并没有严格地指示一个天体。在那个位置上的，可能是另一个不同的天体，或者根本没有什么天体，但没有任何其他天体可能成为启明星（尽管另外某个不是启明星的天体可能被称作‘启明星’）。的确，正如我刚才所说，我坚持认为，名称始终是严格的指示词。”① 克里普克的上述分析告诉我们，一个名称的指称不能由一个或一簇摹状词给出，因为摹状词是非严格指示词，在不同的可能世界中，摹状词所描述的对象的属性可能会发生变化。

① 克里普克．命名与必然性．梅文，译．上海：上海译文出版社，2001：36-37.

比如，也许在某个可能世界里，“师从柏拉图的最伟大哲学家”不是亚里士多德，“在遥远位置上的那个天体”可能不是启明星。总之，只有专名才是“严格指示词”，摹状词是“非严格指示词”。

克里普克还对“亚里士多德”和“亚历山大大帝的老师”的例子进行了具体的分析。他指出，当有人注意到“亚历山大大帝的老师”可能没有教过亚历山大大帝（在这种情况下，这个老师也就不会是亚历山大大帝的老师）时，这就说明了“亚历山大大帝的老师”这句话在模态语境中可能带有范围的区别，也说明了它本身不是一个严格指示词。另外，虽然亚里士多德这个人可能不被称作“亚里士多德”，就像 2×2 可能不被称作“4”一样，但说亚里士多德不可能成为亚里士多德这一点则不是真的。这就是说，亚历山大大帝的老师可能没有教过亚历山大大帝，说明“亚历山大大帝的老师”本身不是一个严格指示词。在某一可能世界中，亚里士多德不曾教过亚历山大大帝，但是他仍然叫作“亚里士多德”，一个不是亚里士多德的人决不可能成为亚里士多德，这就是说，“亚里士多德”是一个严格指示词。此外，在“9”与“行星的数目”，“启明星”（Phosphorus）和“晨星”（the morning stay），“长庚星”（Hesperus）和“昏星”（the evening star）等例子中，“9”、“启明星”和“长庚星”等是专名，是严格指示词；“行星的数目”、“晨星”和“昏星”是摹状词，是非严格指示词。

克里普克还对“严格指示词”做了进一步的说明。一个专名是严格指示词，并不意味着该专名所指个体在每一个可能世界都存在。他说：“一个严格的指示词在所有可能世界中都具有同一个指称。我也并不企图暗示说，那个被指示的东西存在于所有可能的世界中，我只是说该名称严格地指称该事物。如果你说‘假设希特勒从未出生过’，那么‘希特勒’这个名称在这里仍然是严格地指称某个在所描述的非真实情形中并不存在的事物。”① 克里普克还谈到了“强严格指示词”，他说：“一种必然存在的严格指示词可以叫作**强严格指示词**。”“如果一个指示词在对象存在的任何地方都指示这个对象，那么，这个指示词就是严格地指示了这个对象。而且，如果这个对象是一个必然的存在，那么这个指示词就可以被称作强严格指示词。”② 也就是说，一个指示词是一个强严格指示词，当且仅当，这个指示词的所指对象存在于每一个可能世界。一种对象必然存在的严格

① 克里普克．命名与必然性．梅文，译．上海：上海译文出版社，2001：57.

② 同①27-28.

指示词即是强严格指示词。

为什么专名是严格的指示词而摹状词是非严格的指示词呢？其根据是：专名本身没有涵义，摹状词有涵义，但不是专名的涵义，摹状词所揭示的仅仅是专名所指对象在某一个可能世界中的属性，而不是对象在所有可能世界中的属性，因此不能揭示专名的涵义。由于专名没有涵义，因而只是一种“标签”，严格地指称同一个对象。摹状词是通过一个对象的性质来描述这个对象，但一般说来这些性质是偶然的，因此它在不同的可能世界中就不能严格地指称同一个对象。

在关于“严格性”问题上，克里普克还区分了“根据法则的”严格性与纯粹“根据事实的”严格性。“根据法则的”严格性指的是，一个指示词的指称被规定为一个单一的对象，无论我们所谈论的世界是实际的世界，还是非真实的情形都是如此；而“根据事实的”严格性指的是，一个“此 x 即有 Fx”这样的摹状词凑巧使用了一个谓词“F”，这个 F 在每一种可能的世界中对于一个而且是同一个唯一的对象来说是真的（比如“最小的素数”严格地指示数字 2，尽管其是摹状词，但却是“根据事实的”严格性）。他还指出，关于名称的观点很清楚地指出，名称根据法则而言是严格的。因此，克里普克对严格性持较弱的主张，也就是名称在法则上是严格的。因此，严格性倾向于指，一个专名严格地指示其指称对象，甚至在我们谈论该指称对象并不存在的非真实的情形时也是这样。

二、萨蒙对严格性的讨论

萨蒙在《指称和本质》中对严格性进行了分类，他认为关于严格性有三类。① 第一类严格指示词是“它就每一个在其中事物存在的可能世界指称相同的事物，在其中事物不存在的可能世界不指称任何东西”，这是所谓的“持久的严格指示词”（persistently rigid designators）或仅仅是持久的指示词。第二类严格指示词是这样一种表达式，它在每一个可能世界指称相同的事物。我们称这类表达式为顽固的严格指示词（obstinately rigid designators）或仅仅是“顽固的指示词”。“顽固的严格指示词”可能对是否它们的指称存在一个被给出的可能世界不敏感；它们在每一个可能世界中指示相同的事物，不管事物存在与否。

萨蒙区分了“持久的严格指示词”和“顽固的严格指示词”。给出任

① Natha U. Salmon. Reference and Essence. Prometheus Books，2005：33-34.

意一个单一语词 α，我们可以考察它指派到任何可能世界的语义函数，以及关于可能世界中 α 的指称。卡尔纳普把这函数叫 α 的内涵。用这个想法，我们可以给出“持久的严格指示词”和“顽固的严格指示词”之间的区别，一个顽固语词（obstinate term）的语义内涵是在可能世界辖域中的一个完全的常数；而一个持久语词（persistent term）的语义内涵是这样一个常项，对于可能世界它没有被定义，在其中它的常值不存在，因此是可能世界辖域中不完全的函数。

此外，还有第三类“强严格指示词”。它是关于一个必然存在的严格指示词，也就是，它严格指示某个存在于每一个可能世界的事物。一个指示词是强严格的，当且仅当它既是持久的又是顽固的。萨蒙还给出了“强严格指示词”的一个例子，如“既是偶数又是素数的整数”。

第二节　名称是严格指示词是克里普克理论的先验前提

一、对质疑严格指示词观点的回应

对于克里普克的严格指示词的观点，一些学者提出了反对意见。最典型的就是关于同名的问题。这种观点的基本看法是，既然人有同名，比如有不止一个人取名为“亚里士多德”，那么，这个名称就有不同的对象，在不同可能世界中将指称不同的个体，因此，这一简单的事件就足以证明严格性论题是不成立的。关于这个问题，其实克里普克在《命名与必然性》第二版序言中就已经进行了阐述。他说：“从我的解释中可以明显地看出，有些批评是对我的误解。有些人认为，两个人可以有同样的名称，仅就这一简单的事实就足以证明严格性论题是不成立的。的确，在本书中，为了简单，我说过似乎每一个名称有唯一的承担者。但是事实上我并不认为，就严格性问题而言，这是一种基本的过于简单化的说法。我相信，如果按照惯例要求，无论对哪两个事物都不能给以同样名称的话，那么，许多（可能不是全部）关于名称语义学的重要的理论结论将基本上不会受到什么影响。正像我即将解释的那样，严格性问题尤其不会受到影响。”也就是说，克里普克认为，这个问题是一个简单的问题。他继续说道：“对于我们目前所使用的语言来说，如果我们采用一种类似于把同音异义词称作不同的‘词’那样的做法，就可以认为名称只有一个唯一的指称对象。根据这种做法，使用相同的发音来命名的不同对象就相当于用了不同的名称。这种专门的用法当然与最通常的用法不一致。……然而，主要观点在于，无论一种哲学理论怎样对待这种‘同音异义’的名称，其结果与严格性的问题毫不相干。”① 他还在注释中进行了进一步的说明：“根据本书所主张的观点，如果两根完全不同的‘历史链条’由于纯粹偶然的原因，将两个发音相同的名称赋予了同一个人，那么尽管其指称对象是同一的，也可能被视为是取了不同的名称。……但是，指称对象的不同将成为名称唯一性的一个充分条件。”② 也就是说，同名现象与严格性是无关的，即使名称相同但指称对象不同，实际上也是两个不同的名称，它们来源于两根完全不同的“历史链条”。总之，名称具有唯一性。

陈波指出，严格指示词“不能适当地处理所谓‘空名’问题，至少没有提供这样的方案。在克里普克看来，严格指示词是纯粹指示性的。而人们不可能指示一个非存在的东西。因此，这等于要求严格指示词的所指对象必须存在，因为严格指示词不能严格地指示一个非存在的对象。而‘空名’不指称任何实存对象，所以无法满足这个要求，因此，任何空名都不能是严格指示词，空名因而被因果历史理论家审慎地排除在其关注范围之外。”③ 陈波继续指出：“‘空专名’现象是与克里普克的严格指示词框架不相容的。因为严格指示词是直接指示词，除了指称对象之外没有别的意义。那么，我们如何理解‘帕加索斯是有翼的飞马’这样的句子的意义呢？它们是否有真假可言？并且，‘严格指示词’这一概念产生于这样的语言直觉：我们可以对现实世界中的个体做各种反事实的谈论。例如，亚里士多德本来是如此这般，但我们完全可以设想，亚里士多德不是如此这般，而是如此那般，他甚至没有做过他在现实世界中所做过的所有那些事情，但即使如此，我们仍然是在谈论现实世界中那个被我们叫做‘亚里士多德’的个体，是在谈论有关他的种种反事实的情形，而不是在谈论有关别人的某些情形。显然，我们只能对现实个体做这样的反事实谈论，对一个虚构实体做反事实谈论，是非常反直观的。”④

空专名是虚构作品中的。克里普克认为，虚构作品就是一种假装，即

① 克里普克．命名与必然性．梅文，译．上海：上海译文出版社，2001：7-8.

② 同①8.

③ 陈波．逻辑哲学．北京：北京大学出版社，2005：220.

④ 陈波．社会历史的因果描述论：一种语言观和由它派生的一种新名称理论．哲学分析，2011（1）：36.

假装故事中发生的事真的发生了，假装现实的条件得到了实现。创作一部虚构作品就是去设想比如真的有福尔摩斯，这个故事中用的“福尔摩斯”这个名字的确指称某个人，即福尔摩斯这个人。空名是虚构的，那么这些名称就并不真的具有指称对象了，它是被假装具有指称对象。关于空专名问题，克里普克进行了说明。他从来没有说过严格指示词的所指对象必须存在，相反，克里普克指出：“我也并不企图暗示说，那个被指示的东西存在于所有可能的世界中，我只是说该名称严格地指称该事物。”① 不过，“空专名”如果被看作严格指示词，看起来似乎与克里普克的理论存在着不一致。因为“严格指示词”在不同的可能世界中指示相同的对象，而空专名在不同的可能世界中可以指示不同的对象，比如，如果在另一个可能世界中有另外一个人写了《西游记》，在他的描写中，“孙悟空”可能指称现实世界《西游记》中的猪八戒，这是可以设想的。不过这种情形还是可以解决的，这与现实世界中的同名现象有类似之处。因此，我们还是借助于上述观点，那就是，即使名称相同但指称对象不同，实际上也是两个不同的名称，因为它们来源于两根完全不同的“历史链条”。克里普克曾经谈到过虚构人物约拿，也就是“约拿”是一个空专名，他说：“尽管我们所知的关于约拿的故事实质上是假的，但我们之所以仍然可以说约拿的确存在过，是因为有一根历史的传递链条，这个名称（或许有语言上的变化）通过这根链条传递到我们这里，并且可以回溯到约拿这个人本身，以及那些就其做了错误断定的故事之上。”② 因此，我们认为，这并不能动摇专名是严格指示词的结论。

克里普克指出：“关于严格性：在本序言和本书正文的许多地方，我都故意不去提及从某个对象的可能的非存在中产生的那些敏感的问题。我还避开了‘根据语法的’严格性和纯粹‘根据事实的’严格性之间的区别。……我关于名称的观点很清楚地指出，名称根据语法而言是严格的，但是在本书中，我满足于对严格性持较弱的主张。由于名称在语法上是严格的，我认为，一个专名严格地指示其指称对象，甚至在我们谈论该指称对象并不存在的非真实情形时也是如此。因此，关于非存在的问题是有点装腔作势的。”③ 同样，在这里克里普克并没有回避空名问题，因为他说

① 克里普克．命名与必然性．梅文，译．上海：上海译文出版社，2001：57．

② 克里普克．空名与虚构实体．刘叶涛，译．世界哲学，2013（2）：9．

③ Saul A. Kripke. Naming and Necessity. Basil Blackwell Publisher，1980：21.

“一个专名严格地指示其指称对象，甚至在我们谈论该指称对象并不存在的非真实情形时也是如此”。如果所指对象在每一个可能世界存在，那么该名称则是强严格指示词，其他的称作一般的严格指示词。而且，正因为考虑了空名等情况，克里普克坚持（所有的）专名都是根据语法严格的。“名称同一于根据语法的严格指示词——其严格性是一个语义约定的结果的指示词，而不是某种模态真理的后承。”① 严格性是一种语义约定，一种自然的直觉。

陈波还就“专名是严格指示词”以及“专名没有涵义”的观点进行了批评。他以“牛津”这个地名为例进行了论证。他说，牛津（Oxford）最早的时候是人们赶牛群（ox）过河的一个渡口（ford），它的位置恰好位于英国中部的中心地带，地处南北方向与东西方向的贸易通道的一个交汇处。泰晤士河和查维尔河的卵石滩为人们提供了干燥的聚居地，于是在这个地方形成了最初的一个市镇——牛津镇。后来这个地方有了牛津大学，从而使得牛津从一个镇变成了一个市，牛津市又变成了牛津郡。现在，“牛津”这个名称实际上已经成为一个“名称家族”。陈波认为假如像克里普克所说的那样，专名都是严格指示词，那么“牛津”这个名称究竟严格指称什么呢？指原来那个渡口吗？但该渡口的确切位置已经不为人知；抑或转指牛津镇、牛津市、牛津郡或牛津大学？如果像克里普克所说的那样，名称都是无意义的直接指示词，那么，我们上面关于“牛津”这个词写下的所有这些句子算什么呢？难道它们不能帮助我们更好地理解“牛津”这个词吗？

我们认为，任何名称所指对象都在不断地变化着，因为任何物质都是运动变化的，但不能因为对象变化了，名称就不能严格地指示它的对象。比如，任何一个城市最初规模都很小，后来随着经济和社会发展不断扩大，但是这个城市无论怎么扩大，原有名称还是严格地指示这个对象。再比如，人也是不断变化的，“鲁迅”这个专名既严格地指示青年鲁迅这个人，也严格地指示后来壮年、老年的鲁迅，不能因为鲁迅这个对象的特性发生了变化，它就不严格指示这个对象了。关于专名有没有涵义的问题，这更是一个老话题。立足于克里普克的可能世界，专名是没有涵义的，因为在不同的可能世界中，那些在现实世界中用以刻画对象或者构成专名意

① Christopher Hughes. Kripke：Names，Necessity，and Identity. Clarendon Press，2004：23.

义的属性会发生变化，是偶然属性，因此专名是没有涵义的。而在现实世界中，专名是有涵义的，因为在现实世界中，人们一般认为刻画专名对象的那些属性还是可以构成专名涵义的，我们也是那样理解对象的。陈波认为专名是有涵义的，其论域是现实世界，而克里普克认为专名没有涵义，其论域是所有可能世界。专名没有涵义只有所指，与人们的社会生活是基本相符的，所以，一个人可以改名，一个地方也可以改名，如果说专名有涵义，就意味着人名、地名是不能更改的，因为改了，意义就发生变化了，人们的认识活动就会遇到问题。可事实上人名、地名的更改不会导致人们的认识活动遇到太大的问题。相反，如果认为专名有涵义，那么人们的认识活动就要出现问题。例如，牛津按照最初的意义就是那个位于某个位置的渡口，后来这个地方扩大了，那么它就不应该叫作牛津了，因为牛津的涵义就是那个渡口的属性。因此，在社会生活中，专名只有指称没有涵义更加符合人们的认识习惯。所以，专名是没有涵义的，它们只是指示其称呼的个体，并没有蕴涵或指示这些个体具有什么属性。

一些人反对“严格指示词”，因为他们认为这个概念假设了一种可能世界的形而上学，并且认为这种形而上学是不可接受的。对此，费奇给出了解释，他说：“在我看来，这类反对意见错过了要点。就像我们在第一章所谈到的，克里普克对可能世界的谈论仅仅是讨论模态的另一种方式，这并不试图暗示承诺任何不常见的形而上学存在。而且，严格指示词这个概念能够用模态语境来定义，并不指向可能世界。”①

还有一些人认为，“严格指示词”这个概念假定了“跨世界同一性”概念，并且这个概念是可疑的。克里普克对这样的观点进行了清楚的评论：“有些人认为，要使严格指示词这个观念有意义，就得先使‘超世界同一性的标准’有意义。但这些人恰恰是本末倒置了。只是因为我们可以（严格地）指称尼克松，并且规定所谈论的是（在某些情况下）本来会发生在他身上的事情，‘超世界的同一性’在这种情况下才没有问题。”②克里普克在这里所说的是，我们用在可能世界中正考虑的对象的名称描述反事实的可能性。假如我们考虑尼克松输掉了 1968 年选举的可能性，那么我们就是正在考虑一种尼克松失败了的可能性。我们并没有不得不在所有的可能性中进行搜寻这样一种可能性，在其中尼克松相对于某个别的人

① G. W. Fitch. Saul Kripke. Acumen Publishing Limited，2004：102.

② 克里普克. 命名与必然性. 梅文，译. 上海：上海译文出版社，2001：28.

失败了。我们假定我们想考虑的一种可能性是尼克松失败的可能性。

所以，关于严格指示词的观点是可以成立的，因为在人类的认识体系中，实际上是存在着大量的自然直觉的。就像克里普克在序言中谈到的，日常语言的名称是“严格指示词”这种自然的直觉其实是站得住脚的。严格指示词作为一种自然的直观，是不需要证明的，因为它是一种严格的语义约定的结果。任何理论都有一定的先验前提作为理论推理的出发点，没有先验的前提作为出发点，任何理论都难以成立。在这里，“严格指示词”就是克里普克理论的出发点。而且，这是克里普克的历史因果指称理论的一个必然结果，正如萨蒙指出的：“直接指称理论直接地支持着哲学语义学的几个重要观点。例如，我们已经看到，它引起了‘专名是严格指示词’的观点……”① 也就是说，克里普克的历史因果指称理论必须要有“严格指示词”理论作为支撑，没有严格指示词，历史因果指称理论就不可能成立。

关于严格指示词的观点，普特南是这样评价的：“必须明确的是，克里普克关于自然种类词是严格指示词的原则，以及我们关于这类词是索引性语词的原则，实际上仅仅是同一个观点的两种不同的表述。我们衷心赞同克里普克下面这一段话：‘让我们先假定，我们的确通过摹状词确定了一个名字的指称。即便如此，我们也并没有将这个名字与这个摹状词当成同义词；相反，我们是在严格地使用这个名字来指称那个被如此命名的对象——即使我们谈论的是反事实状况，其中被如此命名的对象并不符合那个摹状词。’”② 普特南赞同严格指示词，而且把“严格指示词”与他自己提出的索引性语词进行类比。在《“意义”的意义》一文中，普特南对索引性语词进行了说明：“在索引性这个概念的名义下，人们曾经做出过与克里普克的论断极其相似的论断。像‘现在’‘这个’‘这里’这样的词，长期以来都被当作索引性的，或者反应性记号——这就是说，它的外延随着上下文和记号的变化而变化。……我们主张，索引性不仅存在于明显的索引式语词和语素（比如动词的不同时态）中。我们的理论，概而言之，就是像‘水’这样的词具有一种没有被注意到的索引性要素：‘水’就是某种与我们这里的水具有特定的相似关系的物质。”③

---

① Natha U. Salmon. Reference and Essence. Prometheus Books，2005：217.

② 陈波，韩林合. 逻辑与语言：分析哲学经典文献. 北京：东方出版社，2005：474.

③ 同②473.

克里普克主要讨论了专名和自然种类的名词是严格指示词。普特南还把这一观点推广到人造物的名词的讨论中。他说："我们来考虑一下那些关于人造物的名词——比如'铅笔''椅子''瓶子'，等等。……'铅笔'这个词和任何摹状词都不同义，它甚至也不和任何一个松散的摹状词松散地同义。当我们使用'铅笔'这个词的时候，我们倾向于指称任何一个跟实际世界中的铅笔具有相同本质的东西。就像'水''金子'一样，'铅笔'也是一个索引性的词。"① "铅笔"严格地指向现实世界中具有铅笔本质属性的东西，"水""金子"也是如此。在自然语言中，专名、自然种类名称以及人造物种类都具有严格指示词的属性，它严格地指示其对象，并为言语交际行为提供方便，名称就是用来指示对象的。

二、严格性与必然性

克里普克的严格性与必然性紧密相关，特别是在证明后验必然同一性命题的时候。在克里普克看来，后验必然同一性命题的主项和谓项都是严格指示词，或相当于严格指示词。它们要么是专名或普通名词，要么是对事物种类本质的揭示。而专名或普通名词在每一个可能世界中都指示相同的对象，事物的种类本质是事物的必然属性，在每一个可能世界中都是如此。

由此，根据严格性，专名之间的同一性陈述是必然的，因为专名是严格指示词。比如"长庚星就是启明星"。因为，"长庚星"和"启明星"都是专名，是严格指示词，在每一个可能世界中都指称金星，在他看来，既然长庚星和启明星指的是同一个星体，那么在其他可能世界中它们不可能指两个不同的星体。理论同一性命题是必然的，因为它的主项是严格指示词，谓项则揭示了事物的本质或必然属性。比如，"水是 H_2O"，"水"是专名，在任何可能世界中都指称同一种东西，"H_2O"是水的本质，在任何可能世界中都是如此。自然种类的一般陈述是必然的，因为其主项和谓项都相当于严格指示词。比如，"猫是动物"。正是依赖于严格指示词的理论，克里普克证明了专名之间的同一性命题、理论同一性命题，以及自然种类的一般陈述等经验事实命题和科学理论命题是后验必然同一性命题。

---

① 陈波，韩林合. 逻辑与语言：分析哲学经典文献. 北京：东方出版社，2005：484-485.

三、名称是严格指示词是克里普克理论的先验前提

“严格指示词”的概念在克里普克的理论体系中有非常重要的地位。它的理论旨趣主要在于：第一，它是解决跨世界同一性的方法之一。由于名称是严格指示词，因而不需要对它指称的对象使用本质做识别标志来识别，实际上，只要使用严格指示词就能够解决跨世界同一性的问题。第二，它也是批评摹状词理论“专名与一个或一簇摹状词是同义的”之重要论据。因为专名是严格指示词，它在所有可能世界中指称同一对象，而摹状词是非严格指示词，它在不同可能世界中的指称是不同的。比如，在现实世界中“亚历山大的老师”是亚里士多德，而在某一个可能世界中，“亚历山大的老师”可能是指称另外的人。第三，克里普克还运用严格指示词与非严格指示词的理论分析了两个严格指示词之间的同一性命题是后验必然同一性命题，比如，“启明星”是“长庚星”。而一个严格指示词和一个限定摹状词构成的同一性命题是先验偶然命题。比如，“S 在时间 t_0 时是一米”。对于这个问题我们将在第七章再进行论述。

总之，“严格指示词”的观点在《命名与必然性》中起了十分重要的作用，它是《命名与必然性》中很多观点得以成立的前提。有人指出，“严格指示词”这一发现具有重大的哲学意义，因为它帮助简化了一般模态推理的形式语义解释，而且对许多哲学理论的前提——摹状词理论构成了重大威胁。其实，正是“严格指示词”的观点使得专名的摹状词理论不必要了。①

但是，克里普克的名称（专名、自然种类名称、理论名词）是“严格指示词”是历史因果指称理论与先验偶然命题和后验必然命题存在所依赖的一个先天的假设，因为它们在不同可能世界中指称同一对象，而摹状词则是非严格指示词，它们在不同可能世界所指不同。至于名称为什么、如何能够在不同可能世界中指称同一对象，克里普克并没有给出详尽合理的证明，说他对严格指示词进行了证明，毋宁说他只是给出了一个严格指示词的先验的规定。他在序言中指出严格指示词是一种自然的直觉、一种先验的设定。在《命名与必然性》中，克里普克的两个主要观点——名称的历史因果理论与先验偶然同一性命题和后验必然同一性命题都依赖于这种直觉。因此，名称是“严格指示词”是克里普克理论的先验前提。

---

① Jason Stanley. Names and Rigid Designation//A Companion to the Philosophy of Language. Basil Blackwell，1997：558.

第六章　名称的指称理论

在自然语言中，名词有普通名词（即通名）和专有名词（即专名）之分，在日常生活和学术研究中，它们可以充当个别对象、对象的类及抽象属性、抽象概念的名称，具有指示对象的作用。一些通名可以指示一类具体事物或现象，比如“行星”“动物”“计算机”“闪电”等；还有一些通名则表示某种抽象属性、抽象概念，比如“白色的”“快乐”“勇敢”等。而专名只能指称单个对象，比如“尼克松”“俄罗斯”“纽约”等。除了专名指称单个对象，还有一类叫作限定摹状词的也可以指称单个对象，比如“美国的第一任总统”指称华盛顿这个人，“《阿Q正传》的作者”指称文学家鲁迅。

对名称问题的研究其实有两千多年的历史了，在西方哲学史上可以追溯到古希腊时期。柏拉图在《克拉底鲁篇》中就记录了苏格拉底对名称问题的研究。苏格拉底认为事物的名称是自然的，只有那些能揭示出事物名称的本性的人才可以为事物命名。在《泰阿泰德篇》中苏格拉底提出了专名没有内涵的观点，而且他指出名称不是完全自然的，而与习俗有关。苏格拉底还从语源学出发论证了命名的约定性的特征。亚里士多德对名称也进行了研究，并提出了属加种差的定义方法。中世纪的学者如西班牙的彼得、英国的奥卡姆和法国的阿伯拉尔对名称都进行了热烈的讨论。

19世纪英国著名哲学家、逻辑学家穆勒在《逻辑体系》中讨论了名称的涵义及其指称问题。他认为，普通名词既有内涵也有外延，它们能指称被它们称谓的对象，又能包摄或表示某些简单或复合的特性，人们根据这些对象具有的特性而将其识别为该名称的所指。普通名词属于内涵词项，内涵词项可以指示一个实体，同时又蕴涵属性的词项。例如，“人”这个通名，其内涵是有理性的、两足直立行走、能制造和使用工具、有语言能力等，是人所具有的基本特征和属性；而“人”的指称则是指古今中外的每一个个体的人，如尼克松、亚里士多德、黑格尔等。关于

“单数”名称，他认为，如果它们是限定摹状词，就是有内涵的。比如限定摹状词“中国的最后一个皇帝”，不仅指明了唯一的个体，而且还表明了指称对象的属性或性质。如果它们是专名，就是没有内涵只有所指。个体对象在被命名之后，专名仅仅作为一种标识而使那个对象成为被谈论的对象，其本身没有任何内涵，它指称被它称谓的个体，不表示或蕴涵属于该个体的任何属性。比如一个小镇最初被命名为“达特河口”（Dartmouth），之所以这样称呼是因为它位于达特河的入口。但是一旦命名完成之后，专名就不受这些因素的影响，其本身不带任何涵义。即使达特河改了道在其他地方入海，而不再经过这个小镇，这个小镇也不会因此改名，人们依然会沿用这个旧有的名称，即使这个名称使人联想到它位于达特河的河口。

穆勒“专名只有指称没有涵义”的观点，在数十年后受到了弗雷格的有力挑战，弗雷格认为专名不仅有指称而且有涵义。他指出，专名表达涵义还命名或指示它的指称。弗雷格论证说，专名必须具有涵义，因为，否则的话，同一陈述又能有其他什么办法不是平凡的分析陈述呢。一个具有“a＝b”这种形式的陈述（如果它是真的）如何能在认识价值上区别于具有“a＝b”这种形式的陈述呢？弗雷格的回答是，尽管“a”和“b”具有相同的所指，但它们具有不同的涵义。弗雷格指出：“我们似乎有理由指出：和一个指号（名称、词组、表达式）相联系的，不仅有被命名的对象，它也可以称为指号的所指（nominatum），而且还有指号的涵义（sense）、内涵（connotation）、意义（meaning），在其涵义中包含了指号出现的方式和语境。……晨星和暮星的所指虽然是同一个星辰，但这两个名称具有不同的涵义。”① 后来的弗雷格和罗素采纳了穆勒关于普通名词的观点，修正了他的专名没有涵义的观点，从而发展了关于名称的摹状词理论，而克里普克等人采纳了穆勒关于专名的观点，修改了他的关于通名有内涵的学说，在“可能世界”这一分析工具的基础上，批判了名称的描述理论，并提出了名称的历史因果指称理论。本章将围绕克里普克对传统名称摹状词理论的批评以及他所提出的历史因果指称理论进行论述，并论证历史因果指称理论是一种新的视域下的指称理论。

① 弗雷格. 论涵义和所指//A. P. 马蒂尼奇. 语言哲学. 牟博，等译. 北京：商务印书馆，1998：376.

第一节　传统的摹状词指称理论

一、摹状词指称理论

一般来说，在文献中常把弗雷格和罗素关于名称的指称理论称作专名的摹状词理论，这个理论的基本观点是，一切名称，无论是专名还是通名，都具有各自的内涵和外延，并且其内涵实质上是一些缩略的或伪装的摹状词。命名行为就是把一组描述或一组特征与一个名称联系在一起，它依据被命名对象是否具有这一组特征，或者说，依据人们对这个名称意义的了解而识别对象。摹状词理论也被称为“描述理论”[①]，因为摹状词本质上就是关于对象的描述。弗雷格和罗素的观点，大体相同，略有差异。

弗雷格从“a＝a”和“a＝b”为什么不同入手，对专名的涵义和指称进行了区分。他指出，“a＝a”和“a＝b”具有不同的认识价值，因为“a＝a”是先验有效的，是分析的；而“a＝b”形式的句子往往包含了对我们知识体系的扩展，是后验地加以认识的。为什么会出现这样的情况？这是因为像“a”和“b”这样的专名既具有指称也具有涵义。他认为，在记号和对象之间，还有一个对象的呈现方式，这就是记号的涵义问题。他说：“专名（词、指号、复合指号、表达式）表达它们的涵义，并且命名或指示它的所指。我们令指号表达它的涵义并且命名它的指称。”“专名的指称就是这个名称命名的对象本身。”[②] 他还用一些例子说明了涵义和所指的区别。例如，令a、b、c是三角形中连接角与对边中点的直线，则a和b的交点与b和c的交点为同一个点。对这同一个交点，我们有不同的命名方式：“a和b的交点”“b和c的交点”。显然，它们有不同的涵义但有相同的所指。“晨星”与“暮星”都指同一颗星——金星，但句子“晨星是暮星”与“晨星是晨星”有不同的意义，因为前者表达了一定的信息，而后者却没有。弗雷格认为，我们由此就可以解释“a＝a”和“a＝

① 在国内学术界，陈波教授在2005年出版的《逻辑哲学》一书中正式使用了这一术语。这一提法有利于避免名称的摹状词理论和罗素的摹状词理论的混淆。因为前者是关于名称意义的理论，而后者是关于限定摹状词的意义分析的理论。

② 弗雷格．论涵义和所指//A. P. 马蒂尼奇．语言哲学．牟博，等译．北京：商务印书馆，1998：380，379.

b”之所以具有不同的认识价值，是因为尽管“a”和“b”具有同样的所指，但有不同的涵义，因此，就其表达的思想而言，“a=a”不同于“a=b”，后者能够提供前者所没有的新信息。“这导致弗雷格拒绝‘一个指示词的表达式的意义是被命名的对象’这样的观点，并且在他所称的表达式的意义和表达式的指称之间给出了一个区分。”①

确切地说，弗雷格的思想里关于什么是涵义是不完全清晰的，不同的哲学家提出了不同的理论。大致地说，一个表达式 α 的涵义是它所包含的信息或与 α 相联系的信息。所以表达式“晨星”的涵义有点像说“早晨的星星”（这里“星星”仅仅意味着“明亮的天体”）。一些哲学家把涵义和特性相等同，因此，表达式“晨星”的涵义仅仅是“早晨的星星”的特征而已。

关于专名和摹状词，弗雷格并没有给出详细的区分。在他的逻辑著作中，任何指称单一对象的表达式都是专名。他说：“我称每个代表一个对象的符号为专名。”② 比如“离地球最远的天体”和“亚里士多德”一样是专名。他认为，专名的涵义是所指对象的呈现方式，即关于所指对象的描述方式，可以用一个能唯一识别其所指的限定摹状词来表示。弗雷格还允许对同一专名做出不同的理解。比如，对“亚里士多德”这个专名，既可以将其涵义理解为“柏拉图的学生”，也可以理解为“亚历山大的老师”“第一本《形而上学》的作者”等。

弗雷格还认为，专名必须对一个对象有所描述才能指示该对象，即专名是通过其涵义与其所指发生关系的。他指出：“指号，它的涵义和它的所指之间的正常联系是这样的：与某个指号相对应的是特定的涵义，与特定的涵义相对应的是特定的所指，而与一个指称（对象）相对应的可能不是只有一个指号。同一种涵义在不同的语言中，甚至在同一种语言中，是由不同的表达式来表述的。”③ 这里实际提出“涵义决定所指”的语义学原则。即一个表达式只有表达了某种涵义，才能指称某个对象或某些对象；一个表达式究竟指称哪个或哪些对象，取决于相应的对象是否具有该表达式的涵义所描述的那些特征或性质。这里，表达式的涵义为我们提供了识别其所指对象的标准，而表达式的所指则是它的涵义的函项，是完全

---

① G. W. Fitch. Saul Kripke. Acumen Publishing Limited，2004：28.

② 弗雷格. 弗雷格哲学论著选辑. 王路，译. 北京：商务印书馆，1994：81.

③ 弗雷格. 论涵义和所指//A. P. 马蒂尼奇. 语言哲学. 牟博，等译. 北京：商务印书馆，1998：377.

由涵义决定的。但是，所指并不决定涵义，由所指的同一不能推出涵义的同一，所指相同，涵义可能不同。

弗雷格还论述了“概念词”，在他那里，“概念词”实际就是通名。概念词与专名一样，也具有涵义和所指，并且其涵义决定所指。不过，他把二者的所指区别开来；专名的所指是外在的对象，概念词的所指则是概念；概念词通过它的涵义与概念相联系，对象则隶属于相关的概念。

在名称的意义方面，罗素主要研究专名，而较少研究通名，而对于专名也是在他的摹状词理论的框架内加以研究的。在罗素看来，专名和摹状词是有区别的，含有摹状词的命题与将专名代替摹状词后所产生的命题不同。例如，“司各脱是《威弗莱》的作者”与“司各脱是司各脱”不同，前者是文学史上的一个事实，而后者只是一个重语反复。一个专名是一个单纯的符号，只能当主词使用，代表“个体”一类东西。一个专名直接指示一个个体，而个体就是它的意义，它之所以有这个意义完全凭借自身而不凭借其他词的意义。但摹状词就不同，它包含几个词。摹状词的意义是在一定的语境中从各个词的意义产生的。另外，在罗素看来，专名和摹状词还有一个重要区别：如果一个专名没有所指，它在一个命题里就没有意义，而摹状词不受这种限制。按照罗素的分析，摹状词并不是一个名称，只是不完全的符号，单独拿来完全不意指任何东西，仅仅在一种语境关系中才获得意义，例如，摹状词“《威弗莱》的作者”可以在命题“司各脱是《威弗莱》的作者”中获得定义，这种定义叫作“使用中的定义”，实际上就是消去摹状词的规则。上述命题是以下三个命题的合取：

1. 至少有一个人写《威弗莱》。
2. 至多有一个人写《威弗莱》。
3. 谁写了《威弗莱》谁就是司各脱。

另外，罗素对专名和摹状词的关系又从他关于“亲知”的认识论角度提出：“我们共同使用的像‘苏格拉底’这类名称实际上是摹状词的缩略语；……一个名称只能在一个词（其意义是一个殊相）的狭窄的逻辑意义上应用于讲话者亲知的一个殊相，因为你不可能命名你没有亲知的任何事物。你会记得，亚当给动物命名时，随着它们一个一个地来到他的面前，而开始亲知它们，然后命名它们。我们并不亲知苏格拉底，因而不能命名他。当我们使用‘苏格拉底’这个词时，实际上我们用了一个摹状词。我们这种看法可以通过这样一些短语表现出来，诸如‘柏拉图的老师’‘饮了毒酒的哲学家’或者‘逻辑学家断定为有死的那个人’，当然我们并没有将苏格拉底这个名称用作这个词的专门意义上的名称。在这个词专门严格的逻辑意义上要取得名称的任何实例都是非常困难的，人们确实在逻辑意义上用作名称的词仅仅是一些像‘这’或‘那’的词。人们可以用‘这’作为一个名称代表此刻有亲知的一个殊相。我们说‘这是白的’。如果你赞成‘这是白的’意指你看见的‘这’，你就正在把‘这’用作一个专名。”① 按照罗素的看法，普通的专名如“苏格拉底”不能应用于讲话者亲知的一个殊相，实际上是缩写的摹状词；这与逻辑专名如“这”“那”等不同，它们代表此刻有亲知的一个殊相。“苏格拉底”可以作为“柏拉图的老师”、“饮了毒酒的哲学家”或“逻辑学家断定为有死的那个人”等摹状词的缩写，有时罗素说，“苏格拉底”是“名叫苏格拉底的那个人”摹状词的缩写。他认为，关于苏格拉底的知识只有把关于他的摹状词来代替他的名字才陈述得完全，人们对于“苏格拉底”这个词的了解完全是来自摹状词。

以上所述就是弗雷格和罗素摹状词意义理论的基本观点。对于罗素而言，几乎所有的普通专名都是限定摹状词的缩写；对于弗雷格来说，摹状词的意义在于相联系的名称的意义形式。但是，与一个普通专名相联系的意义是一个相联系的限定摹状词的意义。可见弗雷格和罗素的意义理论有些不同之处。撇开弗雷格与罗素二人的不同论述，大体上概括出他们的共同观点如下：专名是揭示其所指对象的特征的某个摹状词的缩写，或缩略的摹状词，这样的摹状词给出了这个专名的涵义，也确定出专名的指称。就像费奇所说：“他们都赞成一个名称的意义来源于相联系的限定摹状词的意义。”② 弗雷格和罗素的理论被称为“专名的摹状词指称理论”。

二、摹状词簇理论

弗雷格和罗素都认为专名是限定摹状词的缩写或伪装的限定摹状词，这样问题出现了。“如果一个专名是限定摹状词的缩写或伪装的限定摹状词，我们可以问它缩写或伪装了哪一个限定摹状词。在一些情况下，有一个可争辩的限定摹状词，当然地是作为没有被缩写或伪装的限定摹状词的思想。例如，一些人可能认为‘0’是‘最小的自然数’的缩写或伪装；

① 罗素．逻辑与知识．苑莉均，译．北京：商务印书馆，1996：241-242.

② G. W. Fitch. Saul Kripke. Acumen Publishing Limited，2004：31.

'Φ'是'空集'的缩写或伪装，等等。尽管很常见，但选出一个特别的限定摹状词作为一个名称的缩写或伪装，那似乎是很武断的。那么，哪一个特定的限定摹状词被现在正在阅读这些词的人的名称所缩写或伪装?"①也就是说，如果把一个专名的涵义等同于一个限定摹状词，那么由于不同的人对专名的理解不同，会导致专名的涵义因人而异，从而成为某种纯主观的东西或者不确定的东西。对于这个问题，弗雷格也意识到了，他说："就'亚里士多德'这样的一种真正的专名而言，关于它们的含义，可能有各种不同的说法。例如，有人可能这样理解：柏拉图的门生和亚历山大大帝的老师；也有人会把'亚里士多德'解释为'亚历山大大帝的斯塔吉拉老师'。接受前一种解释的人与接受后一种解释的人对'亚里士多德出生于斯塔吉拉'这个陈述的意思会作出不同的解释。"②

那么如何解决这一问题呢? 克里普克指出："摆脱这个困难的最通常的做法是说：'我们不能用一个特别的摹状词去替换名称，这的确不是日常语言的缺点；情况就是这样。我们用以与这个名称发生联系的，实际上是整整一簇摹状词。"③ 维特根斯坦、丘奇、塞尔对摹状词理论进行了修正，提出了摹状词簇理论。

维特根斯坦认为，名称是伪装的或缩略的摹状词，但它不是对一个限定摹状词的缩写，而是一组或一簇限定摹状词，名称的所指就是由这一组或一簇限定摹状词决定的。从某种意义上说名称的指称就是满足了该族摹状词中的足够数量的或大多数的摹状词的那个东西。在《哲学研究》中，他陈述了这个观点。"如果有人说：'摩西并不存在'，那么这可能意指各种不同的事。它可能意味着：以色列人在迁出埃及时并不是有一个领袖；——或者：他们的领袖不叫摩西；——或者：不可能有过一个完成了《圣经》归于摩西的一切业绩的人——或者：如此等等。……但是，当我作出一个关于摩西的陈述时，——我是否总是用这些摹状词中的某一个来代替'摩西'呢? 我也许会说：我所理解的摩西就是那个做了《圣经》中归于摩西的那些事的人，或至少是做了其中很大一部分事的人。"④ 也就是说，一个专名的指称由一簇或一组限定摹状词来确定，满足了该簇摹状词中的全部或大多数摹状词的个体便是该专名指称的对象。

---

① Christopher Hughes. Kripke：Names，Necessity，and Identity. Clarendon Press，2004：3.

② 克里普克. 命名与必然性. 梅文，译. 上海：上海译文出版社，2001：8-9.

③ 同②9-10.

④ 维特根斯坦. 哲学研究. 李步楼，译. 北京：商务印书馆，1996：55.

塞尔认为，专名既具有指称，也具有涵义，因为支配一个专名的规则必须设法以这样一种方式即名称不仅具有所指还具有涵义来与那个对象的某些特性建立起逻辑上的联系。如果专名没有涵义，它就无法具有所指，因为它不能与对象具有关联。因此，专名仅仅在下述条件下进行指称：一个且仅有一个对象满足专名的涵义。他指出，名称的涵义由一组或一簇摹状词构成，一个对象成为该名称的指称对象，并不需要它满足该家族中的所有摹状词，而只要满足其中足够数量的或大多数的摹状词就行。他说："尽管专名通常并不断定或详细说明任何特性，但专名的指称性使用至少预设它们旨在指称的对象具有某些特性。但是是指哪些特性呢？假定我们要求使用'亚里士多德'这个名称的人述说在他们看来的某些关于亚里士多德的本质的既成事实。他们的回答会是一组唯一性的指称描述陈述。现在我要论证的是，'这是亚里士多德'的描述性语力旨在断定这些陈述中的充分多的、但迄今尚未明确规定其数量的陈述适用于这个对象。因此，'亚里士多德'的指称性使用便预设这些陈述中的充分多的、但迄今尚未明确规定其数量的陈述所适用的一个对象的存在性。以指称方式来使用一个专名，便是预设某些唯一性的指称描述陈述的真实性，但是，通常并没有断定乃至表示恰恰预设其中哪些陈述。"① 这就是说，一个专名的指称对象由一簇或一组限定摹状词来确定，满足了该簇摹状词中的充分多的摹状词的个体便是该专名的指称对象。塞尔还进一步指出："对同一论点换用一种不同的方式来表述便是，假定我们问道，'我们为什么果真具有专名?'显然是要指称个体。'是的，但是摹状词也能为我们起到那种作用。'可是，这只有以每当作出指称时便要详细说明同一条件为代价才能办到，这也就是说，假定我们同意不说'亚里士多德'而使用（譬如说）'亚历山大的老师'，那么，被指称的那个人就是亚历山大的老师这一点便是一个必然真理——但是，亚里士多德曾执教这一点是一个偶然事实（不过我提议，亚里士多德具有通常归之于他的那些特性的逻辑和［可兼析取］，这也就是说，任何不至少具有其中某些特性的个体不可能是亚里士多德，这是一个必然的事实）。"②

总而言之，维特根斯坦和塞尔都认为，专名的涵义不是某一个摹状

---

① 塞尔. 专名//A.P. 马蒂尼奇. 语言哲学. 牟博，等译. 北京：商务印书馆，1998：525.

② 同①527.

词，而是一簇摹状词，专名的指称由一簇或一组限定摹状词来决定。维特根斯坦主张，专名的涵义是一簇摹状词中的全部或者部分，也就是一簇摹状词的合取或析取；一个专名的指称由一簇或一组限定摹状词来确定，满足了该簇摹状词中的全部或大多数摹状词的个体便是该专名的指称对象。塞尔则主张，专名的涵义只是一簇摹状词中的部分，也就是一簇摹状词的析取；满足了该簇摹状词中的充分多的摹状词的个体便是该专名的指称对象。维特根斯坦和塞尔的摹状词理论被称为“摹状词簇理论”。

第二节　历史因果指称理论

一、克里普克批判传统指称理论的三种论证

克里普克明确地反对应用于普通专名的弗雷格和罗素的摹状词理论，认为这种理论是基于很多错误前提或假设的结果。他首先列出了弗雷格和罗素摹状词理论的基本观点，包括六个论题：

(1) 对每一个名称或指示符号“x”来说，都有一簇与之相应的特性，即特性簇 φ 使得 A 相信“φx”。

(2) A 相信，其中一个或几个特性的某种结合，唯一地标示某个个体。

(3) 如果特性 φ 的大多数或绝大多数为唯一的对象 y 所满足，则 y 即为 x 的指称。

(4) 如果表决不产生任何唯一的对象，那么“x”就无所指。

(5)“如果 x 存在，则 x 具有大多数特性 φ”这个陈述为说话者先验地认识。

(6)“如果 x 存在，则 x 具有大多数特性 φ”这个陈述表达了一个必然真理（用说话者的个人习语说）。

在演讲中，克里普克指出，论题（5）和（6）是从论题（1）和（4）推出的，因此他对摹状词理论的反驳主要针对论题（1）至（4）。另外，对于这六个论题，克里普克加上了一个条件，即：

(C) 对于任何一个成功的理论来说，说明都不能是循环的。在表决中使用的各种特性本身都不准以最终无法消除的方式包含指称的

观念。

克里普克指出，在这里，C不是一个论题，而是其他论题必须满足的条件。

针对以上几个论题，克里普克提出了他对摹状词理论的反对意见。他的基本观点是，与专名相联系的各个摹状词，是对个体的特有性质的描述，而这些特有性质都是偶然的；专名不是与一个或一簇摹状词同义的，一个或一簇摹状词不能固定地确定专名的指称。根据哲学家萨蒙的观点，克里普克反对摹状词理论的论证可以分为三类，即模态论证、认识论的论证和语义学的论证。①

1. 模态论证

克里普克认为，摹状词理论坚持一个名称N的涵义是由与之相联系的簇φ中的特性所给出的。例如，“亚里士多德”这个名称的涵义可能是“教过亚历山大的，柏拉图最著名的学生，第一本《形而上学》的作者，等等”。根据“一个名称的涵义是由与之相联系的簇中的特性所给出”，那将随之产生一些包括在簇中的对亚里士多德来说是本质的特性的子集。根据这个观点，假如亚里士多德存在，那么亚里士多德教过亚历山大或成为柏拉图最著名的学生或别的什么是必然的。然而，克里普克认为，这种说法是不正确的：“绝大多数我们一般归于亚里士多德的事情，可能是亚里士多德根本没有做过的事情。在一种他从未做过这些事情的情况下，我们就会把它描述为一种亚里士多德不曾做过这些事情的情况。……不仅可以说，亚里士多德不曾从事过教育这一点对于叫亚里士多德的那个人来说是真的，而且当我们以下述方式使用‘亚里士多德’这个词时也是真的：尽管设想了一种亚里士多德不曾涉及过任何这些领域，也没有获得任何通常归于他的那些成就的非真实情形，我们仍然会说，这就是一种亚里士多德未曾做过这些事情的情形。”②

克里普克指出，很多一般我们归于某个人的特性对于这个人来说并非本质的。虽然亚里士多德教过亚历山大大帝是真的，但他有可能没有教他。所以“教过亚历山大大帝”这个特性对于亚里士多德来说是一个偶然特性。而且，绝大多数我们一般归于亚里士多德的特性，如“柏拉图最著名的学生”，也是亚里士多德的偶然特性，而不是本质属性。这种情况的

① Natha U. Salmon. Reference and Essence. Prometheus Books，2005：23.

② Saul A. Kripke. Naming and Necessity. Basil Blackwell Publisher，1980：60-61.

存在使得我们似乎没有理由坚持摹状词簇对于亚里士多德是本质的。不仅亚里士多德没有教过亚历山大大帝是可能的，他没有教过亚历山大大帝并且不是柏拉图的学生等也是可能的。摹状词簇中的特性是亚里士多德的偶然特性这个事实导致摹状词名称理论的一个麻烦。摹状词理论坚持，名称"亚里士多德"的涵义是被一簇相联系的特性给出的。在很相同的方式上，"单身汉"这个名称为"未婚男人"所定义。伴随"单身汉"这个名称的涵义是，没有一个人是单身汉，除非他是未婚的。所以，相同地，没有一个人是亚里士多德，除非他教过亚历山大大帝或者是柏拉图的一个学生，如此等等。然而，我们认为，亚里士多德可能没有做过以上任何事情。

克里普克指出，一个摹状词主义者不可能避免这个麻烦，而我们称为"亚里士多德"的这个人可能不具有这些特性是真的，然而我们使用这个名称去意指具有这些特性的这个人。克里普克认为，我们用"亚里士多德"这个名字去描述反事实情形，在其中亚里士多德并没有做一般我们归于他的那些事情，在这个例子中，我们正在用"亚里士多德"这个名称指称这个相同的人，在描述一种事实情形中，我们用这个名称指示。这是一个在名称的使用和摹状词的使用之间的重要区别。

为了澄清我们可能用于表达的不同方式，克里普克引进了"严格指示词"的概念。他在可能世界框架内介绍了这个概念，他说："让我们用一些准技术术语。让我们叫某事为严格指示词，如果在每一个可能世界中它指示相同的对象，一个非严格或偶然的指示词即并不是这种情况。"① 严格指示词的基本思想是，在讨论中的一个表达式，当考虑不同的反事实情形时有一个固定的指示，当然是指在给出使用的上下文。所以，如果我们描述一个反事实情形，在其中亚里士多德没有教过亚历山大，并且假如"亚里士多德"是一个严格指示词，那么我们用这个名称去指称在反事实情形中的同一个人，当我们用它描述一种事实情形时我们指示这个个体。总而言之，在每一个可能世界中"亚里士多德"指示相同的个体，当然是在亚里士多德存在的可能世界中。

当克里普克首先引入"严格指示词"这个概念时，问题出现了。一些人认为克里普克试图用"亚里士多德"去指示亚里士多德，甚至当考虑一个可能世界时，在其中亚里士多德并不存在。这个观点从克里普克在《命名与必然性》序言中所做出的断定中获得了一些支持，那是在演讲结束的

① Saul A. Kripke. Naming and Necessity. Basil Blackwell Publisher，1980：48.

一些年以后写的："我说一个专名严格地指示它的指称，甚至在我们谈论该指称对象并不存在的非真实情形时也是这样。"① 克里普克打算在"严格指示词"这个概念应用于专名时，做出如下理解：

> 一个名称 d 是一个对象 x 的严格指示词，当且仅当 d 在每一个可能世界中指示 x，在其中 x 存在并且在任何可能世界并不指示任何除了 x 之外的其他的事物。

严格指示词的条件留下了一个问题，即"亚里士多德"这个名称在所有亚里士多德并不存在的可能世界中指示什么。

克里普克在序言中的意见显示与他后期对严格指示词的描述是不一致的，但它们是能够调和的。在一个亚里士多德存在的世界中，我们可以用"亚里士多德"这个名称去指示在反事实情形中并不存在的某个人。但是在如此的一种情形下，"亚里士多德"这个名称在所谈论的可能世界可能不指称任何东西。这就是，名称在这个相联系的世界的领域内不能指称任何东西。我们的观点是"亚里士多德"这个名称在亚里士多德并不存在的世界中不指示任何东西，即使我们能够用"亚里士多德"这个名称描述如此的一个世界。克里普克表示他对该问题保持中立，留下这个名称仅仅指称世界中一个可能的对象的可能性。

现在回到反对摹状词观点的主要论证，考虑包括在与"亚里士多德"相联系的簇中的特性所形成的限定摹状词，也就是，"亚历山大的老师，是柏拉图的最著名的学生，第一本《形而上学》的作者，等等"。与名称不同，限定摹状词不是严格指示词。当我们用摹状词描述反事实情形时，我们指向满足摹状词的那个人，在这个情形下我们不考虑是否这个人在现实世界满足这个摹状词。一种情形下，在其中亚历山大的老师不是一个哲学家，可能不是一种亚里士多德不是哲学家的情形，因此这个摹状词可以指示某个反事实情形中的某个人而不是亚里士多德。因为这个摹状词在不同的反事实情形中可以指示某个人而不是亚里士多德，摹状词不是严格指示词。如果普通专名是严格指示词，而摹状词不是，那将出现名称不是摹状词的说法。限定摹状词也允许不同辖域的解读，就像我们所注意的联系我们关于罗素的摹状词理论的讨论。名称在另一方面没有如此辖域的理解，并且这是另外一个显示，名称不是伪装的摹状词。

---

① Saul A. Kripke. Naming and Necessity. Basil Blackwell Publisher，1980：21.

我们把模态论证总结如下。考虑句子：

(a) 亚里士多德是一个老师。

(b) 亚历山大的老师，是一个老师。

句子（a）和句子（b）在相同的反事实情形中有不同的真值。考虑一种情形，在其中亚里士多德没有进入教学领域但是某个人教了亚历山大大帝。在这种情形中，（a）是假的，（b）是真的。如果“亚里士多德”意味着“亚历山大的老师”，那么（a）和（b）在任何反事实情形中不可能在真值方面不同。总之，摹状词理论所得到的模态事实是错误的。

2. 认识论的论证

根据摹状词理论的观点，一个说话者使用一个联系一簇特性的专名，以至于这些特性的一些结合被说话者相信有唯一的专名承担者。这是克里普克的论题（2）。然而这并不正确。我们常常用没有在我们掌握之中的任何这样的特性簇的名称。克里普克描述了众所周知的物理学家理查德·费因曼的例子，并且指明绝大多数听到他的人，当使用这个名称时并没有联系一个他的唯一的特性。街道上的这个人，克里普克说：“当我们问他，他将说，这像是一个物理学家。他可能没有想到，这就唯一地标示出了某一个人。我仍然认为他用‘费因曼’这个名字作为费因曼这个人的名称。”① 克里普克的观点是，我们常常用名称去指称确定的人，并不相信我们有唯一的满足这些人的摹状词。当我们只说费因曼是一个著名的物理学家，而不把任何别的事实归属于他时，论题（2）没有直接被满足。即使它被满足了，它也可能不是以妥当的方式满足的。克里普克还举出了爱因斯坦的例子，如果我们说爱因斯坦是“发现了相对论的人”，这确实唯一地标示出了某个人；但是，这没有以一种满足非循环性条件的方式把他标示出来，因为相对论可能反过来被标示为“爱因斯坦的理论”。因此，克里普克认为，论题（2）是假的。

摹状词理论还有另外一个认识论的问题。根据这个理论，专名的涵义是被相联系的一簇特性给出的。就像一个人先验地知道单身汉是未婚的，由此得到如果“亚历山大的老师”是“亚里士多德”的涵义，那么我们知道一个先天的命题，即亚里士多德教过亚历山大。但关于亚里士多德事实上从事过教育职业，我们需要一些经验的证据。由此可见，摹状词理论得

① Saul A. Kripke. Naming and Necessity. Basil Blackwell Publisher，1980：81.

到的认识论的事实也是错误的。

3. 语义学的论证

根据摹状词理论的观点，如果摹状词簇中一些特性的集合唯一地被某个对象所有，那么这个对象被这个名称指示。这是论题（3）。克里普克提出了一个著名的例子去论证摹状词理论所得到的语义事实这个观点是错误的。哥德尔是一个著名的数学家，他证明了算术不完全性定理。绝大多数知道哥德尔的人知道他这个特性。克里普克在他的例子中问他的观众，猜想哥德尔是一个骗子，他根本没有证明算术不完全性，而是别的人——施密特进行了证明，不知如何哥德尔得到了他的手稿并将之出版作为自己的成果。这些事实（真正想象的）其他人都不知道，只有哥德尔自己知道。克里普克问，是否在这种情况下，当我们用名称"哥德尔"时，我们真正地指称了施密特——证明了对我们来说未知的算术不完全性的这个人。克里普克认为，显然不是。即使关于是哪一个人证明了这个定理我们搞错了，我们是用"哥德尔"这个名称仍然指称哥德尔。而且，为了讨论这个问题，我们并不需要描述一种虚假的情况。很多人错误地认为爱因斯坦发明了原子弹，但是，这并没有随之产生，当他们用"爱因斯坦"这个名称时他们并不指向爱因斯坦。一个人可能会在谁做了如此这般的事情方面犯错误，但是仍然正确地用这个名称。所以，克里普克得出结论，论题（3）是错误的。

论题（4）遇到了相似的问题。没有一个人发明了原子弹，那是一个团队。但是根据论题（4）如果没有一个人唯一地拥有簇中特性的集合，那么这个名称就可能没有指称。"那么，这难道就意味着这个名称无所指了吗？不，这好比你对某人可能存在着错误的看法，而这些看法可能对另外一个人倒是正确的，因此你也可能存在着一些错误的看法，它们对任何人来讲都不是正确的。"① 所以，如果某个人用"爱因斯坦"这个名称想象着他发明了原子弹，那么，根据摹状词理论，这个名称不能指示任何人，因为没有哪一个人能够真正满足"发明了原子弹"这个摹状词。然而，很明显这是错误的。即使没有人满足簇中的摹状词，名称也应该有指称。所以，论题（4）和（3）都是错误的。

以上就是克里普克批评摹状词理论的模态论证、认识论的论证和语义学的论证。克里普克通过以上的论证，认为摹状词理论是明显错误的。

---

① 克里普克. 命名与必然性. 梅文，译. 上海：上海译文出版社，2001：65.

有学者撰文指出："萨蒙所说的克里普克的三个论证，应该说还没有完全包括克里普克所作的全部论证；克里普克在事实上还采用了另一个论证，我把它叫做'语用学论证'。它是克里普克在讨论实际交流中指称确定（fixing reference）问题时提出的。它的否定性结果是拒绝如下论点：使用专名（也包括自然类语词［natural kind term］）的语言交流要以交流者掌握描述性意义为必要条件；它的肯定性结果是指称因果理论。"① 克里普克当然拒绝使用专名的交流过程中交流者必须掌握描述性的意义为条件，但我认为这不是一个语用学论证，而仍然属于认识论的论证。认识论的论证所反驳的是"一个说话者使用一个联系一簇特性的专名，以至这些特性的一些结合被说话者相信有唯一的专名承担者"。就是说，说话者不掌握一些摹状词描述或描述性意义，还是能够使用专名进行交流。

克里普克在模态论证中证明了名称与摹状词不同，名称在不同的可能世界指称同一对象，而摹状词则不能。有一种对克里普克模态论证的反对意见是，在模态论证中摹状词允许辖域的区分，因此，在这种意义上它也是严格的。考虑下面的两个句子：

（3）亚历山大大帝的老师可能没有教过亚历山大。

（4）亚里士多德可能没有教过亚历山大。

句子（4）似乎明显是真的，但是（3）值得怀疑。因为，即使亚里士多德没有教过亚历山大，但是亚历山大的老师肯定教过亚历山大。但是坚持名称是摹状词的观点的人会认为，（3）有两种理解，一种理解为在其中摹状词有初级辖域，另一种理解为摹状词有次级辖域。这两种理解如下：

（3a）可能是这种情况：亚历山大的老师没有教过亚历山大。

（3b）亚历山大的老师是如此的以致他可能没有教过亚历山大。

句子（3a）是假的，不可能亚历山大的老师没有教过亚历山大。（3b）则是另一回事，它陈述谁都没有教过亚历山大。这似乎明显是真的。作为亚历山大的老师无论对谁都不是一个本质的属性。所以，那就是说所有克里普克所表明的与专名使用有关的摹状词总是取初级的辖域［就像在（3b）中］，但这并没有表明名称不是摹状词。②

在《命名与必然性》的序言中，克里普克认为这并不能取消他的模态

① 叶闯．统一理论中非统一指称条件的疑难．哲学研究，2007（1）：66．

② G. W. Fitch. Saul Kripke. Acumen Publishing Limited，2004：46．

论证。克里普克同意（3）这样的命题有不同的理解，并且（3b）是真的，因此我们一些关于（4）的真值的知觉可能通过（3b）来解释。然而，（3b）其实真正误解了最初的模态论证。起初的模态论证是基于（1）“亚里士多德喜欢狗”和（2）“亚历山大的老师喜欢狗”的陈述在不同的可能性中它们之间的真值的一个区别。这些句子并没有产生辖域的问题，因为没有算子出现在句子中。因为没有辖域的问题产生，我们不能用（3a）和（3b）辖域的不同去解释（1）和（2）在不同的反事实情形中的真值。“这表明，用这种方式把严格性归结为辖域问题的观点是相当错误的。它还表明试图用辖域代替严格性这种（更能够理解的）做法的一个弱点。严格性学说认为，一个旨在表现由陈述（1）所正确地描述的图画或图像，必须根据事实本身把亚里士多德本人描画成喜欢狗才行。任何一张旨在描绘另一个人以及他对狗的喜爱的这种情形的图画，即使它描绘的那另一个人也具有我们用来识别亚里士多德的全部特性，都不能描绘由陈述（1）所正确地描述的一种非真实情形。难道这种看法本身没有明显地表现出我们关于陈述（1）的直观吗？这种直观就是关于非真实情形下一个简单句（所表达的命题）的真值条件。任何对某些模态语境所做的大辖域的解释都代替不了这种直观。”“现在，如果与我的意图相反，所使用的摹状词被理解为具有广泛的辖域，那么最后引用的那个句子就表达了一个真理。所以，可以认为，问题正是产生于想对‘亚里士多德’做辖域广泛的理解，而对摹状词做辖域狭小的理解这种（无法解释的）倾向中。”①也就是说，以上看法之所以会发生就是因为把名称做辖域广泛的理解，而对摹状词做辖域狭小的理解。所以，在他们看来，名称和摹状词都具有严格性。

还有一种看法认为，克里普克在反对摹状词理论的模态论证中仅仅选择了错误的摹状词。这些克里普克用于反对摹状词理论的摹状词是偶然应用到所讨论对象上的摹状词。考虑以下例子，即对（2）进行修改的版本：

（2a）现实中亚历山大的老师喜欢狗。

“现实中亚历山大的老师”这个摹状词就是一个严格的摹状词，因为表达式“现实中”被用作一个索引词，因此意味着这是符合我们世界的可能世界，因为这个句子是用在我们这个世界中。这表明（1）和（2a）这样的

① Saul A. Kripke. Naming and Necessity. Basil Blackwell Publisher，1980：12-13.

语句在这个世界的语境中其真值将是相同的。

给出了一个索引词去限制摹状词“亚历山大的老师”，就能说明“亚历山大的老师”具有严格性吗？这是值得怀疑的。首先，给出这样的一个索引词进行限制合理吗？但是当我们表达（1）“亚里士多德喜欢狗”的时候并没有限制是在现实世界中。因此，用这样的一个索引词对“亚历山大的老师”进行限制与（1）不一致，这是不合理的。其次，这样的一个限制也与我们语言表达的习惯不符合。索姆斯（Soames）曾指出，这样的摹状词理论的形式将不能起作用。①

在《指称与限定摹状词》一文中，唐奈兰提出了限定摹状词的两种用法，即归属性用法和指称性用法。② 对于这两种用法，他做了详细的说明，当一个说话者使用限定摹状词时，如果“述说有关凡是如此这般的（适合该摹状词的）人或东西的某件事情”，那么这是限定摹状词的归属性用法；而一个说话者使用摹状词“以便使其听者能够辨认出他在谈论的是谁或什么东西，并且这个说话者述说有关那个人或那个东西的某件事情”，那么便是采用了指称性用法。唐奈兰认为，在归属性用法中，限定摹状词的出现是必不可少的，因为说话者想要断定有关凡是适合那个摹状词的东西或人的某件事情。而在指称性用法中，摹状词仅仅是用来完成任务的工具，这可以借助于其他手段。唐奈兰通过举例对两种用法进行了说明。如语句“杀害史密斯的凶手是丧心病狂的”。如果我们不知道谁杀害了史密斯，那么这是归属性用法；假定知道某人比如琼斯杀害了史密斯，即是指称性用法。

一些人用唐奈兰对摹状词的两种区分来反对克里普克对摹状词理论的批判。“唐奈兰对摹状词的区别按他自己来说是重要的，但是一些人认为这表明克里普克反对摹状词理论的论证并非是有效的。如果唐奈兰关于限定摹状词指称性用法是正确的，那么克里普克的一些反对摹状词理论的论证可能出现问题。唐奈兰的区别可以在两种方式上帮助摹状词理论。它可以用于避免克里普克反对摹状词理论的语义论证并且避免一些克里普克的模态论证。”③ 他们首先提出了关于“哥德尔”的语义论证。关于这个反对观点，克里普克是这样叙述的：“在《命名与必然性》一文中，我提出

---

① G. W. Fitch. Saul Kripke. Acumen Publishing Limited，2004：48.

② 唐奈兰. 指称与限定摹状词//A. P. 马蒂尼奇. 语言哲学. 牟博，等译. 北京：商务印书馆，1998：451.

③ 同①53.

的一个用以反对关于专名的描述理论（或簇描述理论）的论证涉及这样一些情形：在其中，一个名字的所指（即这个名字所命名的人）不满足通常与之联系在一起的那些摹状词，而是另外某个人满足了那些摹状词。例如，'哥德尔'这个名字可能被认为意指'证明了算术不完全性的那个人'；但是，即使哥德尔是一个骗子，他根本没证明过什么数学定理，挂在他名下的研究成果是他从一个名叫'施密特'的、不为后人所知的人那里剽窃来的，'哥德尔'这个名字也会指称那个骗子，而不是真正满足那个摹状词的人。据说有人反对这个论证，他们认为，虽然这个论证的确能够达到它的主要目的，即驳斥了作为一种指称理论的描述理论（这也就是说，这个论证表明，所援引的那些描述特性没有确定出指称对象），但它并没有表明名称不是缩略了的限定摹状词，因为我们能够把所论及的那些限定摹状词当作是指称性的（在唐奈兰的那种涵义上）。指称性摹状词可以毫无困难地指称不满足这些摹状词的东西；而我的论证并没有表明名称并非同义于这样一些摹状词。"[①] 也就是说，在关于"哥德尔"的例子中，克里普克并没有证明名称不是缩略的限定摹状词，尽管归属性用法是指称施密特，但人们仍然可以用限定摹状词的指称性用法来指称哥德尔。

对于这种反对意见克里普克是这样回答的："倘若假设的那场骗局被识破，那个摹状词便不再能用作指称哥德尔的手段；从此之后，它只能被用来指称施密特。我们便会撤回先前使用那个摹状词来指称哥德尔的任何论断（除非这些论断对施密特也成立）。但我们不会以类似方式撤回'哥德尔'这个名字，甚至在发现这是一场骗局之后也是如此；'哥德尔'这个名字仍会被用来命名哥德尔，而不是命名施密特。因此，名称与摹状词并不是同义的。"[②] 克里普克的意思是，即使一个人接受了唐奈兰的区分，也不能从克里普克的语义论证中挽救摹状词理论。即使一个人能够在真相被了解以前用相联系的摹状词去指示哥德尔，一旦施密特做了这个证明被发现了，我们将不能再用这个摹状词指示哥德尔，但是我们将能够用他的名字去指示他。一个对克里普克观点的可能反映是通过说一旦真相被知道，一个不同的摹状词将与名称"哥德尔"相联系，这就是为什么我们可以用名称去指示哥德尔，即使最初的摹状词不再用于指示他。在我们知道

① 克里普克．说话者指称与语义性指称//A. P. 马蒂尼奇．语言哲学．牟博，等译．北京：商务印书馆，1998：485-486．个别地方有改动。

② 同①486.

施密特是“证明了算术不完全性的那个人”之前，语义指称和说话者指称发生了分离。然而，一旦说话者知道了事情的真相，此后说话者所指的就是施密特，这样说话者指称和语义指称就会恰好相合，而说话者不再用那个摹状词指称哥德尔。即使那场骗局没有被识破，我们还用“证明了算术不完全性的那个人”这个限定摹状词作为指称性用法来指称哥德尔，这也只是摹状词用法的一种特例，并不能由此说明名称是缩略的限定摹状词，也不能说明克里普克没有证明名称不是缩略的限定摹状词。克里普克还举出这样的一个例子来说明：比如，你正在观察一对夫妇并且对朋友说：“她的丈夫对她很好。”但是猜想这个正被指称的这个人并不是她的丈夫，代替的是她的情人与她一起逃离她的残忍的丈夫。“她的丈夫”可以指称她的情人，只要我们把我们所指称的人误以为是她的丈夫。但是，一旦我们了解了事实真相，我们就将不再指称他了。

一些人还认为，唐奈兰的指称性用法能够避免克里普克反对摹状词理论的一些模态论证。“摹状词的指称性用法好像很有道理地用作去严格地指示它们的指称。因此，这个涉及摹状词的非严格性的论证将不适用于摹状词指称性用法。所以，如果被给出的带有专名的陈述能够合理地被认为与所给出的带有限定摹状词的陈述有相同的意义，那么我们可以避免克里普克的模态论证，在这里摹状词被理解为指称性用法。”① 关于模态论证是这样的：虽然亚里士多德教过亚历山大大帝是真的，但他可能没有教过他。所以“教过亚历山大大帝”这个特性对于亚里士多德来说是一个偶然特性。而且，绝大多数我们一般归于亚里士多德的特性，如“柏拉图最著名的学生”也是亚里士多德的偶然特性。这种情况的存在使得没有理由坚持摹状词对于亚里士多德来说是本质的。但是在指称性用法的场合，当我们用摹状词描述一个人的时候，即使这个描述是错误的，我们仍然能够指称这个人。比如在法庭上，琼斯被指控杀害了史密斯，当一个人说“杀害史密斯的凶手是丧心病狂的”，即使琼斯事实上没有杀害史密斯，我们也知道这个摹状词指称的是琼斯。在这里“琼斯是丧心病狂的”与“杀害史密斯的凶手是丧心病狂的”是同义的。

我们认为，摹状词的指称性用法并不能避免克里普克的模态论证。尽管错误的摹状词描述在特定场合也能够指称所谈论的对象，在这里似乎被给出的带有专名的陈述与所给出的带有限定摹状词的陈述是同义的，但是

① G. W. Fitch. Saul Kripke. Acumen Publishing Limited，2004：58-59.

一旦离开了特定场合，这种说法就会产生错误。因此，摹状词的指称性用法只是在一些偶然场合才能避免克里普克的模态论证。克里普克认为，是否能够用唐奈兰的区分去避免他的反对摹状词理论的模态论证，在很大程度上依赖于我们如何准确地理解指称性用法和归属性用法的区分。而这表明了这种反对是没有力量的。所以，克里普克指出，这个区分并没有一些人所认为的语义力量。而对于唐奈兰的指称性用法和归属性用法的区分，欣迪卡更是指出："在唐奈兰的出色的文章中，我唯一未能找到的东西是清楚地意识到下述事实：他谈论的区分仅仅在受命题态度词或其他的模态词项的约束的语境下才起作用。"① 针对欣迪卡的说法，卡普兰评论道："初看起来欣迪卡的这个评论有点令人意外，因为唐奈兰的例子都不具有这种形式。但当我们认识到唐奈兰在本质上所关心的是断定某种东西、询问某种东西和命令某种东西的一个特定的说话者时，他的评论也就变得十分清楚明白了。因而如果我们退一步，把我们的注意力集中于描述语言行为的那个句子'约翰断定玛丽的丈夫对她很亲热'时，内涵算子也就自然而然地出现了。""也许欣迪卡想作出这样的论证：'她的丈夫对她很亲热'这个句子本身不具有歧义性质（例如，像'每一个男孩都吻每一个女孩'那样）。将 Φ 置于某个句子语境（如内涵或时态算子语境）中便产生一个歧义的句子这个事实，不应该被解释成是对 Φ 之歧义的表示。因为如果这样，（几乎?）所有的句子都将是歧义的了。"② 看来，唐奈兰的摹状词指称性用法和归属性用法的区分的成立还存在很大的问题。既然如此，借用两种用法的区分来避免克里普克的模态论证同样存在很大的问题。

在《说话者指称与语义性指称》中，克里普克评价了语言理论中一个重要的区别，也就是说话者的意义和语义意义的重要区别。克里普克对语义意义概念做了如下描述："关于语词在语言中所能具有的含义的概念，是语义学上的概念：它是由我们语言中的约定给出的。语词在某个特定场合的含义是在某个特定场合由这些约定连同说话者的意向以及各种不同的语境特征所确定的。"③ 克里普克这里所陈述的意义概念，是在一个给定的场合，一个词或句子中的语义内容或信息，加上使用的语境和说话者的意图，确定被表达式或句子传达的内容或信息，这是说话者的意义。而语

① 卡普兰．论指示词的指示性用法//A. P. 马蒂尼奇．语言哲学．牟博，等译．北京：商务印书馆，1998：610.

② 同①.

③ 同①491.

义意义则是在一定的语言规则中词或句子的意义。

说话者指称和语义指称的区别是这样的。如果是一个说话者的个人言语，这种言语中的某些约定确定出这个人言语中的所指，我们称这为语义指称。一个指示词的说话者指称是指说话者在特定场合想要谈论并且自认为它满足成为该指示词的语义所指而应具备的条件的那个对象。克里普克指出："在某种给定的个人言语中，一个（不带有索引词的）指示词的语义所指，是由说话者所具有的一种在使用该指示词时用以指称某个对象的一般意向所给出的。说话者所指则是由说话者（在某个给定场合）用以指称某个对象的特殊意向所给出的。如果说话者相信他在某个给定场合下想要谈论的对象满足成为语义所指的条件，那么，他也就相信在他的一般意向与特殊意向之间没有矛盾。我的假定是，应当以此为根据来推广唐奈兰的关于指称性使用与归属性使用的区别。因为说话者在某个给定场合可能相信，他的特殊意向与他的一般意向出于两个理由之一是一致的。在一种情况（即'简单'情况）下，他的特殊意向就是要指称语义所指：这也就是说，他的特殊意向确实就是他的一般语义意向。（例如，他把'琼斯'用作琼斯的名字——根据你所偏爱的专名理论来详尽阐述这一点——而在这种场合下，他确实想要用'琼斯'来指称琼斯。）另外一种情况（即'复杂'情况）是，说话者具有一种不同于其一般意向的特殊意向，但他相信，这种特殊意向实际上所确定的对象同于他的一般意向所确定的对象。（例如，他想要指称'在那儿'的那个人。但他相信他确实就是琼斯。）在'简单'情况下，说话者所指根据定义就是语义所指。在'复杂'情况下，这两种所指可能会是一致的（倘若说话者的信念是正确的），但两者并非必须一致。（'在那边儿'的那个人可能是史密斯而不是琼斯。）可以预先说一下，我的假设是：唐奈兰的'归属性'使用不过是限于限定摹状词范围内的'简单'情况，而'指称性'使用则相似于'复杂'情况。倘若这样一个推测是正确的，那么，像唐奈兰那样，认为他的'指称性'使用是摹状词的一种使用，就好像摹状词是专名那样，这种看法便是错误的。因为简单情况与复杂情况的区别恰恰正像适用于限定摹状词那样也同样适用于专名。"[①] 克里普克认为唐奈兰的限定摹状词的归属性用法和指称性用法的区别仅仅是说话者指称和语义指称之间区别的一个实例。

---

① 克里普克. 说话者指称与语义性指称//A. P. 马蒂尼奇. 语言哲学. 牟博，等译. 北京：商务印书馆，1998：494-495.

特别是在“简单”情况下唐奈兰的归属性用法以及在“复杂”情况下唐奈兰的指称性用法之间的区别也适用于专名。如果克里普克是正确的，并且唐奈兰的区别仅仅是语义和语用区别的部分，那么它不能用于表明罗素的理论是错误的，因为罗素仅仅尝试去给出一个限定摹状词的语义说明。更为重要的是，它不能用于保护摹状词理论反对克里普克的模态论证，因为摹状词理论是打算作为一种意义的语义理论。

二、因果指称理论

如果克里普克反对摹状词主义的论证是正确的，那么，既不是专名的意义也不是专名的指称是由一簇特性或联系一个被给出名字的摹状词决定的。然而我们用他们的名字指称人。那么，指称如何发生？克里普克首先描述了如下观点：“那么什么是对这里所讨论的问题的正确解释呢？或许根本不存在指称这回事。实际上我们毕竟不知道我们用来识别那个人的那些特性是否是正确的。我们也不知道这些特性标示出唯一的对象。我所使用的‘西塞罗’这个词怎么会成为他的名称呢？……有一个人，例如，一个婴孩诞生了；他的父母给他取了一个确定的名字。他们对朋友们谈论这个孩子。另一些人看见过这个孩子。通过各式各样的谈话，这个名字就通过一根链条一环一环地传播开来了。在这根链条的远端有一位说话者，他在市场上或别处听说过理查德·费因曼，尽管他想不起来从谁那儿第一次听说过费因曼，但他仍然指称费因曼。他知道费因曼是一位著名的物理学家。某些最终要传到那个人本人那里的信息的确传到了说话者那里。即使说话者不能唯一地识别出费因曼，他所指称的仍然是费因曼。他不知道什么是费因曼图，也不知道费因曼关于粒子的成对生成和湮灭的理论是什么。不仅如此，他还很难区分出盖尔曼和费因曼这两个人。但他不必非知道这些事情不可。反之，因为他是某个社会团体中的一员，这个社会团体一环一环地传播着这个名称，由于这个关系他就能够建立起一根回溯到费因曼本人的信息传递链条，而无需采取独自在书房里自言自语地说‘我将用费因曼这个名字来指称那个做了如此这般、如此这般事情的人’这样一种方法。”①

他继续描述：“对一种理论所作的粗略陈述可能是这样的：举行一个最初的‘命名仪式’。在这里，对象可能以实指的方式来命名，或者这个

① 克里普克．命名与必然性．梅文，译．上海：上海译文出版社，2001：69-70.

名称的指称也可以通过某个摹状词来确定。当这个名称‘一环一环地传播开来’时，我认为，听说这个名称的人往往会带着与传播这个名称的人相同的指称来使用这个名称。”① 克里普克的基本思想是这样的：一个被给出的专名 N 的使用 u 指称一个被给出的存在 x 提供了两个获得的条件：(a) 在一些时候 x 被 N 命名，并且 (b) 有一根 N 的“指称的依赖使用”(reference-dependent uses) 的链条，引导着从 u 到命名仪式。“指称的依赖使用”是费奇提出的，他说：“‘指称的依赖使用’这个短语不是克里普克的，然而它抓住了克里普克的思想，当我们在被给出的名称使用的链条上一环一环追溯时，使用者试图用名称去指称前面的人使用它所指称的事物。这个指称依赖的思想是复杂的。然而，克里普克需要一些限制，像依赖于一根指称的历史链条的任何观点上的指称的依赖使用。否则，就像克里普克所提到的，他不能够给他的宠物土豚（精灵）命名为‘拿破仑’，这是他清楚能做的事情。”② 也就是说，在使用名称指称对象时，要依赖于因果链条上的其他人，以及其他的社会历史事件。就像克里普克所说的：“在一般情况下，我们的指称不光依赖于我们自己所想的东西，而是依赖于社会中的其他成员，依赖于该名称如何传到一个人的耳朵里的历史以及诸如此类的事情。正是遵循这样一个历史，人们才了解指称的。”③ 例如，在这根因果链条上给某个人命名，与其父母的姓氏、活动等一系列的社会历史有关，也与名字的传播活动有关。

克里普克还提到了两种“命名仪式”。一种命名仪式发生于当一个人展示或证明一个对象，如指出它或拿起它然后给这个对象取一个名字时。另外一种命名仪式是当一个人通过摹状词固定一个对象并且给这个对象取一个名字时。例如，想象着我们发现了一本古老的文学作品，其中详细地记载了不同人的不同的冒险经历，但是这个作品没有确定的作者。因为我们面前有这个作品，我们把这个作品命名为《西蒙斯》（比如，这是作品中一个主要角色的名字），我们于是展示这个作品并且通过“命名仪式”给它命名。但是我们不知道《西蒙斯》的作者是谁，因为这个人很早以前就去世了。然而，我们可以通过描述这个人作为《西蒙斯》的作者来指称这个作者。于是，使用摹状词“《西蒙斯》的作者”我们可以命名这个作

---

① 克里普克. 命名与必然性. 梅文，译. 上海：上海译文出版社，2001：74-75.

② G. W. Fitch. Saul Kripke. Acumen Publishing Limited，2004：40.

③ 同①73.

者为“文斯”。我们因此可以凭借摹状词“《西蒙斯》的作者”来确定名称“文斯”的指称。所以，在这个例子中，我们既有通过实指（这个在讨论的作品）来举行命名仪式的事例，也有通过摹状词来确定的命名仪式的事例。

在谈到以上两种命名仪式的一个脚注中，克里普克加上了涉及经由命名仪式介绍名字的一段评论：“用实指的方式命名的情况大概也可以归属摹状词的概念……就在最初命名仪式中通过一个摹状词引入一个名称这种情况而言，必须强调两件事情。首先，所用的摹状词与借助于它所引入的名称不是同义的，只不过借助它来规定名称所指的对象罢了。在这一点上，我们的观点不同于通常摹状词论者的观点。其次，绝大多数最初命名仪式的事例远远不是那些最初导致摹状词理论的事例。通常，进行命名的人在某种意义上对他命名的对象是熟知的，并且能够用实指的方式给它命名。”①

克里普克明确地区分了他的通过摹状词命名的观点与他所反对的摹状词理论的观点。首先，克里普克声称实际上很少有名称纯粹描述地介绍，与涉及指示或证明像“我们前面的学生”之类的介绍相反，如此等等。因此，不像摹状词理论，不是所有的名称有一个相联系的限定摹状词或者甚至一些簇的限定摹状词。克里普克的“通过摹状词确定”的概念是一种为名称的对象的命名仪式，不是为名称的随后的使用，也就是说，命名完成以后，就不再使用该摹状词来确定指称，摹状词只是在最初命名的时候作为规定名称所指对象的手段。“一旦我们认识到，用来确定一个名称指称的摹状词与该名称不是同义的，那就可以认为这种摹状词理论是以命名或指称的观念为前提的。我要求所使用的摹状词本身不能以循环的方式包含指称观念。”② 一个对象被一个名称命名之后，不管这个命名是通过实指或摹状词或其他的方式，这个名称的随后使用都指示命名的对象，甚至在反事实语境中。所以，有反事实语境，在其中，说文斯不是《西蒙斯》的作者是真的。但是没有这样的反事实情形，在其中，说《西蒙斯》的作者不是《西蒙斯》的作者是真的。

摹状词理论和克里普克的方法之间不同点是，在一个名称使用的上下文中，一个名称的指称依赖于相对这个上下文中满足摹状词的某种东

① 克里普克．命名与必然性．梅文，译．上海：上海译文出版社，2001：74.

② 同①75.

西，而在克里普克的方法上，那是用那个名字命名的对象（经由指称依赖的链条决定）。克里普克也绝对明显地声称，指称关系并不排除赞成一些其他的关系或很多关系。因此，他的方法并不意图作为一种指称理论或名称的意义理论。对于自己的方法他给出了如下的意见："请注意，前面的概述几乎没有排除指称观念；相反，它接受了打算使用与已知的指称相同的指称这样的想法。另外还要借助于最初的命名仪式，这种命名仪式或者通过用一个摹状词确定指称来解释，或者是通过（如果不把实指归属于另一个范畴）实指来解释。"① 他的方法是试图为一般的意义上，名称作为指示词如何发生作用提供一个说明。因此，他认为也许没有提出一种理论，但是他提出了一个比摹状词理论的信奉者们所给出的更好的描述。

克里普克还把历史的因果的命名理论推广到通名或种名上，他说："种名可以一环一环地传递下去，就像在专名的情形中那样，以至于许多很少见过和根本没有见过黄金的人也能够使用这个词。它们的指称是由一根因果的（历史的）链条确定的，而不是由任何词项的用法决定的。"②

第三节　因果指称：一种新视域下的指称理论

一、对因果指称理论的辩护

克里普克的名称因果理论说的是，通过一个命名仪式进行命名，然后这个被命名的小孩的亲属或朋友通过因果链条，把这个名称一环一环地传播开来。听说这个名称的人往往会带着与传播这个名称的人相同的指称来使用这个名称。但是，不少人对这个理论持怀疑或反对态度。例如达梅特认为，专名的指称可能会在历史演变中中断、失落和改变，企图保持原有的指称有可能陷于失败。埃文斯则用"指称转移"来反对克里普克的因果指称理论。他谈到了"马达加斯加"的例子。在这个例子里，当马可·波罗认识到这个名称时，马可·波罗认为土著是用来指称这个岛而事实上土著是用来指称大陆的一部分，但是马可·波罗误解了马来水手或阿拉伯水手所说的话，结果用这个名字指称远离非洲大陆的一个岛屿，并且这种误

① 克里普克. 命名与必然性. 梅文，译. 上海：上海译文出版社，2001：75.

② 同①116.

用迄今一直存在。费奇指出："然而我们也有一个克里普克叫作复杂情况的例子，在这种情况下，在波罗早期使用这个名字的时候说话者指称（这个岛）和语义指称（大陆的一部分）发生了分离。无可怀疑的有一点，在这个时候，当波罗清楚地、在一种公共方式上命名这个岛为'马达加斯加'的时候，也许通过在地图上这个岛的位置上贴一张这个名字的标签，或者也许当他航行经过这个岛的时候，当他用'马达加斯加'这个名字时，把这个岛指给其他人看。所以这个岛以这个名字而命名，但是命名仪式并不容易确定同一，因为它发生在一种误解的情况下。如果这个误解足够久以前被纠正，那么这个岛将不是像今天这样有这个名字。但是错误没有被纠正，并且对这个名字的共同的使用使得与波罗对这个岛的命名仪式有关，而不是土著的命名仪式，即使波罗他自己认为他用这个名字是指称土著指称的东西。……因此，一个说话者指称和语义指称之间的分离可能导致一个指称转移，甚至这个转移是一个一些误解的结果。"① 由此他们认为，因果理论没有给出用专名去成功指称对象的充分条件。即是说，有命名仪式，有传播链条，但仍然没有成功指称。所以，未经修改的因果理论是不恰当的。

对于加雷思·埃文斯对因果理论的质疑，克里普克在《命名与必然性》第二版的跋中是这样回答的。他说："加雷思·埃文斯指出，指称转移的类似事例出现在这样的情况下，即不是从一个真实的实体转移到一个虚构的实体，而是从一个真实的实体转移到同一种类中的另一个实体。根据埃文斯的说法，'马达加斯加'是土著给非洲的某个地方所取的名称；而马可·波罗错误地以为，他是按照土著的用法把这个名称用作了一个岛屿的名称（埃文斯用这个名称来支持摹状词理论；我当然不是这样）。今天，把这个名称用作一个岛屿的名称的用法已经如此广为流传，以致这种用法肯定不考虑与土著的名称之间有任何历史联系。大卫·刘易斯指出，即使土著使用'马达加斯加'这个名称去指称某个神秘的地方，相同的事情也可能发生。所以，一个真实的指称可以转变为一个真实的指称，虚构的指称也可以转变为真实的指称，真实的指称也可以转变为虚构的指称。在所有这些情况下，目前这种指称（或者虚构地指称）一个已知实体的意图完全不考虑在历史的传递链条中保存这个指称的最初意图。对这个问题值得作更加广泛的讨论。但是这种现象或许可以根据在正文中强调的关于

① G. W. Fitch. Saul Kripke. Acumen Publishing Limited，2004：66-67.

专名的使用方式的显著社会特征加以粗略的说明：我们在一种公共语言中使用各种名称与其他说话者交流。这个特征一般表明，目前这种指称一个岛屿的意图根本不考虑与土著的用法之间的遥远联系（或许对米勒关于'乔治·史密斯'和'牛顿'的事例也可以作同样的解释）。要精确地描述所有这些情况，无疑要求比我在这里所提出的更多的手段；尤其是我们必须区别如下两种情况：一是目前用一个名称去命名一个对象的意图，二是目前流行的认为这个对象是具有某种特性的唯一对象的单纯信念，并且详细说明区别。"① 对于克里普克的看法，休斯做了补充，他指出："这里有两点值得注意。首先，克里普克同意埃文斯的观点，坚持说马达加斯加实际上是非洲大陆的一部分是愚蠢的，并且普通人、地理教师、阿特拉斯等等，都错了。其次，克里普克建议，与事实有关的被说明的事实是，就现在的说话者使用'马达加斯加'这个名称去指称远离非洲的一个岛屿而言，有一个普遍的（和固守的）意图。这似乎是正确的。猜想马可·波罗在使用'马达加斯加'这个词指称一个岛屿后立刻被告知他是错误的（因此，在一定的时候当使用'马达加斯加'这个名称时指称一个岛屿的意图既不是普遍的，也不是固守的）。那么他将假定接受了他的对话者的用法，并且说：'哦，对，这个岛并不是（被叫作）"马达加斯加"，那么这个岛叫什么？'一个（一般的、社会的）使用'马达加斯加'指称一个岛屿的实践将从来没有偏离事实，并且'马达加斯加'将不是现在这个远离非洲的岛屿的名字。"②

对于"马达加斯加"的例子，克里普克的基本观点是这样的，在他看来，指称转移的情况在公共语言的使用中比比皆是，一个真实的指称可以转变为另一个真实的指称，真实的指称可能转变为虚假的指称，虚假的指称可能转变为真实的指称。如果我们对每一个名称既要考虑它现在的指称，又要考虑其历史的指称，那么我们的语言交流将特别困难。其实，只要人们在交流中都知道"马达加斯加"现在的指称，就可以进行正常的交流，根本没有必要去了解其历史的指称。历史上曾经出现说话者指称和语义指称相分离并不影响现在的交流，只要现在二者是重合的。当你说"马达加斯加"的时候，人们都知道所指的是那个岛屿。因此，"马达加斯加"

---

① 克里普克. 命名与必然性. 梅文，译. 上海：上海译文出版社，2001：139-140.

② Christopher Hughes. Kripke：Names，Necessity，and Identity. Clarendon Press，2004：38.

指称一个岛屿的意图根本不必考虑与土著的用法之间的这种遥远联系。如果要考虑这个，无疑要求提出更多的手段，这样指称问题将会是一个极其复杂的问题，其结果也许永远说不清道不明。因此，一个名称可能在一个被给定的使用场合中指称并不是最初的“命名仪式”上指称的对象，因为一个指称转移已经发生了。

加雷思·埃文斯还谈到了另外一个反面例子：“降生了两个婴儿，他们各自的母亲给他们取了一个名字。一个护士由于粗心大意把两个孩子换掉了，而这个错误从未被发现。因此便会出现一种不可否认的情况：那个大家都叫做‘杰克’的人之所以这么称呼，是因为一个妇女曾给另外那个孩子取过这个名字。”因此，他最后指出：“很清楚，未经修正的因果理论是不恰当的。”① 这个例子与“马达加斯加”的例子具有相似性，也是说话者指称和语义指称相分离的情形。对于这个例子有两种可能性：第一，人们发现了这个错误，对这个错误进行了修正，这样说话者指称和语义指称就重合了；第二，即使人们没有发现这个错误，称另外一个孩子为“杰克”，但是在社会生活中人们已经习惯于用这个名称来指称这个孩子，虽然与命名时相比较，指称转移已经发生了，但这种指称的转移并没有影响我们用这个名称进行正确的指称。因此，我们并没有必要去考虑最初的命名与指称的关系，指称转移的情形并不影响我们的指称活动。所以，加雷思·埃文斯的这个例子并不能构成对因果理论的有效反驳。

蒉益民提出了在确定专名指称过程中的一种重要现象，即所谓“我们对现实世界的有条件的遵从（our conditional deference to the real world）的现象”②。关于一个选出的指称究竟是什么样的一个对象的问题，我们“遵从”于现实世界，也就是说，如果在专名传递的过程中出现了“马达加斯加”这样的例子，在现实世界中这个通过上述方法选出的作为指称的对象实际上是一个什么东西，我们就接受这个东西作为这一专名的指称。我们然后改正过去的错误用法或信息，让它们与现实世界中的事实相符。我们“对现实世界的遵从”不是无条件的盲从，而是有条件的遵从。也就是说，我们关于一个专名的所有社区用法集中起来对这个专名的指称究竟是一个什么样的东西是有一定约束的。从上述例子我们可以看到，非常怪

① 加雷思·埃文斯．关于名称的因果理论//A.P.马蒂尼奇．语言哲学．牟博，等译．北京：商务印书馆，1998：573.

② 蒉益民．专名指称的一种因果描述观点．哲学研究，2006（2）：65.

异的东西都可能在因果上导致我们关于一个专名的所有的社区用法，但是如果这个东西和我们的社区用法差得太离谱，那么我们就会拒绝接受这个东西作为专名的指称。这种现象就是“我们对现实世界的有条件的遵从”。蒉益民指出，在一个专名的克里普克式的因果网络中，那个既是我们所有关于这个专名的社区用法的占统治地位的承受者，又满足我们对现实世界有条件的遵从这一约束的对象，就是这个专名的指称。他把这一观点称作“专名指称的因果描述观点”。不过，在我看来，这种观点与克里普克的观点差异不大。因为，在克里普克的因果链条中，遇到像“马达加斯加”这样的例子，他的态度其实就是对现实世界的“有条件的遵从”。他说：“我们在一种公共语言中使用各种名称与其他说话者交流。这个特征一般表明，目前这种指称一个岛屿的意图根本不考虑与土著的用法之间的遥远联系……”[①] 也就是说，关于“马达加斯加”的问题，我们尊重现实，“马达加斯加”应该指向现在的那个远离非洲大陆的岛。但是对降生了“两个婴儿”的例子，却不能采取“对现实世界的有条件的遵从”的原则，在这里，如果我们发现了错误，就应该把孩子换回来，把名字修改使之符合当初的命名。因为父母带着自己的孩子，这是人之常情，而且人的姓名与父母的姓氏有关。而如果像加雷思·埃文斯所说的“这个错误从未被发现”，那么，这当然不是一个问题了，因为人们都不知道有这个问题。而且这个错误是命名过程中人为的因素造成的，与因果链条本身并没有任何关系，由此并不能说明历史因果理论存在问题。对于这样的问题，任何形式的命名理论都是无可奈何的。

陈波在其文章《社会历史的因果描述论——一种语言观和由它派生的一种新名称理论》中对克里普克的因果指称理论提出了批评，同时提出自己的名称理论的观点——社会历史的因果描述论。[②] 陈波首先提出了他关于语言的基本前提，即语言的社会性、约定性和历史性作为其名称理论的根本性预设，并且认为克里普克的名称理论背后所假定的语言观与其语言观是根本冲突的，就此他提出三条证据。第一，克里普克把“名称如何指称对象”和“我们如何确定名称的所指”两个问题截然区分开来。陈波认为，“名称如何指称对象”，这似乎只是名称与其所指对象之间存在的一种

① 克里普克. 命名与必然性. 梅文，译. 上海：上海译文出版社，2001：140.

② 陈波. 社会历史的因果描述论：一种语言观和由它派生的一种新名称理论. 哲学分析，2011（1）：3.

客观关系，也就是在语言和世界之间的一种形而上学关系，这与名称的使用者——“我们”是没有关系的；“我们如何确定名称的所指”，这才是名称、名称的所指对象以及名称的使用者三者之间的关系，因而是一种社会历史性关系。克里普克对前者的回应采取的是“严格指示词理论”，对后者的回应采用的是“历史因果链条”。第二，在克里普克反对描述论的语义论证中，他使用了一些例证，但是用以证明与名称相应的摹状词既不是识别和确定名称所指的充分条件，也不是必要条件。因此，这些论证依然假定了：“名称或摹状词如何指称对象”这个问题仅仅是名称和对象、语言和世界之间的一种客观关系，而与使用名称、摹状词和语言的“我们”无关。第三，克里普克还明确表示，他不赞成普特南关于语言分工的说法。普特南指出，自然种类词的使用者常常并不很清楚，例如，如何去确定某物品是不是“黄金”，如何区别“榆树”（elm）和“山毛榉”（beech）等，他们不得不求助于语言共同体内的相关专家，后者在这些事项上更有权威性和发言权。并且，这种现象不是个例，而是非常普遍的。但克里普克不同意，其理由是，一个名称指称什么对象，这是一个语义学问题，并且有确定的答案，所谓“专家”在这个问题上没有任何帮助，他们并不具备一种特殊的语义能力。在此基础上，陈波提出了自己的“社会历史的因果描述论”。其要点可以概括如下：第一，名称（包括专名和通名）起源于对于一个或一类对象的广义的“命名仪式”，命名常常通过实指来进行，特别是对物理个体的命名；有时候也通过描述来进行，特别是对科学中理论实体的命名，比如“光子”。第二，在由人们的社会交际活动所构成的历史因果链条上，所传播的是关于名称所指对象的描述性信息，因果链条是一根连续的信息传播链条。只有那些被语言共同体认可了的信息才能进入该名称的“意义”。第三，被语言共同体所认可的那些描述性信息的集合构成了名称的意义，这些描述摹写了名称所指对象的一些区别性特征，并且该描述集合是永远开放的。第四，相对于认知者的实践需要，可以在作为名称意义的描述集合中排出某种优先顺序，某些描述比其他的描述更重要一些。第五，名称都有所指。很多名称的所指是现实世界中的对象，即物理个体或自然种类；但有些名称的所指是抽象对象、虚构对象或内涵对象。第六，名称的意义是识别、确定名称的所指的依据、标准或凭借。除此之外，识别名称的所指对象时，还要考虑说话者的意向、话语的背景条件、知识网络等因素。

应该说，陈波的分析和论证是比较深入的，他从语用学的角度对名称理论进行分析，也指出了克里普克直接指称理论的一些问题。但陈波在论证中也存在一些问题，比如，他指出语言具有社会性、约定性和历史性，而认为克里普克的语言观是与之相冲突的，也就是说克里普克否认语言的社会性、约定性和历史性。这是一个主观臆断的想法，因为克里普克的直接指称理论事实上同样坚持了语言的社会性、约定性和语言是不断生成变化的。比如，传播名称的因果链条就表明了语言的约定性，必须是约定的，否则就无法传播名称和指称。至于社会性，陈波早在 2000 年出版的《逻辑哲学导论》一书中就谈到了克里普克历史因果理论的社会性："它的一个重大历史贡献在于：它第一次明确了语言和社会的联系，使社会因素在决定所指中起了决定作用。它告诉我们：名称的所指是由一系列社会历史因素决定的，识别名称所指的活动不是个人的活动，而是社会共同体的交际活动。"① 可见，克里普克的直接指称理论即历史因果理论在语言观上是坚持了社会性、约定性和历史性的。

此外，陈波还谈到，克里普克在反对描述论的语义论证中使用了一些例证，用以证明与名称相应的摹状词既不是识别和确定名称所指的充分条件，也不是必要条件。陈波认为这些论证也假定了，"名称或摹状词如何指称对象"这个问题仅仅是名称和对象、语言和世界之间的一种客观关系，与使用名称、摹状词和语言的"我们"无关。陈波还用了克里普克的一个虚构例证说明：哥德尔有一位名叫"施密特"的好友，后者证明了形式算术的不完全性，但不幸早死，其手稿落到了哥德尔手里，他就用自己的名义将这些手稿发表了，于是获得了"形式算术不完全性的证明者"的名声。如果"哥德尔"与摹状词"形式算术不完全性的证明者"同义，难道该摹状词的语义所指也变成了施密特了吗？克里普克指出，并非如此，"哥德尔"仍然指称哥德尔这个人，但"形式算术不完全性的证明者"却指称施密特这个人，因为满足该摹状词的人事实上是施密特，它就指称施密特，尽管我们用它指称哥德尔，但我们的用法是错误的。但是，从这个例证中何以能看到假定了"名称或摹状词如何指称对象"这个问题仅仅是名称和对象、语言和世界之间的一种客观关系，与使用名称、摹状词和语言的"我们"无关？这种假定实际上是不存在的。试想，离开了我们，离开了人类，有名称指称对象的客观事件发生吗？名称如何指称对象当然涉及的是我们人类如何用名称指称对象，而不可能存在于客观世界本身。对

① 陈波．逻辑哲学导论．北京：中国人民大学出版社，2000：58.

于克里普克的因果链条，陈波还提出了一些疑问，在关于名称的历史因果链条上，究竟是直接传播名称的所指，还是主要传播关于名称所指对象的信息，名称后来的使用者根据这些信息去确定名称的所指？陈波认为应该主要传播名称所指对象的信息。我们认为，作为传播名称的因果链条主要传播的是名称及其所指称的对象，而有关对象的信息只是作为辅助或补充，或者是对名称所指对象的进一步解释而已，或者是如克里普克所说的在初始命名的时候要使用摹状词描述的有关信息。还有如何确保指称传播的成功？陈波认为克里普克只谈到一个条件，即名称的后来使用者与名称的先前使用者在指称意图上保持一致。陈波指出，如何去确保一名称的后来使用者与它的先前使用者在指称意图上保持一致，这才是一个真正重要的问题。对于这一点我们是赞成的。但陈波还谈到，在所指对象不在场的情况下，必须给出关于对象的足够多的描述性信息，才能保证名称的后来使用者把该名称用到先前使用者所用到的那些对象上。否则，就会发生如克里普克本人所谈到的"指称失败"的情形。我们认为指称失败的情形与借助多少描述性信息并没有直接关联，而且无论借助多少描述性信息，要完全杜绝指称失败的情形是不可能的，指称传播的失败主要与传播链条上的人对名称及对象的误用、误解有关，而这并不能说明克里普克的因果指称理论是错误的。

陈晓平在《论名称的语境与功能——兼评克里普克和陈波的名称理论》一文中提出了陈波的名称理论在三个方面还要加以改进：第一，只把社会历史作为语境过于宏大，不够细致和全面；第二，需要进一步澄清历史因果链条与开放的簇摹状词之间的关系；第三，在一定程度或范围内保留克里普克的名称指示论。这表明克里普克的直接指称理论的基本框架是正确的，只是有些论述过于宏观，不够具体细致，还需要进一步澄清或者理清。

概括地说，克里普克对摹状词指称理论的批评以及他提出的历史因果理论是基本合理的，只是对一些问题我们需要稍微做一点修改。其理论内容基本如下：第一，与专名相联系的各个摹状词，是对所指对象特有性质的描述，这些性质在可能世界的语境下，都只能是事物的偶然属性而非本质属性；因此，第二，专名不与某个或某簇摹状词同义，专名是没有涵义的，摹状词指称理论者认为能够揭示专名涵义的属性只是对象的偶然属性，而偶然属性是不能揭示专名涵义的，并且这些对象的一些偶然属性会随着时间的推移产生变化；第三，从而，一个或一簇摹状词不能固定地确定专名的指称。在指出传统摹状词指称理论不合理后，克里普克提出了

“历史的因果的命名理论”：在给一个对象命名时，要举行一个初始的“命名仪式”。命名可以用两种方式：一是通过实指的方式，二是可以通过某个摹状词确定，但摹状词只是所借助的手段，是在最初命名仪式时使用，它不与专名同义，不揭示专名所谓涵义。在这两种情形下，当这个专名一环一环传播开来时，听到这个名字的人往往会带着与述说这个名称的人相同的指称来使用这个名称。正是借助这根传播专名的因果链条，专名得以不断地传播开来。

而对于专名指称的失落或转移，也就是由于历史的原因造成的说话者指称和语义指称不相符的现象，首先，我们认为，这种专名指称的失落或转移并不是历史因果理论的缺陷，而只是人们在传播这个专名及其指称时的失误，应该说是一个认识的问题。其次，退一步，我们可以采取两种态度，一种态度是“对现实世界的有条件的遵从”，这是考虑到人们的使用习惯，而且这种“对现实世界的有条件的遵从”并不影响人们的指称和交流；另一种态度是进行修正，使名称和最初的指称相一致，也就是使说话者指称和语义指称一致，当然，在这里主要是针对那些必须修正的情况而言的，修正之后的名称又重新在因果链条上一环一环地传播下去，从而使所有有关的人都认识到这种修正。对于这根传播专名的因果链条，施太格缪勒是这样评价的：“这种链条——与施特劳逊所持的类似观点不同——并不是通讯的链条和知识的链条，而是某种形式的因果链条。这一点譬如说表现为以下这种情况，即某个人即使既不知道哥德尔的科学成就，也不能想起他第一次是从何人听到‘哥德尔’这个名字的，或虽然以为想起来了，但却是错的，他还是可以提及哥德尔。”①

当然，也并不是说因果指称理论就是十全十美的，这个理论也有一定的缺点，那就是其描述不够精细，相对来说比较笼统。“克里普克还没有把他的理论发展到这一步。很可能证明，有必要同时运用卡尔纳普关于绝对坐标的思想——那是在卡尔纳普死后发表的著作中首次发现的。为了验明个别事物而不只是描述它们，我们需要某种比通常的相对坐标更强的东西，即绝对坐标。只当我们在一个绝对坐标系中验明了一个事物，我们才能在一个‘原始的命名仪式’中给它取名字。因此，可验明其承担者的名字总是与一个绝对坐标系相关联。上面指出的复杂情况是由此产生的，即

① 施太格缪勒. 当代哲学主流：下卷. 王炳文，等译. 北京：商务印书馆，2000：299. 引文文字有改动。

绝对坐标系是随人而变换的，所以每一个人都为自己命名。对于不可能为个人举行‘原始命名仪式’的场合，应该更详尽地阐述上面指出的因果链条理论。”① “克里普克的因果指称理论只是一个非常粗略的理论框架，许多关于专名指称的具体问题并没有被解决。”② 当然，要想在短短的几次讲演中把问题说得非常透彻那几乎是不可能的，这一切有待于今后进行进一步的充实和修正。再说，语言是一个极其复杂的社会现象，它涉及不同的国家、民族，不同的语境，以及个人的、社会的心理风俗习惯等，而且会随着社会的发展而不断发展，任何一种关于语言的理论都不可能把各种各样特殊的语言现象完全考察到。其实，克里普克也曾说过：“我也许并没有提出一种理论，但是我确实认为我提出了一个比摹状词理论的信奉者们所给出的更好的描述。”③ 甚至，在《命名与必然性》第二版的序言中，克里普克还谦逊地说：“看来某些对我的观点持批评态度的人以及持同情态度的人已经把这些观点理解为我是在主张或至少是在暗示一种关于专名的普遍替换的学说。……对于这些问题，我还没有什么‘正式的学说’，事实上，我还无法确保‘命题’这架机器不会在这个范围内出故障。因此，我避开了这些问题；不应当把我的话理解为关于这个观点的某种确定的学说。”④ 在跋中，他指出：“要精确地描述所有这些情况，无疑要求比我在这里所提出的更多的手段。……我把这个问题留到以后的著作中去研讨。”⑤ 实际上，在克里普克看来，自己虽然对“命名”这件事有独到的看法，但也不可能并且也觉得不必要为此提出一种形式上完备的、一劳永逸的指称理论。事实上确实如此，以往分析哲学家那种希望一劳永逸地确立自然语言中的意义问题的尝试，只能是一种有益的但无望实现的梦想而已。尽管因果指称理论有一定缺陷，但是，就像泰勒·博格指出的：“后来人们发现，这种链条在什么情况下维持原来的指称，在什么情况下改变指称，其条件是非常复杂的。但是这种解释的大体框架还是被哲学界广泛接受了。”⑥

---

① 施太格缪勒. 当代哲学主流：下卷. 王炳文，等译. 北京：商务印书馆，2000：299-300.

② 蒉益民. 索姆斯对直接指称理论的最新发展. 哲学动态，2005（11）：26.

③ 克里普克. 命名与必然性. 梅文，译. 上海：上海译文出版社，2001：76.

④ 同③20-21.

⑤ 同③140.

⑥ 泰勒·博格. 语言哲学与心灵哲学//陈波. 分析哲学：回顾与反省. 成都：四川教育出版社，2001：171.

二、对塞尔的专名意向性理论的回应

名称是外部的客观对象与语词之间的对应关系。塞尔认为当我们使用名称的时候必须涉及两种区分：其一是对外部对象的区分，其二是对语词的区分。人们所说的名称问题，即是人们使用语词指称对象的问题。塞尔反复认为使用名称的目的就是用来指称对象，并且名称获得指称必然依赖于名称使用者的意向内容。"因为语言中的所指依赖于心灵所指，或者是心灵所指的一种形式，而心灵所指由包括背景和网络在内的意向内容确定。"① 意向性就是针对性，意向性是众多心理状态或事件的属性，这一属性使心理状态或事件直接针对或关于外部世界的事物或状态。比如，如果某人有一个信念，那么一定是相信什么或处于什么状态；如果某人有一种恐惧，那么一定是害怕什么或害怕什么事件将要发生；如果某人有一个意图，那么一定是想要去做什么。总而言之，它们都是针对或关于某事或某事物的。处于特定心理模式的表征内容构成意向状态，因而，具有意向性（Intentionality）的那种心理模式就是意向状态；而意向对象就是意向状态所关注的对象或事物；意向内容则主要是指可以用完整的命题内容来表征的内容。换句话说，对塞尔而言，意向对象就相当于意向状态的外延，而意向内容则是意向状态的内涵。如果说话者表达一个意向内容且实际上没有任何事物能够满足它，那么这样的指称是不成功的。

名称的指称理论有两种代表性观点，描述论认为名称确定指称的方式是通过某种满足内在规定性的条件，因果论则主张通过一种外在的因果传播链条来确定名称的指称。塞尔指出了描述论的实质实际是给出与名称相联系的意向内容，他说："描述论者认为，为了解释名称如何指称对象，需要说明该对象如何满足或者适合说话者心灵中与该名称相联系的'描述性'意向内容。"② 他倾向弗雷格把名称与限定摹状词联系起来的观点，认为这是正确的名称理论。他说："一个对象通过满足某个意向内容被指称，该意向内容通常由说话者用语言方式表达。这就是弗雷格的名称涵义观的基本思想。"③

塞尔主要从两个方面对因果论进行了批评，他认为因果链条在传播名

① John R. Searle. Intentionality：An Essay in the Philosophy of Mind. Cambridge University Press，1983：232.

② 同①233.

③ 同①222.

称指称的过程中必然要涉及某种意向内容。一方面，根据克里普克的阐述，因果链条的起点是命名仪式，但在命名仪式中，指称的获得借助实指或者摹状词，所以链条的起点是意向性的："外在因果链条实际上没有延伸到对象，它只是延伸到了它的命名仪式，也就是名称的引入仪式。从这点开始，确定指称的东西就是一个意向内容。"① 另一方面，历史因果链条在传播过程中也要借助意向内容。克里普克这样描述传播链条：一个人，例如，一个婴儿诞生了；其父母给他取了一个名字；他们与朋友们谈论这个孩子；其他一些人看见过这个孩子；通过各种类型的交谈，这个名称就似乎借助一根因果链条一环一环地传播开来了。不过在传播过程中，在每一环节名称与指称的联系都是"意向内容从表达式的一次使用转移到下一次使用，而在每次使用这个表达式时，都是根据说话者心灵中的描述性意向内容而获得指称的。"② 这即是说，确定名称实质上就是通过意向内容来确定指称对象，不管说出的名称与对象之间是否存在因果关联，我们都能通过意向内容达到指称的目的，尽管这一链条本身看起来是纯粹外部的。

塞尔还用"马达加斯加"和"拉美西斯八世"为例来说明因果链条传播对于获得指称既不是充分的，又不是必要的。"马达加斯加"最初是指非洲大陆的某个部分，马可·波罗用它来指现在所指的那个岛屿。那么，如果不了解马可·波罗赋予马达加斯加的新的意向内容，这根链条就会回溯到最初所指的非洲大陆的某个部分，而不是现在所说的那个岛屿。这仍然是满足因果论的，但是它的指称却不是我们想要的。于是，满足因果论的链条传播不是获得指称的充分条件。而对于"拉美西斯八世"这样的例子来说，假设我们知道有关拉美西斯七世和拉美西斯九世相当多的资料，并不需要因果链条的传播，就可以指称那个介于"拉美西斯七世"和"拉美西斯九世"之间的法老，即使在因果传播链条中缺失了"拉美西斯八世"这一环，通过网络和背景的作用，也完全可以确定它的指称。塞尔认为，"在任意名称系统中，我们都能够根据一个名称在该系统当中的位置来识别它的承担者"③。而这个系统就是塞尔强调的背景和意向网络。在

① John R. Searle. Intentionality: An Essay in the Philosophy of Mind. Cambridge University Press, 1983: 235.

② 同①245.

③ 约翰·R. 塞尔. 意向性：论心灵哲学. 刘叶涛，译. 上海：上海人民出版社，2007：245.

塞尔看来，克里普克意义上的因果链条在专名传播和确立指称方面根本不发生作用。确定指称的“唯一重要的链条，就是意向内容从表达式的一次使用转移到下一次使用之上，而在每一次这种情形当中，指称都是根据使用这个表达式的说话者心灵当中的描述性意向内容而获得的”①。因而，在因果链条的传播过程中意向内容是必不可少的，倘若实际上存在类似如此这般的因果链条，那么也只是一根内在的意向内容的因果链条在起作用。塞尔甚至断定因果链条只是描述理论的一种变化形式而已，因为命名仪式要么以限定摹状词的形式给出描述的意向内容，要么以实指的方式给出知觉的意向内容。总而言之，名称指称的确定总要依赖于意向内容，外部的因果链条没有起到多大的解释作用。所以，如果完全依赖外在物理链条的传播的话，那么名称与对象就无法有效地联系起来。要成功地获得指称，就要有描述性意向内容。所以，塞尔认为，传统的描述理论实际上是一种“意向理论或内在理论”，因果理论则可以看成“外在因果交流链条理论”。克里普克的历史因果理论实质上则是描述理论的变种，纯粹的外在历史因果链条不起任何解释作用。

克里普克所说的那种只是口耳相传一环一环传播的历史因果链条与塞尔所说的关于意向内容的历史因果链条之间是有原则性区别的，前者被陈晓平教授称为“转述的历史因果链条”，后者相当于他所说的“特征的历史因果链条”。② 在克里普克的因果链条中，实际上也存在着说话者的意向性，比如，一个婴儿诞生了，他的父母给他取名“杰克”，并向其他人介绍他，他的父母在给别人介绍的时候必然有一种意向性，其他的听话者也知道婴儿父母的那种意向。因而，在“转述的历史因果链条”中说话者和听话者必然都有意向性，这是不言而喻的。克里普克在他的论述中同样也涉及了意向性，比如，在一个初始命名后，这个名称一环一环地传播开来，听说这个名称的人往往会带着与传播这个名称的人相同的指称来使用这个名称。即听话者的意向与传播者的意向相同，这样名称才能传播开来。在《命名与必然性》的跋中，克里普克也谈到了专名传播中的意向性，在谈到“马达加斯加”这个例子的时候，马可·波罗错误地以为他是按照土著的用法把这个名称用作了一个岛屿的名称。今天，把这个名称用

① 约翰·R. 塞尔. 意向性：论心灵哲学. 刘叶涛，译. 上海：上海人民出版社，2007：245.

② 陈晓平. 论名称的语境与功能：兼评克里普克和陈波的名称理论//中国分析哲学 2011，杭州：浙江大学出版社，2012：9.

作一个岛屿的名称的用法已经广泛流传，以至于这种用法肯定不考虑与土著的名称之间有任何历史联系。所以，一个真实的指称可以转变为另一个真实的指称，虚假的可以变成真实的，真实的也可以转变成虚假的。在所有这些情况中，目前这种指称（或者虚构地指称）一个已知实体的意向（Intention）完全不考虑保存在历史传播链条中指称的最初意向。至于像塞尔借用的卡普兰的一个例子"'拉美西斯八世'是'世人对其一无所知的众多古代法老之一'"，塞尔认为，假若我们知道有关拉美西斯七世和拉美西斯九世的许多资料，那么，我们就可以非常确定地使用"拉美西斯八世"来指称那个位于拉美西斯七世和拉美西斯九世之间的法老。这样，即使从我们回溯到古埃及的各种因果链条看都没有拉美西斯八世，我们仍然可以指称他。同时，即使我们并不满足使用名称的描述理论，我们也能够指称他。那就是借助语言的网络和背景以及意向性。对于这样的特殊例子不能够说明历史因果链条存在问题，因为同时描述理论也失效。其实，任何理论在这种特例中都必然失效。用个别的特例来否认一般性，这在逻辑上是站不住脚的。而且，在确定"拉美西斯八世"的指称的过程中，还是要借助拉美西斯七世和拉美西斯九世的历史因果链条，所以这实际上不能说明历史因果理论存在问题。此外，有的学者还对塞尔的网络和背景的观点提出了质疑，认为塞尔关于网络和背景的观点存在自相矛盾的方面。塞尔所说的网络是说话者和听话者共同拥有的，用以成为双方有效交流的公共平台。然而，塞尔同时又把背景看作不可表征的能力，而网络又是背景的一部分，因而也具有不可表征的私人性。由此说明塞尔的这两种说法是相互矛盾的。塞尔一方面认为背景和网络属于不同的范畴，而另一方面又说网络是背景的一部分。由此可以得出结论，塞尔意向理论沿着心理主义的路线走得太远了，以致专名的公共性问题把该理论带入一个难以解脱的困境。①

因此，塞尔把历史因果链条看作描述论的变种，甚至用描述的意向性理论取代历史因果论，这样的观点更是不可取的。陈晓平教授把历史因果链条看作"认同语境"。在认同语境中，一个名称借助历史因果链条来保持其指称的同一性。相比世界语境，认同语境是一种动态的语境，它是从时间进程上展开的历史因果链条；而世界语境则是一种静态的语境，是从空间范围展开的。认同语境可以分为转述的认同语境和特征的认同语境。

---

① 赵亮英. 专名的意向性分析和语境：评塞尔的专名理论. 自然辩证法研究，2012（4）：4.

转述的认同语境主要是指在一个语言共同体中通过说话者口耳相传而对名称的对象保持认同的语境，特征的认同语境是人们通过对特征属性的辨认而产生对名称的对象保持认同的语境。在陈晓平看来，不管哪一种认同语境都可以展开为一根历史因果链条，从而，历史因果链条分为“转述的历史因果链条”和“特征的历史因果链条”。转述的历史因果链条相对容易理解，即语言共同体的成员们关于一个名称的口耳相传的链条。特征的历史因果链条相对复杂一些，它是与一个名称相关的开放的簇摹状词的系列。① 这种对专名历史因果链条的区分是比较合理的，这就意味着，在专名传播的过程中存在两根因果链条，一根传播着专名指称，一根传播着一些特征。但我不赞成陈晓平认为的“转述因果链条仅仅是特征因果链条的派生物”的观点，而认为两根因果链条相互作用，但转述的历史因果链条为主，特征的历史因果链条为辅。因为，特征总是附着于名称及其对象的，特征只是存在于因果链条上某一个阶段中，随着这个阶段的变化，某些特征也是要消失的。比如，尼克松作为美国总统只存在于 1969 年至 1974 年，担任美国总统只是作为这个阶段尼克松的特征。“用一个或一组摹状词来指称一个对象，这种指称是偶然性的；用一个名称指称一个对象，这种指称是必然性的。”② 偶然的东西只能作为必然性的补充，而不可能用必然性来辅助偶然性，因而转述的历史因果链条才是主要的因果链条。例如，在日常生活中，当我们向其他人介绍某个人时，首先是介绍其名称，即专名，如果有必要，也会介绍该个体的一些其他情形，但是只是作为补充。而且，更为重要的是克里普克的历史因果链条是建立在可能世界语义学的基础上的，这是克里普克理论的本质特征，在这一点上，描述理论或特征的历史因果链条与之没有可比性。

三、一种新视域下的指称理论

克里普克的历史因果指称理论是一种很具有创造性的理论，这一理论的提出导致西方哲学界长达 20 多年的大论战，至今仍然影响相当深远，反映该理论的《命名与必然性》一书也成为 20 世纪最有影响的西方哲学著作之一。该理论之所以产生如此重大的影响，主要在于其观点的理论视

---

① 陈晓平. 论名称的语境与功能：兼评克里普克和陈波的名称理论//中国分析哲学 2011，杭州：浙江大学出版社，2012：9.

② 同①11.

域是崭新的，并且理论观点是对传统的一个重大颠覆。

历史因果指称理论是以可能世界语义学为理论背景或理论视域的。可能世界语义学也称克里普克语义学或关系语义学，是为了解释模态逻辑的形式系统而提出来的一种逻辑语义学。克里普克在20世纪60年代先后发表了两篇论文，即《模态逻辑的语义分析Ⅰ》(1963)和《模态逻辑的语义分析Ⅱ》(1965)，对可能世界语义学的确立起了决定性的作用。克里普克语义学的基本概念是克里普克标架和模型。一个克里普克标架（W，R）由一个集合W和W上的一个二元关系R组成，通常称W中元素为可能世界，称R为可能世界之间的可达关系。要想在克里普克标架（W，R）上解释模态命题，首先必须弄清楚原子命题在各个可能世界w中的真假情况，也就是要指定哪些原子命题为可能世界w所接受的，哪些不是为w所接受的。这样的指派称为赋值，以V表示，然后按照下面的要求把V扩张到所有的模态命题：第一，任一个可能世界w所接受的全部模态命题必须保持通常有关命题联结词的真值条件（例如，w接受$A \vee B$当且仅当w接受A或者w接受B，w接受$\sim A$当且仅当w不接受A），而且还必须对分离规则封闭，即如果w接受A和$A \rightarrow B$，那么w也接受B。第二，可能世界w接受模态命题$\Box A$当且仅当w可达的可能世界都接受A，也就是说，w接受$\Box A$当且仅当任一个满足wRw'的w'都接受A。给定对原子命题的赋值V以后，满足这两个要求的赋值V的扩张是唯一的，通常以归纳定义的形式出现。所得到的关系就是可能世界在赋值下接受哪些命题的关系，以“$w /\!/ -_V A$”表示“可能世界w在赋值w下接受命题A”，简言之“w在V下接受A”。一个克里普克模型（W，R，V）由一个克里普克标架（W，R）和一个赋值V组成。如果对于W中的任一个可能世界w而言关系$w /\!/ -_V A$都成立，则称命题A在克里普克模型（W，R，V）中为真，记成（W，R，V）$| = A$。如果命题A对于任一个赋值V都有（W，R，V）$| = A$，则称A在克里普克标架（W，R）上有效，记成（W，R）$| = A$。如果命题A在某克里普克标架类C中的任一个克里普克标架上有效，则称A在这个类C中有效，记成$C | = A$。克里普克所采用的语义解释更符合直观，具有较强的处理能力，也便于人们理解和接受，所以产生了广泛的影响。可能世界语义学还由于它引起的一些哲学问题，以及它又可以作为某种分析的工具，与哲学密切相关。因果指称理论就是克里普克在可能世界语义学的框架内而提出的一种具有深远影响的名称的指称理论。正如克里普克本人在《命名与必然性》的序言

中指出的："本著作产生于我早年在模态逻辑的模型论方面所作的一些形式研究。"①

在可能世界语义理论的基础上，克里普克提出了专名没有涵义的观点。弗雷格和罗素的摹状词指称理论认为摹状词揭示了专名的涵义的观点是不正确的，因为在可能世界视域中，传统摹状词指称理论认为揭示专名涵义的限定摹状词，其所描述的仅仅是对象的偶然属性而非本质属性。比如，传统指称理论认为，"亚历山大大帝的老师""第一本《形而上学》的作者"等摹状词构成了专名"亚里士多德"的涵义。但克里普克认为，"亚历山大大帝的老师""第一本《形而上学》的作者"等仅仅是亚里士多德在现实世界中的特性，在另一个可能世界中，亚里士多德可能不具有这些特性，因此，这些特性只是亚里士多德的偶然属性而非本质属性，而偶然属性是不能构成专名的涵义的。由此，专名只有指称而没有涵义。克里普克把这个观点也推广到了自然种类的名称，认为自然种类的名词也是没有涵义的。他说："穆勒的名称范围既包括'牛'这样的谓词、限定摹状词又包括专名。关于'单数'名称，他说，如果它们都是限定摹状词，就是有内涵的；如果它们都是专名，就是没有内涵的。此外，穆勒说，所有'普通'名称都是有内涵的；……我本人认为穆勒关于单数名称的看法或多或少有点正确，但他关于'普通'名称的看法却是错误的。也许有些'普通'名称（如'愚蠢的''肥胖的''黄色的'）表达了一些特性。在某种值得注意的意义上，像'牛'和'虎'这样的普通名称并没有表达出什么特性，除非把一头牛无关紧要地看作是一种特性。'牛''虎'这两个名称当然不是像穆勒所认为的那样，是字典用来定义它们的那些特性的结合的缩写。"② 普特南也赞同名称没有涵义的观点，他指出："按照传统观点，如'柠檬'的意义可以通过详细说明一个性质的合取来给出。对于这些性质中的任何一个而言，'柠檬具有性质 P'都是分析真理；而如果 P_1，P_2，…，P_n 是该合取中的所有性质，那么'任何具有性质 P_1，…，P_n 的东西都是一个柠檬'，也同样是一个分析真理。从一种涵义上来说，这是无关宏旨地正确的。如果允许我们发现一些特设的不可分析的性质，那么我们便能找到一个独个的性质——甚至都不是一个合取——一个东西具有这个性质则是成为柠檬、或是金、或是其他什么东西的充分必要条

① 克里普克. 命名与必然性. 梅文，译. 上海：上海译文出版社，2001：3.
② 同①105-106.

件。这也就是说，我们只设定是柠檬或是金或任何我们所需要的东西的性质。如果我们要求 P_1，P_2，…，P_n 不具有这样的特设的特征，那么情况就不同了。确实，按照我们对于‘性质’这个词项的自然的理解，说某物属于某一自然种类仅仅是将性质的一个合取归属于它这种说法恰恰是假的。为了明白它为什么是假的，我们看一下‘柠檬’这个词项；假设的柠檬的‘定义特征’是：色黄，味酸，某种皮，等等。为什么‘柠檬’这个词项不能通过这些‘定义特征’的简单的合取来定义呢？最明显的困难是一个自然种类可以有不正常的成员。”“自然种类的特征会随着时间的变化而变化（可能是由于条件的变化）……”①

专名只有指称而没有涵义，不仅是由可能世界的视域决定的，也是克里普克“严格指示词”理论的前提，正因为专名没有涵义，所以才需要“严格指示词”，通过严格指示词来确定专名指称。专名只有指称而没有涵义，似乎是穆勒观点的重复，因为穆勒曾指出：专名是没有涵义的，它们指示用它们称呼的个体，但是它们并没有指示或蕴涵这些个体具有什么属性。其实不然，因为克里普克论证“专名没有涵义”的思路与穆勒完全不同，克里普克是以可能世界作为理论视域的，而穆勒是以现实世界为背景的。由此可见，克里普克的观点是对穆勒观点的大大超越和发展。

当然，克里普克对传统摹状词理论的批判是在可能世界的框架内进行论述的，因此，专名没有涵义是指在可能世界的视域内。至于在现实世界的范围内的专名的涵义问题，事实上是另外一个问题。人们关于专名的涵义可以有不同的理解，也就是专名的涵义究竟是什么或许有不同看法。专名有无涵义甚至要取决于专名使用者的知识和信念，比如对于一个专名，听话者第一次听说，也不能把该专名和其所指联系起来，那么在他看来，该专名是没有涵义的，它只不过是一个空洞的符号而已。专名有无涵义还要取决于专名使用者的态度，如果他认为只有对对象永恒不变的本质属性的反映才是涵义，那么专名就没有涵义，因为事实上没有绝对不变的本质，现代本质主义者追寻绝对不变的本质的企图是不可能实现的；如果他认为专名的涵义可以是对象在现实世界中特有属性的反映，那么他认为专名就有涵义。从克里普克的论述视角出发，专名确实没有涵义。但是从弗雷格和罗素的论述出发点看，认为专名有涵义似乎也是可行的。也许，克

① 普特南．语义学是可能的吗？//A. P. 马蒂尼奇．语言哲学．牟博，等译．北京：商务印书馆，1998：591，594.

里普克对传统摹状词理论的批判有点过于苛刻了，毕竟弗雷格和罗素等人的摹状词指称理论是以现实世界为视域的，而克里普克的观点是建立在可能世界语义理论的基础上的。

摹状词所揭示的仅仅是对象的偶然属性而非必然属性，因此，传统的名称摹状词指称理论是不正确的。那么，我们如何确定专名指称？克里普克提出了他的名称的历史因果指称理论。即举行一个初始的“命名仪式”，通过实指或借助摹状词给对象命名，然后，人们通过各种各样的谈话，把这个名字通过一根因果链条一环一环地传播开来。因此，专名的指称就是这样由一根根历史的或因果的链条来确定的。克里普克还指出：“在一般情况下，我们的指称不光依赖于我们自己所想的东西，而且依赖于社会中的其他成员，依赖于该名称如何传到一个人的耳朵里的历史以及诸如此类的事情。正是遵循这样一个历史，人们才了解指称的。”①

克里普克的历史的（因果的）命名理论，把名称的命名与指称放到了整个人类社会的大环境中来考察，注意到它们与社会群体活动之间的内在联系，从而恢复了常识的地位，这是很有意义的。名称是人类语言交际中的产物，语言活动又是人类社会活动的一个极其重要的部分，名称随着社会团体成员的交流状况而进行传播，一环一环地传播开来，这是符合我们语言交流的实际的。而传统的摹状词理论恰恰忽视了人类社会历史活动在命名过程中的重要性。可以说，克里普克的因果理论是具有创新意义的，他把社会历史活动纳入命名活动中，这是一个重大的突破。正如施太格缪勒所指出的：“从一个全新的方面产生了分析语言的环境和分析‘包围着’语言的行为的重要性。这个方面是新的，因为譬如在克里普克所提到的通过因果链条间命名的情况中，有关的行为既不属于语义学范围，也不属于奥斯丁和塞尔所研究的范围”②，而是一种新的分析哲学，可以毫不夸张地说，克里普克帮助改变了 20 世纪的后半个世纪分析哲学的面貌，因为他为名称理论的研究提供了一条新的进路。

① 克里普克. 命名与必然性. 梅文，译. 上海：上海译文出版社，2001：73. 引文译文有个别改动。

② 施太格缪勒. 当代哲学主流：下卷. 王炳文，等译. 北京：商务印书馆，2000：300.

第七章 同一性理论

克里普克在《命名与必然性》中的另一个重要论题是关于同一性陈述的。他说："这些陈述是必然的还是偶然的？在当代哲学中，这个问题引起了一些争论……"① 克里普克讨论了偶然的同一性命题，如"S在时间 t_0 时是一米长"，这是一个先验偶然命题或陈述的例证；他还讨论了"专名之间的同一性"和"理论的同一性"命题，这些命题是后验必然同一性命题的例证。通过这些例证，克里普克说明了存在"先验偶然同一性命题"和"后验必然同一性命题"，由此他打破了一个传统的经验论观点即"先验的"就是"必然的"和"后验的"就是"偶然的"。

第一节 命题分类的历史发展

从康德以来，特别是逻辑经验主义者以来，哲学家们形成了关于分析命题和综合命题的绝对区分，而且认为，"分析的"就是"必然的"和"先验的"，而"综合的"就是"偶然的"和"后验的"。当然关于两类命题的区分的历史，还可以追溯到更早期。因此，讨论克里普克的"先验偶然同一性命题"和"后验必然同一性命题"，需要追溯其理论渊源。

一、传统两类命题的绝对区分

关于分析命题和综合命题的区分历史，可以追溯到古希腊，1793年，一位名叫施瓦布（J. C. Schwab）的哲学家在哈勒大学教授埃伯哈特主编的《哲学档案》中发表过一篇文章，题目叫作《证明分析判断和综合判断的区分在希腊哲学家那里并非未知之事》。在这篇文章里，施瓦布声称，

---

① 克里普克. 命名与必然性. 梅文，译. 上海：上海译文出版社，2001：76.

从古罗马作家普鲁塔克引用的古希腊麦加拉学派哲人斯提尔波的残篇中，他发现了在分析判断和综合判断之间做出区分的一些迹象。不过我们认为，关于这两类命题的真正区分的历史还是应该从近代开始，以往的区分，只是一种理论的最初萌芽而已。

在《任何一种能够作为科学出现的未来形而上学导论》中，康德曾经批评性地叙述分析命题和综合命题区分学说的诸位先驱的观点，首先谈到的就是洛克。他说："在洛克的《人类理解论》里我碰到了这种区分的迹象。因为在该书第四卷第三章第九节及其次各节，他谈到了表象在判断里各种连接与其源泉，他把其中一种放在同一或矛盾里（分析判断），把另外一种放在观念在一个主体中的并存里（综合判断），在这以后，他在第十节里承认我们对后者的（先天）知识是非常狭窄的，几乎没有什么。"① 洛克在《人类理解论》中对知识进行了分类：直觉的知识、理性的知识和感觉的知识。所谓直觉的知识是人的理智"不借助别的观念为媒介"，单凭直觉的方式，直接觉察到某两个观念之间存在一致或不一致的关系，而获得的一种知识。如，"白不是黑""圆不是三角形"，等等。所谓理性的知识即这样一种知识：在人们获得这种知识时，人们不是直接觉察到两个观念之间是否存在一致或不一致的关系，而是借助于别的观念为媒介，来发现它们之间是否存在一致或不一致的关系的。如"三角形三内角等于两直角"，就是借助其他观念，运用推理的方法获得的。所谓感觉的知识是一种对外界特殊事物的知识。因为这种知识"不能超过我们感官当下所感到的事物的存在"，因此不具有普遍必然性，也因此是一种最不可靠、最不确定的知识。直觉的知识和理性的知识属于分析命题的范畴，感觉的知识属于综合命题的范畴。

在莱布尼茨那里，有理性真理和事实真理的区分。他指出："理性的真理是必然的，事实的真理是偶然的。原始的理性真理是那样一些真理，我用一个一般的名称称之为同一的（identiques），因为它们似乎只是重复同一件事而丝毫没有教给我们什么。它们是肯定的或者是否定的；肯定的是像下列的一些：每一事物都是它所是的。以及其他许许多多例子，你要多少有多少，A 是 A，B 是 B。我将是我所将是的。……至于那些异类的，是说一个观念的对象不是另一个观念的对象这样一些命题，如说热不

① 康德．任何一种能够作为科学出现的未来形而上学导论．庞景仁，译．北京：商务印书馆，1978：27.

是和颜色同样的东西；还有，人和动物不是同样的，虽然所有人都是动物。”① “至于说到原始的事实真理，它们是一些内心的直接经验，这直接是属于一种感受的直接性（immédiation de sentiment）。”② 在序言中，莱布尼茨对两类真理还进行了具体说明：“一个一般真理的全部例子，不管数目怎样多，也不足以建立这个真理的普遍必然性，因为不能得出结论说，过去发生过的事情，将来也永远会同样发生。……像我们在纯粹数学中、特别是在算术和几何学中所见到的那些必然的真理，应该有一些原则是不依靠实例来证明，因此也不依靠感觉的见证的，虽然没有感觉我们永远不会想到它们。”③

休谟在《人类理解研究》中指出：“人类理性（或研究）的一切对象可以自然分为两种，就是观念的关系（Relations of Ideas）和实际的事情（Matters of Fact）。属于第一类的，有几何、代数、三角诸科学；总而言之，任何断言，凡有直觉的确定性或解证的确定性的，都属于前一种。‘直角三角形弦之方等于两边之方’这个命题，乃是表示这些形象间关系的一种命题。又如‘三乘五等于三十之一半’，也是表示这些数目间的一种关系。这类命题，我们只凭思想作用，就可以把它们发现出来，并不必依据于宇宙中任何地方存在的任何东西。自然中纵然没有一个圆或三角形，而欧几里得（Euclid）所解证出的真理也会永久保持其确定性和明白性。至于人类理性的第二对象——实际的事情——就不能在同一方式下来考究；而且我们关于它们的真实性不论如何明确，而那种明确也和前一种不一样。各种事实的反面总是可能的；因为它从不会包含任何矛盾，而且人心在构想它时也很轻便，很清晰，正如那种反面的事实是很契合于实在情形那样。”④ 从而，“一切推论都可以分为两类，一种推论是解证的（Demonstrative），是涉及于各观念的关系的，另一种推论是或然的，是涉及于实际的事实或存在的。”⑤ 推理的真理是必然的、普遍的真理，事实的真理是偶然的、特殊的真理。

在哲学史上，对分析命题和综合命题第一次做出真正区分的是德国哲学家康德。洛克、莱布尼茨与休谟的观点为康德关于分析命题和综合命题

① 莱布尼茨．人类理智新论：下卷．陈修斋，译．北京：商务印书馆，1982：423-424.

② 同①429.

③ 莱布尼茨．人类理智新论：上卷．陈修斋，译．北京：商务印书馆，1982：4.

④ 休谟．人类理解研究．关文运，译．北京：商务印书馆，1957：26.

⑤ 同④34.

的区分奠定了重要的基础。康德提出，一般而言，一切命题都可以区分为分析命题和综合命题。分析命题“通过谓词不给主词的概念增加任何东西，它只是把我们在主词中所已经始终思考着的内容（虽然是不清楚地）分析为那些构成分析命题的概念”。而综合命题“给主词概念增加一个我们在任何方式下都没有思考过的谓词，并且这个谓词不能用分析的方法从主词中抽引出来”①。分析命题是必然真的，而且其真实性是先验的，即无需经验事实来证明。这样，康德就把必然性和先验性一道赋予分析命题，即“先验必然命题”，而把偶然性和后验性一道赋予综合命题，即“后验偶然命题”。当然，康德还是允许有例外的情形，即他承认有“先验综合命题”。但这种例外后来被逻辑经验主义者摒弃，从而把康德对两类命题的区分绝对化了。由于康德对分析命题和综合命题的区分只适合那些具有主-谓结构的命题，并且主词包含谓词的“包含”具有隐喻的成分。于是后来分析命题和综合命题被更为清晰地表达为：一个命题是分析的，当且仅当，其真实性仅仅通过对其中所含词项进行语义分析便可确定，而无需根据经验事实；一个命题是综合的，当且仅当，其真实性必须依据经验事实加以确定。在此定义下，先验必然命题和后验偶然命题的划分仍然分别对应于分析命题和综合命题。例如，“一切物体都具有广延性”就是一个分析命题，也是一个先验必然命题；而“某些物体是有重量的”则是一个综合命题，也是一个后验偶然命题。这样一来，分析性、先验性和必然性是一致的，综合性、后验性和偶然性也是等同的。

长期以来，康德对分析命题和综合命题的区分，在现代分析哲学家中几乎被奉为无可置疑的公理，从罗素、维特根斯坦、逻辑实证主义者到日常语言哲学家都信守不渝，特别是逻辑实证主义者的鼓吹更为有力。逻辑实证主义者排斥了康德先验综合命题的存在，将其归并于分析命题。艾耶尔说：“一切真正的命题分为两类……前一类包括逻辑和纯粹数学的‘先天’命题，我承认这些命题之所以是必然的和确定的，仅仅因为它们是分析命题。……另一方面，涉及经验事实的一些命题，我认为是一些假设，它们只能是或然的，而永远不能是确定的。”② 石里克也认为，把判断分为分析的和综合的，这种划分是非常精确的，而且是客观有效的，它既不

① 康德. 任何一种能够作为科学出现的未来形而上学导论. 庞景仁，译. 北京：商务印书馆，1978：18-20.

② 艾耶尔. 语言、真理与逻辑. 尹大贻，译. 上海：上海译文出版社，1981：29.

依赖于做出判断的人的主观看法，也不依赖于这个人的理解方式。

二、蒯因对两类命题区分的批判

蒯因在《经验论的两个教条》中对分析命题和综合命题的这种区分做出了深刻批评。他把分析命题区分为两类，如（1）未婚男子不是已婚的。（2）单身汉不是已婚的。这两个命题虽然都是分析命题，但有所不同，（1）是逻辑真理，（2）不是逻辑真理。但（2）可以通过同义词替换变换成（1），而表达这个同义性的命题是：（3）单身汉是未婚男子。（3）的作用就是确定“单身汉”和“未婚男子”这两个词是同义的。据此，将（2）中的“单身汉”替换成“未婚男子”就变成（1）。

像（3）这样的命题，在日常语言中常常被称作定义。然而，这里又出现了一个问题，即我们依据什么把“单身汉”定义为“未婚男子”？如果说是词典，但词典编纂者实际上是经验科学家，他之所以如此定义，是根据经验确定的。在他编词典之前，人们已潜存着两词语的同义性关系，定义不过是他观察到的同义性经验的报道，当然不是同义性的根据。这样就导致一种恶性循环：“单身汉”和“未婚男子”的同义性是根据词典定义，而词典又根据经验确定，而人们的经验定义又似乎与另外一些相关语词的词典定义有关，而这些相关的词典定义又依据另外的经验，依此类推。由此，蒯因认为，（3）这样的同义性命题，其得以成立的依据是模糊不清的；既如此，由（3）决定（2）的分析性也是模糊不清的，这就使得分析命题和综合命题的区分也是模糊不清的。由此，蒯因宣布：“尽管有这一切先天的合理性，分析陈述和综合陈述之间的分界线却一直根本没有划出来。认为有这样一条界线可划，这是经验论者的一个非经验的教条，一个形而上学的信条。”①

一些学者认为，既然蒯因的批判打破了分析命题和综合命题之间的界限，那么逻辑真理和综合真理之间的区分也被打破了。他们认为，“尽管蒯因在批判经验论的两个教条时，暂时放过了逻辑真理，但他的最终结论是把逻辑真理包括在内的。这是因为：既然分析命题和综合命题的分界线是不可能划分出来的，没有任何经验内容或事实成分的分析命题根本不存在，逻辑和数学的真理因此也就不是如上所述的分析命题，不具有通常加

① 蒯因．经验论的两个教条//从逻辑的观点看．江天骥，等译．上海：上海译文出版社，1987：35.

给它的分析性，在经验的证据面前也是可修改的。”① “逻辑真理也同样具有经验性。”② 对于这些观点，我们认为他们误解了蒯因的论述，也误解了逻辑真理的本性。

蒯因的论证和分析有一定合理性，思维过程也较严密，但结论是不能接受的。他指明了以往对分析命题和综合命题的绝对区分存在严重的错误，区分标准是不合理的，分析命题和综合命题之间的区分是模糊不清的。不过，蒯因似乎走向了另一个极端，他把分析命题和综合命题的区分完全抹杀了，这似乎不太合理。因为，尽管逻辑实证主义者关于两类命题的区分标准被打破了，并不一定就表明两类命题之间没有区分。实际上分析命题和综合命题的区别是相当直观的，并不仅仅为逻辑实证主义所主张、所接受。普特南曾经指出：“蒯因明显是错误的，一些真理是分析的，另一些不是分析的。”③ 因为，在某些方面，蒯因的批评本身走得太远，实际上，有一些分析句还是可以保留的。特别是，作为分析命题的逻辑真理与综合命题的区分是明显的，逻辑真理作为真命题是独立于经验的，只与语法规则有关，逻辑真理只是一类逻辑普遍有效式而已，这一点蒯因似乎没有提及。尽管蒯因在分析过程中的矛头指向的是第二类分析陈述，即根据语义为真的分析陈述，似乎放过了第一类分析陈述——逻辑真理，但他的结论却没有放过逻辑真理，把作为分析命题的逻辑真理与综合命题之间的界限也抹杀了。正因为如此，蒯因的观点一开始就遭到了别人的批判，1956 年斯特劳森和格赖斯合作撰写了《捍卫一个教条》，指出蒯因的批判依赖于一个过高的清晰性标准，而这是不合理的。1966 年，齐硕姆在《知识论》中指出，蒯因的批评不足以得出结论：分析和综合之间的区别是站不住脚的。1979 年普赖斯特发表了《蒯因主义的两个教条》，对蒯因的批判进行反批判，并力求给出更合理的关于分析命题的定义。

不过，蒯因观点的提出无疑具有划时代的意义。他的批判在欧美分析哲学界激起了长达二十年的论战，使逻辑实证主义者在哲学上的缺陷暴露无遗。甚至有观点认为，正是蒯因的批判使得逻辑实证主义在 60 年代后期逐渐衰弱，这就是他对分析哲学的巨大贡献。有学者甚至认为，蒯因的《经验论的两个教条》这篇论文是“20 世纪哲学中最有影响的论文之一”，

---

① 陈波. 逻辑哲学导论. 北京：中国人民大学出版社，2000：207.

② 唐允. 论“逻辑真理”和“事实真理”. 社会科学辑刊，2004（1）：29.

③ Christian Nimtz. Analytic Truths—Still Harmless After All This Years. Grazer Philosophische Studien 66，2003：91.

树立了“一块哲学史上的里程碑”①。

三、对蒯因批判的一种回应

分析命题和综合命题的区分是存在的。因为在我们的知识中，存在着不依赖于经验而真的命题。可以不依赖于经验而真的命题，包括数学和逻辑的一些命题，就属于分析命题，这类命题都是根据自身而真的命题。比如，A→（B→A），无论A、B的具体内容是什么，对于其作为永真命题没有任何影响，这类命题的存在得到学界的公认。同样，也存在着依赖于经验而真的命题，比如，“水是H_2O”“黄金是原子序数为79的元素”都属于综合命题，这类命题的真实性要依赖于客观事实和客观规律。而那些约定俗成的命题，比如，“一米是多长”“一公里是多长”“任何单身汉都不是已婚的”，不依赖于经验，我们把它叫作定义命题。定义命题既不属于分析命题，也不属于综合命题。定义命题虽然与经验有一定关系，因为它们的约定属于实践中的约定，是为了实践而进行的约定，但是它们的真不依赖于经验事实，只是依赖于人们先验的约定。

所以，我们认为，命题有三类：分析命题、综合命题和定义命题。蒯因所批判的第二类分析命题就是定义命题，它们与分析命题有差异，与综合命题也有差异。但是，第二类分析命题不属于分析命题并不等于就没有了分析命题和综合命题的区分。蒯因的分析和论证反而使得我们对命题的分类认识更加清晰了。

第二节 先验偶然同一性命题

蒯因批判的是分析命题和综合命题的绝对区分。克里普克则对康德以来把“先验性”“必然性”“分析性”相等同，以及对“后验性”“偶然性”“综合性”不做区分的传统观点进行了尖锐的批评。克里普克认为“先验的”并不一定是“必然的”，“后验的”不一定是“偶然的”。克里普克指出，存在“先验偶然命题”和“后验必然命题”。他首先在《同一性和必然性》一文中主张后验必然同一性命题的存在，然后在《命名与必然性》

① 陈波. 蒯因的“两个教条”批判及其影响. 首都师范大学学报（社会科学版），2000（3）：84.

一书中又补充说，还存在着先验偶然同一性命题。他指出："先验性概念是一个认识论概念。……必然性概念……是形而上学概念。"[①] "'必然的'和'先验的'这两个词在用于陈述时就不是明显的同义词。"[②] 在他看来，既然我们认识到"必然性"和"先验性"并非两个外延相同的概念，必然命题和先验命题并不是不可分的，那就应当承认既可能有后验的必然同一性命题，也可能有先验的偶然同一性命题。这即是说，必然真理可以通过后验的方式发现，偶然真理也可能是先验地得知的。

一、"一米"等于"S在时间 t_0 时的长度"

克里普克从反面使用了维特根斯坦的"巴黎标准米尺"的例子来说明存在先验偶然同一性命题。他说："'棍子S是一米长'这个陈述是一条必然真理吗？当然它的长度随时间不同而可能变化。我们可以通过规定，一米就是在某确定时间 t_0 时S的长度。这样一来就使这一定义变得更加精确了。那么棍子S在时间 t_0 时是一米长就是一条必然真理了吗？那些认为人们所先验认识的任何事情都是必然的人可能会认为：'这是一米的定义。根据这个定义，棍子S在时间 t_0 时是一米长。这是一个必然真理。'但是在我看来，没有任何理由可得出这个结论，即使是对于使用上述关于'一米'的定义的人来说也是如此。因为他（维特根斯坦）对这个定义的使用并没有给出他称之为'米'的那种东西的意义，只是确定它的指称而已。"[③] 在这里，克里普克区分了给出一个表达式的意义和确定表达式的指称，它们都是定义形式，但是是不同的定义形式，有着不同的特征。当我们提供一个二选一的表达式或短语β时，我们在定义中给出了表达式α的意义，以至于α和β是同义的。"雌狐是母狐"是如此一个定义的实例。另一方面，当我们提供一个表达式或短语β时，这决定着该对象是α所指向的，我们在定义中确定了表达式α的指称。例如，如果我设定了一个温度系统，我可能确定"100℃"作为水在海平面上的沸点的温度。在这里，我通过确定指称提供了"100℃"的定义。在这两类定义之间有着重要的区别。当我们借助β给出了一个表达式α意义时，那么α是β将是必然的，像"雌狐是母狐"就是必然的。但是当我们通过确定指称给出一

① 克里普克. 命名与必然性. 梅文，译. 上海：上海译文出版社，2001：13-15.
② 同①17.
③ 同①33-34.

个定义时，那就不是必然的，就像“一米”的例子。

克里普克继续说道：“在短语‘一米’和短语‘在时间 t_0 时 S 的长度’之间也存在着某种明显的区别。第一个短语是要严格指示在所有可能世界中的某个长度，这个长度在实际世界中凑巧是棍子 S 在时间 t_0 时的长度。另一方面，‘在时间 t_0 时 S 的长度’则并不严格地指示任何东西。在一些非真实的情形下，如果对棍子施加各种压力和张力，它就可能变长或变短。”“在这个非真实的陈述和把一米定义为‘在时间 t_0 时 S 的长度’之间没有什么矛盾，因为如对这个‘定义’作适当解释，它就不是意指‘一米’这个短语与‘在时间 t_0 时 S 的长度’这个短语是同义的（即使是在谈论非真实的情形时也是如此），而是意指，我们已通过规定‘一米’是一个关于某个事实上正是在时间 t_0 时 S 的长度的严格指示词确定了‘一米’这个短语的指称。因此，这种做法并不能使 S 在时间 t_0 时是一米长这一点成为必然真理。事实上，在某些情形下，S 并不是一米长。因为一个指示词（‘一米’）是严格的，而另一个指示词（‘在时间 t_0 时 S 的长度’）却是不严格的。”[①] 可见，“一米等于 S 在时间 t_0 时的长度”是一个偶然命题。

由此可见，克里普克给出了两个理由表明“一米等于 S 在时间 t_0 时的长度”是一个偶然命题。其一，这是通过确定指称给出一个定义，所以该命题不是必然的；其二，“一米”是严格指示词，而“S 在时间 t_0 时的长度”是非严格指示词，所以该命题是偶然命题。

他接着又陈述了这个命题是一个先验命题。他说：“那么对于某个通过指称棍子 S 来确定米制的人来说，‘在时间 t_0 时棍子 S 是一米长’这个陈述的认识论意义是什么呢？这似乎就指他先验地认识了它。因为，如果他用棍子 S 确定‘一米’这个术语的指称，那么作为这种‘定义’的结果（这个定义不是一个缩写的定义或者一个同义的定义），他就是未经进一步研究而自动地知道了 S 是一米长。”[②] 由此，克里普克也论证了“一米等于 S 在时间 t_0 时的长度”是一个先验真理。所谓先验真理，在克里普克看来就是“那些独立于任何经验而被认识的真理”，也就是说这样的真理不依赖于任何经验的东西。或者说，一个对于 S 来说的先验真理就是这样一些陈述，这些陈述对于 S 来说是真的，并且这些知识对于 S 来说不

① 克里普克. 命名与必然性. 梅文，译. 上海：上海译文出版社，2001：34-35.

② 同①35.

依赖于任何经验的证据，如观察和经验等。最后，结合上面的论证，克里普克得出结论：在这个意义上，就存在着偶然的先验真理。

费奇指出："我们这里应该注意：克里普克区分两类定义的这个例子的要点在于帮助他的对摹状词的讨论，而不是提供一个先验偶然真理的说明。虽然这并不意味着克里普克没有把这个例子作为提供一个先验偶然真理的案例，克里普克在一个脚注中证明了他的主张是合理的。"① 克里普克在脚注中所说的是："但是，难道仅仅根据确定某个度量制，他就获得了关于这个世界的某种（偶然的）知识，认知了某种他以前从未认知的新事实吗？看来在某种意义上有理由认为，即使S是一米长是一个不可否认的偶然事实，他也不能认知这一点。因此，有可能对先验的都是必然的这个观点重新阐述，以便将它从这种反例中拯救出来。"② 应该说，费奇的这个看法是比较合理的，符合克里普克的本意。克里普克举出这个例子的目的首先在于说明摹状词理论的错误，其次当然也提供了一个先验偶然真理的例证。

克里普克在一个注释中还举了"海王星"的例子说明先验偶然同一性命题。"人们认为，海王星是造成其他几个行星运行轨道发生误差的行星。如果勒威耶③确实在尚未观察到这个行星时就称之为'海王星'，那么，他就是根据刚才提到的摹状词方式来确定'海王星'的指称的。在那个时候，他即使通过望远镜也无法看到这颗行星。在那个阶段，'海王星存在'和'某个影响其他几个行星运行轨道的行星存在于某个位置上'这两个陈述之间就存在某种先验的实质性的等同，并且像'如果有一些摄动是由某个行星造成的，那么它们就是由海王星造成的'这样的陈述也具有一种先验真理的意义。然而，这些陈述都不是必然真理，因为'海王星'是作为一个严格指示某颗行星的名称被引入的。勒威耶完全可以相信，如果海王星在一百万年之前就撞离它的轨道，它就不会造成任何这类摄动，甚至可能是由另一个客体来取代它而造成摄动的。"④ 从以上可以推知，"海王星就是那个影响其他几个行星运行轨道的、存在于某个位置上的行星"是一

① G. W. Fitch. Saul Kripke. Acumen Publishing Limited，2004：117.

② 克里普克. 命名与必然性. 梅文，译. 上海：上海译文出版社，2001：42.

③ 勒威耶（Urbain Le Verrier，1811—1877），法国天文学家，巴黎工艺学校天文教师，两度出任巴黎天文台台长。他于1846年8月31日用数学方法推算出了海王星的轨道并预告了它的位置，因此获得英国皇家学会的柯普莱奖章，还受到恩格斯的高度赞誉。他还研究过太阳系的稳定性问题和行星理论，编制了行星星历表。

④ 同②58.

个先验偶然同一性命题。因为，“海王星”是一个严格指示词，而摹状词“那个影响其他几个行星运行轨道的、存在于某个位置上的行星”是一个非严格指示词。在某个非真实情形中，可能由另一个客体来取代海王星而造成摄动。同样，在这个例子中也是通过确定指称给出“海王星”的定义，因此不是必然的。

二、对先验偶然同一性命题的合理性辩护

在克里普克看来，先验性是一个认识论概念。自康德以来，人们一般认为，先验真理是指那些独立于任何经验而被认识的真理。当然，克里普克指出，能够被先验地认识不一定必然被先验地认识。因为有些事物可能属于能够被先验地认识，但可能被某些人在经验基础上认识。他给出了一个常识性的例子：“每一个使用计算机工作的人都知道，计算机可以对一个如此这般的数是不是素数的问题给出一个答案。没有人计算或证明过这个数是不是素数，但计算机可以给出答案，这个数就是素数。如果我们相信这个数是素数，那么，我们是根据我们对物理规律和计算机构造等知识来相信这个答案的，而不是根据纯先验的证据来相信它的。我们是依据后验的证据来相信它的。尽管如此，也许有某个人能够通过必要的演算来先验地认识它。”① 克里普克继续解释说：“先验真理被假定为这样的真理，它能够独立于一切经验而被认知是真的。请注意，这句话本身没有提到所有可能世界，除非把可能世界也放到该定义中去。这句话所说的只是，它能够独立于一切经验而被认知到对于现实世界是真实的。也许，凭借某种哲学论证，从我们独立于一切经验知道某种东西对于现实世界是真实的，能够推出：它一定被认知到对于所有可能世界也是真实的。但如果要确证这一点，便需要确证这一点的哲学论证。现在，如果我们要把这个概念归属于某一个哲学分支，它不属于形而上学，而属于认识论。它与我们能够如何认识到某种东西事实上是真的方式有关。”② 一个命题先验地为真即是不依赖于经验而真。而且，克里普克认为，先验的只涉及现实世界，与可能世界无关。因为，经验不涉及可能世界，先验当然也与可能世界无关。

陈波对克里普克的先验性进行了批评，他说：“可以把克里普克对

① Saul A. Kripke. Naming and Necessity. Basil Blackwell Publisher，1980：35.

② 同①177.

'先验性'的上述理解定义如下：一命题是先验地可知为真的，如果：(i) 可以独立于有关现实世界的任何经验知道它为真；或者 (ii) 可以仅仅凭借'定义'(definition) 或者'规定'(stipulation) 知道它为真。我把如此定义的'先验性'记为'先验性$_K$'，即'克里普克的先验性'。我对其中的第二款 (ii) 有强烈质疑。举例来说，假如我规定'李四'指'中国银行现任行长'，那么，根据这个规定，'李四中国银行现任行长'自动就是真的，因而按克里普克的理解，它就是一个先验真理。但是，这个句子确实是一个真理吗？判断它的真假确实不需要参照任何经验吗？答案明显是否定的。这就表明，'定义'或'规定'并不是任意而为的，它们也需要某种根据，很多时候是经验的根据，也需要得到某种证成和认可。许多定义只不过是先前认识成果的浓缩和总结。因此，根据'定义'或'规定'为真并不就是'先验地为真'，先验性$_K$ 的第二款 (ii) 是很成问题的。"① 陈波对 (i)"可以独立于有关现实世界的任何经验知道它为真"没有异议，他的质疑主要是对 (ii)"可以仅仅凭借'定义'(definition) 或者'规定'(stipulation) 知道它为真"。我们认为，陈波的质疑是存在问题的。他认为很多"定义"或"规定"来自经验，并且给出了规定"陈博是某国现任总统"的例子。陈波的误解在两个方面：其一，关于定义或规定有两种情形，一种是纯粹规定的，比如逻辑和数学中的很多定义或规定。克里普克所给出的"先验性"的例子就是这个方面的，例如，"巴黎标准尺"。一种是后天经验得到的，比如自然科学中的很多定义或规定。其二，定义或规定也并不是随便就可以给出的，"陈博是中国现任总统"的例子从语义上看就是一个不恰当的例子。退一步说，"陈博是某国现任总统"如果作为一个仅凭定义或规定为真的例子，那么它就是一个先验命题，而陈波却认为这样的命题还需要根据经验确定为真，这样陈波的论证就自相矛盾了。因为既然是仅凭定义或规定为真，那就是先验命题，而要根据经验确定，那就是后验命题。

可以说，克里普克对先验偶然同一性命题的论证是合理的，理由是充足的。他通过两种途径来证明某些先验命题是偶然的。其一就是通过区分"给出一个表达式的意义和确定表达式的指称"两种不同的定义形式，论证了通过"确定表达式的指称"给出的定义不是必然的。"给出一个表达

① 陈波. 存在"先验偶然命题"和"后验必然命题"吗（上）. 学术月刊，2010 (8)：53-54.

式的意义”和“确定表达式的指称”两种定义方式确实有着本质的区别，前者是必然的，后者是偶然的，这是不容置疑的。其二是通过“‘专名是严格指示词，在所有可能世界中指称同一对象；而摹状词是非严格指示词，在不同可能世界，其所指是不同的”，来说明由专名和摹状词构成的先验同一性命题是偶然的。关于“严格指示词”有一些质疑，但是，我们认为，在《命名与必然性》中，严格指示词作为一种“自然的直觉”，作为一种推理过程中的意义公设，实际上是站得住脚的。

不过，陈波认为克里普克关于“巴黎标准尺是一米长”是偶然命题的这个论证是不成立的。陈波说法如下：“他（克里普克）论证说，巴黎的标准尺（记为S）在不同的时期、在不同的环境条件下（例如加热、加压，或者相反，降温、降压），会有不同的长度，而‘一米’却在所有可能世界中严格只指示某个确定的长度，比如说，这个长度在实际世界中凑巧是棍子S在时间 t_0 时的长度。因此，‘S是一米长’可以为假是偶然的。但是如果我们始终记住这样一点：巴黎标准尺为‘一米’提供定义和标准，那么克氏所说的这种情况就永远不可能发生，因为‘一米’的长度是由‘巴黎标准尺’规定的，因此，巴黎标准尺有多长，‘一米’就有多长；前者发生改变，后者就跟着改变；两者的长度永远保持同一。不可能出现这样的情形：前者在不同的情况下指示一个不同的长度，而后者却严格指示一个固定的长度，如此一来，‘巴黎的标准尺’还成为‘一米’的定度和标准吗?！如果‘巴黎的标准尺一米长’这个句子作为定义是先天的，那么它也就是必然的，而不可能像克氏所说的那样是偶然的，这个句子不能被用作‘先天偶然命题’的范例。”① 在2010年发表的《存在“先验偶然命题”和“后验必然命题”吗》一文中，陈波继续批评了“先验偶然命题”的观点。他说：“无论在何种意义上，句子‘棍子S在时间 t_0 时是一米长’都不可能既是偶然的又是先验的，它绝不可能是一个先验偶然命题！”②

这个看法确实指出了克里普克在论证中所存在的一个值得探讨的问题，那就是“一米”不可能在所有可能世界中严格指示一个相同的长度，因为我们要论证“巴黎标准尺是一米长”是一个偶然命题，就是因为这一长度在不同的可能世界中将发生变化。不过我们认为，这个看法显然是误

① 陈波．逻辑哲学．北京：北京大学出版社，2005：226.

② 陈波．存在“先验偶然命题”和“后验必然命题”吗（上）．学术月刊，2010（8）：57.

解了克里普克的意思。

我们认为，“一米”作为一个严格指示词，在这里并不因为它在不同的可能世界中指示一个相同的长度，实际上它不可能指示相同的长度——这一点克里普克是清楚的，而是因为“一米”是一个专名，因而是一个严格指示词。其实，克里普克在谈到“一米”严格指示在所有可能世界中的**一个确定的长度**时，还附加了一句**“这个长度在实际世界中凑巧是棍子 S 在时间 t_0 时的长度”**。可见，克里普克的“‘一米’指示**一个确定的长度**”，就他的意思而言，并不是一个在所有可能世界中都不变的长度，而是变化的长度，它随棍子 S 的变化而变化。一米的长度在不同可能世界中可能不同，但尽管它的长度不同，它都叫“一米”，是一个作为严格指示词的专名。就像一个人的名字是专名，比如“亚里士多德”这个名字，在每一个可能世界中，“亚里士多德”这个专名所指个体不可能在所有特性上是一样的，是要发生变化的。可能这个个体在一个可能世界中是哲学家，在另一个可能世界中是木匠，但是，不管如何变化，它都是亚里士多德。同样的道理，“一米”所指的长度要随可能世界而变化，但不管如何变化，它都是一米。由此，“一米”是一个严格指示词。可见克里普克的“‘一米’严格指示在所有可能世界中的**一个确定的长度**”，意思并不是指示“一个相同的长度”。

“一米”是一个严格指示词，而“巴黎标准尺在时间 t_0 时的长度”却是一个非严格的指示词。虽然“一米”的长度是由“巴黎标准尺”规定的，但“巴黎标准尺”在不同的环境条件下是不同的，例如加热、加压，或者相反，降温、降压，其长度会发生变化。因此，“巴黎标准尺”在不同的时间环境条件下是不一样的。也就是说，“一米”可能等于“巴黎标准尺在时间 t_1 时的长度”“巴黎标准尺在时间 t_2 时的长度”，如此等等。“一米”等于“巴黎标准尺”在哪一个时间的长度具有偶然性。所以，“巴黎标准尺是一米长”只是一个偶然命题。

因此，前述观点显然是误解了克里普克的论证，从而把“‘一米’严格指示在所有可能世界中的**一个确定的长度**”理解为这个长度在每一个可能世界中都是一样长的，忽视了“这个长度在实际世界中凑巧是棍子 S 在时间 t_0 时的长度”的说明。既然我们可以承认，亚里士多德这个个体在不同的可能世界中会发生变化，但它都可以叫“亚里士多德”，所以，“亚里士多德”是一个专名，在每一个可能世界中它严格地指示相同的个体（其实这个个体不可能在每一个可能世界中完全一样）。那么我们同样可以说，一米在每一个可能世界中虽然长度会发生变化，但都是“一米”，所以“一米”是一个专名，在每一个可能世界中它严格地指示**一个确定的长度**（这个确定的长度当然不可能在每一个可能世界中完全一样）。

否认“巴黎标准尺是一米长”是一个偶然命题的看法还存在一个根本的问题，那就是没有区分“给出一个表达式的意义”的定义和“确定表达式的指称”的定义，其实这两种给出定义的方式有着重要的区别。就像克里普克在文中指出的：维特根斯坦“对这个定义的使用并没有给出他称之为‘米’的那种东西的意义，只是确定它的指称而已。他用这个概念来确定指称。他想标示出某一段长度。他以某种偶然的特性来标示它，即有这么长的一根棍子。其他的人能以另一个偶然的特性来标示同一个指称。然而不管怎样，即使他用这个来确定他的长度标准，即一米的指称，他仍然能够说，‘如果在时间 t_0 时给这根棍子加热，那么在时间 t_0 时棍子 S 就不会是一米长了’”①。“给出一个表达式的意义”的定义应该具有必然性，因为这种对意义的概括不可能在每一个可能世界中发生变化。而“确定表达式的指称”的定义却是偶然的，因为这是以某种偶然的特性来概括这个指称，其他的人则能以另一个偶然的特性来标示同一个指称。所以，该论证混淆了“给出一个表达式的意义”的定义和“确定表达式的指称”的定义，把“‘一米’等于‘S 在时间 t_0 时的长度’”理解为“给出一个表达式的意义”的定义，其实这是一个“确定表达式的指称”的定义，因而该论证是错误的论证。其实，“巴黎标准尺是一米长”是个偶然命题是很直观的一个认识，选择如此的一根棍子作为一米长的标准其实就是一个偶然的事实，可能对这根棍子加热、加压，或者相反，降温、降压，其长度就会发生改变，甚至也可能选另外一根长度不同的棍子作为一米的标准。所以，“‘一米’等于‘S 在时间 t_0 时的长度’”是一个偶然命题是一件无可怀疑的事实。关于“海王星”的命题是一个偶然命题也是基于同样的理由，这里不再重述。

还有一种说法：“一个人可能有对于一个仅仅偶然存在的对象的先验知识吗？这部分依赖于一个人宽泛地还是狭义地使用‘先验的’这个词项。有些人用这个表达式意指这样的知识，即这种先验知识的获得没有任何外在的经验证据。一个人对于头疼的认识（也对个体存在）将作为一种先验知识，因为这种知识的获得没有任何外在的经验证据。其他的人用这

① 克里普克．命名与必然性．梅文，译．上海：上海译文出版社，2001：34.

个表达式去排除无论什么样的外在的经验证据，包括一个人自己内在状态的观察。克里普克用‘独立于任何经验’这个短语，但这实际上不可能实现。很明显一个人必定对于所有认识都有一些经验。……一个人不可能先验地认识：x存在假如x是一个偶然存在的对象。因为‘S在时间 t_0 时是一米长’这样的真陈述似乎依赖S的存在，不可能恰好这个陈述就被琼斯作为一个先验命题而认识。……现在许多哲学家，包括我，对于这样一个例子作为一个先验偶然真理的例子感到困惑。”① 这段话的意思大概是这样的，对于先验性至少有两种理解：一种理解为“先验知识的获得没有任何外在的经验证据”；一种理解为先验的即“排除无论什么样的外在的经验证据”。实际上，独立于任何经验的知识是不可能的，每一个人的认识多多少少都包含一些经验的内容。我们不可能对于一个偶然存在的对象具有先验的认识，所以，“S在时间 t_0 时是一米长”不可能被人，比如恰好被琼斯作为先验的认识。实际上这个观点就是否认“S在时间 t_0 时是一米长”是一个先验命题。

对于“先验的”这个词项的理解肯定有差异，但是，“S在时间 t_0 时是一米长”作为一个先验命题是不容置疑的。一个先验真理是独立于任何经验的，这不是相对于每一个人而言，而是相对于整个人类的认识而言的。琼斯有可能是经过测量而获得“S在时间 t_0 时是一米长”的认识吗？不可能。S是指“巴黎标准尺”，他怎么可能去测量而获得其一米长的经验认识呢？“S在时间 t_0 时是一米长”是一个意义公设，它不可能是通过经验而得。所以，对于每一个人，包括琼斯，“S在时间 t_0 时是一米长”都是一个先验真理。当然你可能在经验中知道一米是多长，但是不可能在经验中获得“S在时间 t_0 时是一米长”这样的认识，因为如果你不使用“巴黎标准尺”这个标准，怎么知道“S在时间 t_0 时是一米长”？

当然，克里普克关于“海王星就是那个影响其他几个行星运行轨道的、存在于某个位置上的行星”是一个先验偶然同一性命题的例子容易引起人们的误解。因为这个命题在我们一般看来属于后验命题，它是科学发现的结果。但是，我们要从克里普克的意义上理解这个例子。他说的是，“如果勒威耶确实在尚未观察到这个行星时就称之为‘海王星’……在那个阶段，‘海王星存在’和‘某个影响其他几个行星运行轨道的行星存在于某个位置上’这两个陈述之间就存在某种先验的实质性的等同，并且像

① G. W. Fitch. Saul Kripke. Acumen Publishing Limited，2004：118-119.

‘如果有一些摄动是由某个行星造成的，那么它们就是由海王星造成的’这样的陈述也具有一种先验真理的意义”①。也就是说，对于在那个预测的时候的勒威耶来说，这是一个先验的偶然命题，而非相对其他的人来说。勒维耶推测是因为存在一颗未知行星的引力作用，使天王星的轨道运动受到干扰，也就是天文学上所谓的“摄动”影响。他计算出这颗行星的轨道、位置、大小，然后请柏林天文台的伽勒寻找这颗未知的行星。1846年9月23日，伽勒依据勒维耶预言，只花了一个小时，就在离勒维耶预言的位置不到1度的地方，发现了一颗新的行星。后来这个新的行星被命名为海王星。自被发现以后，关于“海王星”的认识当然也就成为后验的了。

第三节　后验必然同一性命题

一、专名之间的同一性命题

关于同一性命题，弗雷格曾经进行过论证，为了说明“a=a”和“a=b”的不同认识价值，他指出，“=”（即同一）既不是两个名称所指称的对象之间的关系，也不是两个名称之间的纯粹约定性的关系，而是当两个名称在指称同一对象却具有不同意义时所保持的一种关系。他说：“由于相等涉及许多问题，而且这些问题并非十分容易回答，因此引起人们的思考。它是一种关系吗？一种对象之间的关系？还是对象的名字或符号之间的关系？我在《概念文字》中认为是后一种关系。……如果我们现在要把相等看作‘a’和‘b’的名字意谓的东西之间的关系，那么看来，如果a=b真，则a=b和a=a就不能是不同的。这里表达了一事物与自身的关系，并且是这样一种关系，即每个事物处于与自身的关系中，但没有事物处于与其他事物的关系中。a=b要表达的似乎是‘a’和‘b’这两个符号或名字意谓相同的事物，因此说的恰恰是这些符号；也陈述了这些符号之间的关系。但是，这种关系存在于名字或符号之间，仅因为它们指称或表示某种东西。……如果符号‘a’和符号‘b’仅仅作为对象（这里是通过形态），而不是作为符号相区别，就应该指：不是以它表示事物的方式相区

① G. W. Fitch. Saul Kripke. Acumen Publishing Limited，2004：117.

别；那么，如果 a＝b 是真的，则 a＝a 与 a＝b 的认识价值就会基本相同。”① 例如，“晨星＝晨星”和“晨星＝暮星”明显具有不同的认识价值，后者有意义地扩展了我们的知识，因为“晨星”和“暮星”的意谓相同，但意义不同。所以，“＝”所表达的是当两个名称在指称同一对象却具有不同意义时所保持的一种关系。

不过，克里普克不赞同弗雷格的观点。他认为，“应该把同一性看作是某个东西与其自身之间的关系”。“同一性或非同一性无非是一种最低程度的自反关系。”② 他还指出：“如果‘a’和‘b’是严格的指示词，那就得出：如果‘a=b’是真的，它就是一条必然真理。如果‘a’和‘b’不是严格的指示词，那么，虽然由‘a’和‘b’所指示的对象必然是同一的，对于陈述‘a=b’来说，也不能作出上述结论。”③ 因为“a”和“b”是严格的指示词，根据严格指示词的定义，在一个对象存在的所有可能世界中，“a”指称与它在现实世界中所指对象相同的那个对象，“b”也指称与它在现实世界中所指对象相同的那个对象。既然 a＝b 在现实世界中是真的，那么它在所有可能世界中也是真的，因此它就是必然的。克里普克还指出：“即使自然语言不包含任何严格的指示词，同一性也是一种内在的关系。……某些唯一的识别特性可以彼此偶然地吻合，但是对象却不能彼此‘偶然地同一’。”④ 克里普克为了说明这种同一关系的必然性，举出了专名之间的同一性陈述的例子。

在克里普克看来，“长庚星就是启明星”这样的命题是后验必然同一性命题的例证。因为，“长庚星”和“启明星”都是专名，是严格指示词，在每一个可能世界中都指称金星，在他看来，既然长庚星和启明星指的是同一个星体，那么在其他可能世界中它们不可能指两个不同的星体。因此，“长庚星就是启明星”就是一个必然命题。那么会不会出现长庚星事实上不是启明星的情形呢？克里普克指出：“让我们试着描述一种可能会出现的长庚星不是启明星的情形。这是很容易的。有人走来，称两颗不同的星为长庚星和启明星。这件事甚至可能发生在与我们引入‘长庚星’和‘启明星’这两个名称时通常所处的相同的条件下。但是，这难道就是长庚星不是启明星或者不成为启明星的情形吗？我看不是。……这个人不能

① 弗雷格．弗雷格哲学论著选辑．王路，译．北京：商务印书馆，1994：90-91.

② 克里普克．命名与必然性．梅文，译．上海：上海译文出版社，2001：86.

③ 同②3.

④ 同②4-5.

两次指着金星，一次称其为‘长庚星’，另一次称其为‘启明星’，就像我们刚才所做的那样。如果他这样做，那么‘长庚星’就是‘启明星’这种说法在这种情况中也就会是真的。他或许一次也没有指过金星——我们假定，当他指着他称之为‘启明星’的那个天体时至少有一次没有指金星。于是在这种情况下，我们当然可以是说，‘启明星’这个名称可能不是指启明星。我们甚至可以说，就在我们黎明时发现启明星的那个位置上，也可能发现启明星不在那个位置上的情况——可能有别的东西出现在那个位置上，甚至在某种情况中这种东西也会被称作‘星’。然而，这仍然不成其为‘长庚星不是启明星’的例子。……由于不可能有这样的例子，也只好假设长庚星就是启明星了。”① 克里普克还谈到了根本没有金星的情形，“有一个限定条件：当我说‘长庚星就是启明星’这句话是必然真的时候，我当然不否认可能有这样一种情形，其中根本就没有像金星那样的行星，从而也就没有任何长庚星和启明星可言。在这种情形下就出现一个问题，‘长庚星就是启明星’这个同一性陈述究竟是真的，还是假的，或者既非真的也非假的。如果我们接受最后一个选择，那么难道就因为‘长庚星等于启明星’这句话决不会是假的，而就成为必然的了吗，或者我们就应当要求必然真理在一切可能的世界中都是真的吗？我根本不考虑这样一些问题。如果我们希望谨慎一点，可以用条件句‘如果长庚星存在，那么长庚星就是启明星’来代替‘长庚星就是启明星’这个陈述句，并且谨慎地只把后者看作是必然的。不幸的是，这个条件句使我们陷入了存在的单一归宿问题之中，可是我此时还无法讨论这个问题。”② 也就是说，这个问题涉及存在问题，因而是无法讨论的。不过，当克里普克在讨论严格指示词的时候曾经指出，说一个指示词严格地指称一个对象，并不要求这个对象在每一个可能世界中都存在。

“长庚星就是启明星”，这是一个经验的事实，是天文学家在经验中发现的，所以这又是一个后验的命题。“第一，我们并不先验地知道启明星就是长庚星，除了经验别无其他方式可能找到这个答案。第二，之所以如此，是因为我们可以有一种其性质与我们已经有的证据无法区别的证据，并且根据这两颗星在天空中的位置来确定两个名称的指称，而无需要求这

① 克里普克. 命名与必然性. 梅文，译. 上海：上海译文出版社，2001：80-81.

② 同①87-88.

两个行星是同一个天体。”[①] 因此，“长庚星就是启明星”是一个后验的必然命题。

克里普克还举了“西塞罗就是图利”的例子来说明专名之间的同一性陈述是必然的。关于“西塞罗就是图利”这个例子，马库斯曾经进行过说明。她说，如果有人认为西塞罗就是图利，并且确实用“西塞罗”和“图利”这两个词来作为名称，他也就一定认为，他的这种信念是一条必然真理。不过，由于马库斯的观点没有给出有力的证明，因此“名称之间的同一性陈述是必然的”这种观点常常遭到驳斥。罗素还指出，两个名称是否具有同一个指称的问题决不会是任何经验的问题。克里普克认为：“首先，一个人的确可以用‘西塞罗’这个名称来指称西塞罗，也可以用‘图利’这个名称来指西塞罗，而不知道西塞罗就是图利。因此，看来我们并不是必然地和先验地知道，名称之间的同一性陈述是真的。但也不能由此得出下述结论，即被如此表述的陈述如果是真的，也只能是一个偶然真的陈述。这就是我在我的第一篇演讲中所强调的观点。人们极容易认为，如果你不能通过先验推理而知道某件事情，那么这件事就必定是偶然的，因为它可能会被证明不是如此。但是我仍然认为，这种想法是错误的。”[②] 这是因为名称是严格指示词，在所有可能世界中指示同一对象。由此，克里普克认为，“当名称之间的同一陈述确实是真的时，它就是必然地真，即使人们可能不是先验地知道它”[③]。

对“长庚星是启明星”作为一个后验必然同一性命题，萨蒙是这样说明的：“我们知道‘长庚星’和‘启明星’严格地指示相同的事物来自两个原因。首先，我们知道‘长庚星’和‘启明星’指示着一个并且是相同的事物；这陈述了一个天文学家的经验发现。其次，我们知道表达式‘长庚星’和‘启明星’是专名，是严格指示词；这陈述了一个单称的直接指称理论。值得注意的是，每一个明显的后验命题都是必然的这个结论。而这个结论仅仅是由指称理论，以及有关的同一性命题为真的这一经验的无争议的、一些基本的模态语义学和逻辑推导出来的。除了直接指称理论中已经包含的内容外，并没有特殊的包含模态的形而上学理论被涉及。”[④] 萨蒙的意思是，后验必然同一性命题与克里普克的直接指称理论是一致

① 克里普克. 命名与必然性. 梅文，译. 上海：上海译文出版社，2001：83.

② 同①79—80.

③ 同①86－87.

④ Natha U. Salmon. Reference and Essence. Prometheus Books，2005：80.

的，可以说是直接指称理论的产物。

一些人反对“专名之间的同一性陈述是必然的”观点，他们认为这样的一个推理是不能接受的：a=b→□(a=b)。主要原因是他们拒绝或反对严格指示词的观点，认为严格指示词假设了可能世界的形而上学，从而认为这是不可接受的。还有的人拒绝严格指示词，他们认为严格指示词假设了“跨世界同一性”概念，因而严格指示词是可疑的。

麦可·里恩（Michael Wreen）不同意“‘专名之间的同一性命题’是必然的”这样一个观点。他用“长庚星”和“启明星”的例子构造了一个论证来反对这个观点，论证的过程如下所述①：

(1)“长庚星”指示长庚星。

(2)“启明星”指示启明星。

(3)“长庚星”和“启明星”指示相同的对象。

(4) 长庚星是启明星。

(5) (1) 是偶然的。

(6) (2) 是偶然的。

(7) (3) 是偶然的。

(8) (3) 逻辑地等值于 (4)。

(9) (4) 是偶然的。

如果 (9) 是真的，那么“长庚星是启明星”是偶然的不是必然的，并且克里普克所坚持的具有相同指称的名称构成的同一性陈述是必然的是错误的。

这个论证是否正确，关键在于 (8)，即 (3) 逻辑地等值于 (4)。但 (3) 与 (4) 是逻辑地等值吗？对于这个问题，费奇进行了说明，首先，(1) 也可以理解为：(1＊) 即“长庚星”（就像被我们使用的那样）指示长庚星。然后他指出：“当然，我们用符号‘长庚星’指示金星是真的。我们不必这么做也是真的。这种情况也可能发生，即没有一个人曾经用符号‘长庚星’为金星取名字，结果我们从来没有用这个符号指称金星。所以，(1＊) 是偶然的。我们可以沿着 (1＊) 的思路解释 (2) 和 (3)，产生出的结果就是 (5) 到 (7) 是真的。但是当我们考虑 (8) 的时候，里恩论证的麻烦出现了，(3) 不再等值于 (4)，甚至在里恩所

① Michael Wreen. Proper Names and the Necessity of Identity Statements. Synthese 114: 319-335. Kluwer Academic Publishers, 1998.

限定的等值意义下（如，我们仅仅考虑那些世界，在其中符号存在并且金星存在）。而我们用符号‘长庚星’指示金星是真的，我们也用符号指称不同的轮船、我的狗，等等。当我们把（1）理解为（1＊）时，（3）和（4）之间的牢固的联系被打破了；它们是实质等值，但仅仅因为它们都是事实上的真。没有逻辑上的联系，因为有这样的可能性：（4）是真的，但（3）不是真的。……没有牢固的联系，就没有理由接受（8）。”①

其实，里恩的论证肯定是不正确的，（3）和（4）是不可能逻辑地等值的。（3）所阐明的是用符号给对象命名，而（4）所阐明的却是两个对象之间的一种实际关系。（3）属于元语言论断，而（4）属于对象语言论断。因此，二者之间并不是逻辑上等值的。

不过，费奇却认为，“长庚星是启明星”这样的论断是先验的，不是后验的。证明如下：

（1）名称“长庚星”和“启明星”是严格指示词。

（2）知识的对象是命题。

（3）如果 a 和 b 是有相同指称的严格的名称，那么［$a=b$］表达像［$a=a$］这样的相同命题。

（4）我们先验地知道“长庚星是长庚星”。

因此，

（5）我们先验地知道“长庚星是启明星”。

费奇继续说道：“如果当我们了解某事时我们所知道的东西是一个命题或一个真命题，那么我们如何表达这个命题并不麻烦。如果一个确定的被表达的句子我们知道它是一个先验命题，那么当被另一个句子表达的时候我们知道它是一个先验命题，因为我们知道作为先验的是命题不是句子。在这个基础上的一个可能的问题（4）长庚星是一个偶然的对象，但是就像上面提到的我们可以用‘如果长庚星存在，那么长庚星是长庚星’替换（4），并且避免了存在问题。”②

费奇这个论证的关键在于（3）“如果 a 和 b 是有相同指称的严格的名

① G. W. Fitch. Saul Kripke. Acumen Publishing Limited，2004：109. 根据需要，我们对序号做了改变。

② 同①110.

称，那么［$a=b$］表达像［$a=a$］这样的相同命题”。根据弗雷格的意见，（3）是不正确的。因为，“$a=a$ 和 $a=b$ 显然是具有不同认识价值的句子；$a=a$ 是先验有效的，根据康德，应该叫作分析的，而具有 $a=b$ 形式的句子常常十分有意义地扩展了我们的认识，并不总是能先验地建立起来”①。$a=a$ 和 $a=b$ 这样的句子，从外延上看是一样的，但是其涵义是不同的，因而它们具有不同的认识价值，是不能互换的。但是克里普克是不赞成弗雷格的观点的。他认为，“应该把同一性看作是某个东西与其自身之间的关系”。“如果‘a’和‘b’是严格的指示词，那就得出：如果‘a=b’是真的，它就是一条必然真理。”所以，从“专名是严格指示词，在不同的可能世界指示同一对象”这一前提出发，导致像“长庚星是启明星”这样的命题具有先验命题的嫌疑。费奇的论证表明了克里普克理论的一个缺陷。

对于这个问题，在《命名与必然性》序言中，克里普克做过辩护：“我认为，‘长庚星是启明星’这个句子有时能够被用来提出一个经验的问题，而‘长庚星就是长庚星’这个句子则不能做到这一点；我的观点表明，我没有把这两个句子看作是完全可以互换的。”② 不过，克里普克的辩护不能改变什么。尽管在现实中“长庚星”和“启明星”都指称金星，是天文学家经验观察的结果，但并不能摆脱“长庚星是启明星”具有先验命题的嫌疑。这主要源于他的先验的理论假设“专名是严格指示词，在不同的可能世界指示同一对象”以及他的基本观点“专名没有涵义，只有指称”。既然如此，“长庚星是启明星”与“长庚星就是长庚星”就基本上是一致的。

费奇还认为，自己的这个论证在精神上相似于索姆斯所提出的一个证明，结果表明（5）是正确的。③ 索姆斯认为在下面两个论断之间有重要的区别：

（4a）长庚星=启明星。

（4b）“长庚星=启明星”在我们的语言中表达一个真理。

根据索姆斯的看法，克里普克对于（5）是假的之论证，仅仅显示出（4b）不是先验地知道而不是（4a）先验地知道。索姆斯说：“命

① 弗雷格．弗雷格哲学论著选辑．王路，译．北京：商务印书馆，1994：90.

② 克里普克．命名与必然性．梅文，译．上海：上海译文出版社，2001：20-21.

③ G. W. Fitch. Saul Kripke. Acumen Publishing Limited，2004：110-111.

题（4b）是可能知道的仅仅是一个后验命题，但是关于是否（4a）是先验的这个问题没有明显的态度。克里普克想象世界的代理人并不知道他们用句子‘长庚星＝启明星’所表达的命题，理由很简单，他们用句子所表达的命题在它们的世界中是假的。但是这并没有表明我们用句子表达的不同的命题不被我们知道；也没有表明它不被我们独立于经验调查而知道。”① 根据索姆斯的观点，克里普克的想象世界仅仅能够证明（4b）不能被先验地认识，而没有表明（4a）不能被先验地认识。

（4a）和（4b）确实存在区别，（4a）没有被断定，可以说只是一个陈述或句子，而（4b）则是一个命题。这里涉及了知识和信仰的对象的问题。关于这个问题，克里普克没有做出说明，而是采取了回避的态度。他说：“而且，它表明，确定指称的方式与我们对所表达的句子的认识论态度有关。至于这一点怎样与这些句子表达了哪些‘命题’的问题相关，这些‘命题’是否是知识和信仰的对象以及一般说来，怎样在认识论的语境内看待名称等等，都是一些麻烦的问题。对于这些问题，我还没有什么‘正式的学说’，事实上，我还无法确保‘命题’这架机器会不会在这个范围内出故障。”② 这是克里普克同一性理论的不完全的方面，当然，要想在短短的三次演讲中把相关问题都说清楚是不可能的。

克里普克认为专名之间的同一性命题是必然的，论证依据主要是“专名是严格指示词，在不同的可能世界指示同一对象”。可是从这样一个理论前提出发，却使得像“长庚星是启明星”这样的命题具有先验命题的嫌疑，尽管“长庚星是启明星”在现实中是天文学家经验观察的结果。这是克里普克的观点必然付出的代价。

二、理论同一性命题和自然种类的一般陈述

在后验必然同一性命题的论证中，克里普克除了提出具有相同指称的专名构成的同一性命题，还提出了至少有两类其他的在语义上相似于包含专名的同一性命题。一种类型克里普克称为理论同一性，另一类是涉及自然种类名词的一般陈述。理论同一性是这样的命题：一个自然种类与一个科学种类相同一。这个种类的例子有“水是 H_2O”、“黄金是原子序数为 79 的元素”以及“热是分子运动”等。克里普克的涉及自然种类的一般

① G. W. Fitch. Saul Kripke. Acumen Publishing Limited，2004：111.

② 克里普克. 命名与必然性. 梅文，译. 上海：上海译文出版社，2001：21.

陈述是“光是光子流”和“闪电是放电”，也包括更多的诸如“猫是动物”的普通陈述。

“黄金是原子序数为79的元素”是一个典型的后验必然同一性命题。克里普克认为，黄金的原子序数是79，因而原子序数79这一内部结构就给出了黄金的本质。他用可能世界理论进行了论证。在任一个可能世界中某物质是黄金，当且仅当，它的原子序数为79。而我们最初用来识别黄金的标准，诸如颜色、质地等，都不是它的本质，我们会遇到另一种物质，它具有我们最初用来识别黄金的一切外貌特征，但却不是黄金，而是黄铁矿或假金。黄铁矿或假金之所以不被称作“黄金”，是因为它们并非原子序数79的元素。所以，“黄金具有原子序数79是这种物体本性的一个组成部分”。也就是说，原子序数为79的元素揭示了黄金的本质或必然属性。“黄金是一种原子序数为79的元素，这一点就是必然的而不是偶然的（我们还可以以同样的方式更进一步地研究颜色和金属特性是怎样从我们所发现的黄金这种物质中得出的。就这种性质是从黄金的原子结构中得出的而言，它们是黄金的必然性质，即使它们毫无疑问地不是“黄金”这个词的意义的组成部分，而且不是以先验的确定性来被人认识的）。”① “黄金是原子序数为79的元素”是一个必然命题，而且关于“黄金是原子序数为79的元素”的事实当然来源于我们经验中的发现，因而也是一个后验命题。

“水是H_2O”的陈述是克里普克提出的另一个后验必然真理的例子：“‘水是H_2O’这句话当然表达了一个发现。我们最初识别水是根据它对我造成的特有的感触、它的外貌特征或许还有它的味道（尽管它的味道通常可能是水不纯净的缘故所致）。如此实际上甚至存在着某种物质，它具有与水完全不同的内部结构，但在上述方面都与水相似，那么我们会说有些水不是H_2O吗？我认为不会这样说。我们倒会说，正如存在着假金那样，可能也会有某种假水；存在着这么一种物质，它尽管具有我们最初用来识别水的各种特性，但是它事实上却并不是水。”② 考虑不同的反事实情形，在其中，当我们固定名词“水”的意义但缺乏水的主要的物理结构时，我们遇到了很多具有我们所使用的特性的东西。我们将说如此的一种东西是水吗？克里普克认为，当然不。我们将称它为“假水”或某种相似

① 克里普克. 命名与必然性. 梅文，译. 上海：上海译文出版社，2001：103.

② 同①106. 文字有个别改动。

的东西。

“黄金是原子序数为79的元素”和“水是H_2O”这样的同一性命题与“长庚星就是启明星”这样的同一性命题有一点不同，后者是由专名构成的同一性命题，而前者是由一个自然种类的普通名词和一个科学理论的名词构成的。不过，普通名词与专名有一种很亲近的关系，它们都是严格指示词，在不同可能世界中指称相同的对象或种类。克里普克把普通的种类名词类似于普通专名。因此，理论同一性命题和专名之间的同一性命题具有很近的亲缘关系。萨蒙在谈到“水是H_2O”这个命题的时候指出，“关于水的陈述更少像‘长庚星是启明星’而更多像‘长庚星是太阳的第二个行星’”①。我认为萨蒙在这里似乎错了，“水是H_2O”是一个必然命题，而“长庚星是太阳的第二个行星”却是一个偶然命题，因为并非在每一个可能世界中长庚星都是太阳的第二个行星。实际上，“水是H_2O”更相似于“长庚星是启明星”这样的命题。因为，“水”、“长庚星”和“启明星”都是严格指示词，而“H_2O”虽然不是像“水”那样的严格指示词，但却揭示了水的本质特性，在每一个可能世界中水都是H_2O，实际上相当于严格指示词。因此，我们认为“黄金是原子序数为79的元素”和“水是H_2O”这样的同一性命题与“长庚星就是启明星”这样的专名之间的同一性命题有着很近的亲缘关系。

“猫是动物”这样的一个命题在克里普克看来是一个必然的真理。他设想在一种非真实的情形中，我们事实上碰到一些小精灵，当它们接近我们时，确实给我们带来了坏运气。我们认为这些精灵不是猫，只是一些外形像猫的精灵。我们可能发现，我们所有的实际的猫都是精灵。但是当我们一旦发现它们不是精灵时，那么猫的性质的一部分就在于：当我们描述一种到处都有这样的精灵存在的非真实的世界时，就必须说，这些精灵不会是猫。这将是一个包含装扮成猫的精灵的世界。虽然我们可以说猫可能被证明为精灵，某个种类的精灵。但假设这些猫事实上就是动物，那么任何猫形的但不是动物的存在物，在现实的世界中或在非真实的世界中就都不是猫。同样的道理甚至也适用于那些具有猫的外貌特征但又具有爬行动物的内部结构的动物。如果这种动物果真存在，那么它们就不会是猫，而是“假猫”。

克里普克关于“猫是动物”的必然性论证与他的“长庚星是启明星”

① Natha U. Salmon. Reference and Essence. Prometheus Books，2005：81.

的论证也有着惊人的相似。在其中，猫有可能被证明是精灵的意义相同于有可能证明长庚星不是启明星的意义。在“猫”的例子中，我们正在命名不同的精灵。因此，我们不能先验地知道“猫是动物”，这就必然要求一些经验的调查。另外，根据克里普克的观点，名词“猫”的引入在某些方面相似于一个专名的引入：“关于猫的最初概念是：那种类型的动物，根据范例可以在任何地方把这种类型识别出来。它们并不是某种根据任何定性的词典定义而识别出来的东西。”① “猫”这个词被引入去指称某种生物，而不是作为一些摹状词的同义词。因此，像专名那样的自然种类名词的意义并不是被发现在一些描述理论的说法中。“猫是动物”的陈述是一个后验必然真理的例子。它是必然真理因为在所有可能世界中猫都是动物。然而“猫是动物”这个事实是某种在对猫的经验调查之后才能知道的信息。克里普克关于像“猫”这样的一般名词的主张与普特南的观点是相同的，虽然他们都独立地得出结论。克里普克和普特南的关于一个给出的自然种类的科学发现对于该种类来说是本质的这一观点，常常被人们称作科学本质主义。②

克里普克讨论了一个涉及自然种类的普通名词的很宽范围的例子，除了“黄金”和“水”，还有“猫”“虎”“热”“光”“闪电”“疼痛”等。克里普克得出结论，通过对这些例子的讨论表明，普通的种类名词类似于普通专名：“我的论证含蓄地断定，某些关于自然种类、普通名词与专名之间具有比通常所认识到的更多的亲缘关系。这个结论肯定适用于各种关于种类的名称，无论它们是像‘猫’‘虎’‘金块’这样的可数名词，还是像‘黄金’‘水’‘黄铁矿’这样的物质名词。它还适用于描述某些自然现象的语词，例如‘热’‘光’‘声’‘闪电’，此外经过适当的加工大概还适用于一些相应的形容词，如‘热的’‘大声的’和‘红色的’。”③

克里普克还认为，自然种类的名词和专名之间的相似性，还在于对给予了自然种类的名词的意义的摹状词理论的拒绝，并且用一个历史因果的观点来取代。在他的对自然种类的名词“金”的讨论中，克里普克给出这样的说明：“更加重要的是，种名可以一环一环地传递下去，就像在专名的情形中那样，以至于许多很少见过和根本没有见过黄金的人也能够使用

① 克里普克. 命名与必然性. 梅文，译. 上海：上海译文出版社，2001：100.

② G. W. Fitch. Saul Kripke. Acumen Publishing Limited，2004：123.

③ 同①111-112.

这个词。它们的指称是由一根因果的（历史的）链条确定的，而不是由任何词项的用法决定的。”① 不过，克里普克指出，他并不试图去制定一个像专名那样的确切的关于自然种类的名词的指称理论。

三、基于先验前提的后验必然同一性命题

克里普克指出，后验的必然命题这个概念可能有些令人困惑，有些人可能会提出不同的意见：“你已经承认热可能被证明不是分子运动，黄金可能被证明不是原子序数为 79 的元素。在这方面，你还承认伊丽莎白二世可能被证明不是乔治六世的女儿，甚至是源出于我们所想到的那种特别的精子和卵子。这张桌子可能被证明是由泰晤士河水冻成的冰做成的。我猜想长庚星可能被证明不是启明星。那么当你说这样的不测事件的发生是不可能的时，你的意思可能是什么呢？如果长庚星被证明不是启明星，那么长庚星可能本来就不是启明星。对于其他情况来说也可能是同样的：如果这个世界可能被证明是另外的样子，那么它也许本来就是那种样子。否认这个事实就是否认自明的模态原理：由某种可能性所蕴含的东西本身必然地是可能的。……在你所喜欢的关于本质以及关于两个严格指示词之间的同一性的事例中，事情就不是这样的：黄金可能被证明是某种合成物，这张桌子可能被证明确实不是由木料制作的，更不是由人家给你的一块特定的木料制成的，这在逻辑上其实是可能的。”② 以上所阐明的是，既然这些事实可能被证明是另外的样子，那么这些命题怎么可能是必然的呢？这显然违背了自明的模态原理。

克里普克认为，我们可以把对这些反对者的一般回答表述如下：“任何必然真理，无论是先验的还是后验的，都不可能作相反的证明。可是，就某些必然的后验真理而言，我们可以说，在具有适当的定性同一性证据的情况下，一个适当的、相应的定性陈述可能是伪的。关于黄金可能被证明是一种复合物这样一条不严格不精确的陈述，粗略说来应当由下述陈述代替，即存在着一种具有最初被认为是黄金所具有的各种特性的复合物这一点在逻辑上是可能的。关于长庚星可能被证明不是启明星这样一条不精确的陈述，应当由本书前面提及的那种真实的偶然陈述来代替，即两个不同的天体在黎明和傍晚可能分别占据实际上由长庚星-启明星-金星所占

---

① 克里普克. 命名与必然性. 梅文，译. 上海：上海译文出版社，2001：116.

② 同①118.

据的那个位置。”① 一般来说，必然真理不可能被证明是相反的。不过，在具有适当的定性同一性证据的情况下，一个适当的、相应的定性陈述可能是伪的。克里普克还在脚注中进行了补充：“在这个意义上说，我自己在上面提出的某些陈述可能是不严格的和不精确的。如果我说‘黄金可能被证明不是一种元素’，那么我这样说是正确的；这里的这个‘可能’是认识论意义上的，并且表达了下述事实，即这个证据不能以先验的（笛卡尔式的）确实性来证明黄金是一种元素。当我说，黄金的元素性是被后验地发现的，我也是严格正确的。如果我说，‘黄金本来可能被证明不是一种元素’，那么我似乎是在形而上学意义上来意指这一点的，并且我的陈述可以接受正文中所提到的那种纠正。”② “可能”有两种情形，一种是认识论意义上的，一种是形而上学意义上的，二者不能被混淆，否则将产生混乱或误解。

最后，克里普克指出：“设‘R_1’和‘R_2’为等号两端的两个严格指示词。那么‘$R_1=R_2$’这个式子如果是真的，它也就是必然的。‘R_1’和‘R_2’的指称很可能分别由非严格的指示词‘D_1’和‘D_2’所确定。在长庚星和启明星的事例中，这些指称具有‘这个在傍晚（清晨）的天空中在如此这般位置上出现的天体’这样一种形式。因此，虽然‘$R_1=R_2$’是必然的，但是‘$D_1=D_2$’这个式子却很可能是偶然的，我们之所以常会错误地认为‘$R_1=R_2$’这个式子可能被证明为伪的，其根源即在于此。”③ 也就是说，以上对后验的必然命题这个概念感到困惑的根源是通过确定指称的摹状词的同一而造成的。“$R_1=R_2$”是必然的，但“$D_1=D_2$”却并不是必然的，因而造成了对后验的必然命题的怀疑。

在专名之间的同一性命题、理论同一性命题和自然种类的一般陈述是后验必然同一性命题的论证中，克里普克都依赖了一个重要的前提，那就是“专名是严格的指示词，在所有可能世界中指称同一对象”。

在他看来，像“长庚星就是启明星”这样的专名之间的同一性命题之所以是后验必然命题的例证，是因为“长庚星”和“启明星”都是专名，是严格指示词，在每一个可能世界中都指称金星，在他看来，既然长庚星和启明星指的是同一个星体，那么在其他可能世界中它们不可能指两个不

① 克里普克．命名与必然性．梅文，译．上海：上海译文出版社，2001：119-120.

② 同①120.

③ 同①120-121.

同的星体。

而理论同一性命题“黄金是原子序数为79的元素”和“水是H_2O”等之所以是后验必然同一性命题，也在于“专名是严格指示词”这一前提。克里普克认为，“黄金是原子序数为79的元素”和“水是H_2O”这样的同一性命题与“长庚星就是启明星”这样的同一性命题有一点不同，后者是由专名构成的同一性命题，而前者是由一个自然种类的普通名词和一个科学理论的名词构成的。但是，在克里普克看来，普通名词与专名有一种很亲近的关系，它们都是严格指示词，在不同可能世界中指称相同的对象或种类。克里普克把普通的种类名词类似于普通专名。他说：“我的论证含蓄地断定，某些关于自然种类、普通名词与专名之间具有比通常所认识到的更多的亲缘关系。这个结论肯定适用于各种关于种类的名称，无论它们是像‘猫’‘虎’‘金块’这样的可数名词，还是像‘黄金’‘水’‘黄铁矿’这样的物质名词。它还适用于描述某些自然现象的语词，例如‘热’‘光’‘声’‘闪电’，此外经过适当的加工大概还适用于一些相应的形容词，如‘热的’‘大声的’和‘红色的’。”① 因此，理论同一性命题和专名之间的同一性命题具有很近的亲缘关系，因为“自然种类的普通名词”和“科学理论的名词”都相当于专名。可见，理论同一性命题是后验必然同一性命题，也依赖于“专名是严格指示词”。

同理，自然种类的一般陈述“猫是动物”是后验必然同一性命题，也依赖了这一前提，因为“猫”和“动物”这样的种类名词也相当于专名。根据克里普克的观点，名词“猫”的引入在某些方面相似于一个专名的引入：“关于猫的最初概念是：那种类型的动物，根据范例可以在任何地方把这种类型识别出来。它们并不是某种根据任何定性的词典定义而识别出来的东西。”② “猫”这个词被引入去指称某种生物，而不是作为一些摹状词的同义词。因此，像专名那样的自然种类名词的意义并不是被发现在一些描述理论的说法中。

以上分析表明，克里普克关于存在后验必然同一性命题的观点是基于“专名是严格的指示词，在所有可能世界中指称同一对象”这样一个前提的。没有严格指示词，就没有后验必然同一性命题的成立。

那什么是“严格指示词”？在《同一性和必然性》以及《命名与必然

① 克里普克．命名与必然性．梅文，译．上海：上海译文出版社，2001：111-112.

② 同①100.

性》中，克里普克都做出了说明，前已详述，不再赘述。萨蒙在《指称和本质》一文中对严格性进行了分类，他提出严格性有三种类型。第一类严格指示词是“它就每一个在其中事物存在的可能世界指称相同的事物，在其中事物不存在的可能世界不指称任何东西”，这是所谓的持久的严格指示词，或仅仅是持久的指示词。第二类严格指示词是这样一种表达式，它在每一个可能世界指称相同的事物。我们称这类表达式为顽固的严格指示词或仅仅是顽固的指示词。顽固的指示词可能对是否它们的指称存在一个被给出的可能世界不敏感；它们在每一个可能世界中指示相同的事物，不管事物存在与否。最后还有一类强严格指示词。它是关于一个必然存在的严格指示词，也就是，如果它严格指示某个存在于每一个可能世界的事物。一个指示词是强严格的，当且仅当它既是持久的又是顽固的。

为什么“专名是严格指示词”？关于这一点，克里普克并没有给出充足的论证。在《命名与必然性》的序言中，克里普克认为那是一种自然的直觉，他说：“认为普通语言的名称是严格指示词这种自然的直觉实际上是站得住脚的。”① 在《同一性和必然性》中，他也指出：“如果我们对专名应用直觉检验，例如‘理查德·尼克松’这个专名，它将被直觉地证明是严格指示词。”② 由此看来，根据克里普克的看法，严格指示词作为一种自然的直观，是不需要证明的，因为它是一种严格的语义约定的结果。一些西方学者在谈到“严格指示词”时都指出这是一种语义约定。萨蒙指出：“‘严格指示词’这个短语是克里普克规定的，并且被广泛应用……”③ 哈奇指出：“名称同一于根据语法的严格指示词——其严格性是一个语义约定的结果的指示词，而不是某种模态真理的后承。”④ “严格指示词”这个概念是克里普克的一个创造，它指的是“一个表达式的一种语义特性”⑤。很显然，在《命名与必然性》中，“严格指示词”的成立并没有经过充分的论证，而只是一个先验的认识，一个不证自明的前提，这正是克里普克理论后验的必然命题成立的前提或出发点。所以，克里普克关于后

① Saul A. Kripke. Naming and Necessity. Basil Blackwell Publisher，1980：5.

② Saul A. Kripke. Identity and Necessity//M. Munitz（ed.）. Identity and Individuation. New York University Press，1971：176.

③ Natha U. Salmon. Reference and Essence. Prometheus Books，2005：32-33.

④ Christopher Hughes. Kripke：Names，Necessity，and Identity. Clarendon Press，2004：23.

⑤ Jason Stanley. Names and Rigid Designation//A Companion to the Philosophy of Language. Basil Blackwell，1997：555.

验的必然同一性命题的论证主要是基于先验前提的结果。后验命题的必然性依赖于一个先验的前提。

从“专名是严格指示词”的直觉出发，克里普克证明了后验必然同一性命题的存在，然而，“专名是严格指示词”只是一种自然的直觉，一个先验的前提，结果导致他的后验的必然命题具有先验的性质，因为他的“必然性”要依赖于“先验性”。这样一来，后验必然同一性命题的合理性就遭受到了重要挑战。

四、关于“水是 H_2O”的争论

在《命名与必然性》中，克里普克提出了存在后验必然同一性命题的观点。“水是 H_2O”就是一个后验必然同一性命题，因为它是在两个严格指示词之间的同一性陈述。“水”和“H_2O”都是严格指示词，在不同的可能世界中都指示相同的对象，因而是一个必然命题，但是“水是 H_2O”是科学家们的经验的发现，所以，这是一个后验必然同一性命题。

关于“水是 H_2O”是一个后验必然同一性命题的观点遭到了一些学者的强烈反对。“水是 H_2O”是一个涉及两个严格指示词的同一性陈述，并且是后验必然命题，该观点是克里普克的后验必然同一性命题的例子中最有争议的论证之一。海伦·史蒂文（Helen Steward）在 1990 年提出了一个反对观点，她想象我们发现了两种质子类型——普通质子和稀有质子-B。另外，当我们对其原子都有质子-B 的 H_2O 分子有一个广泛的专注时，我们有一种不透明的、粉红色的固体。她然后问道：“在这种情况下，‘水必然是 H_2O’的这种主张会发生什么情况呢？我们将继续坚持，所有的物质范围，从粉红色和不透明的到清澈的和无色的，化学构成是 H_2O 的实际是不同种类的水？肯定不是。肯定的是，对被质子-B 替换为普通质子所引起的宽范围变化的物质种类，我们将用不同的名称。”① 由此，海伦·史蒂文认为，“H_2O”不是严格指示词，因为它既能够指称水，也能够指称由质子-B 原子所构成的不透明的、粉红色的固体。

一个对史蒂文观点的反驳是，我们的名词“H_2O”并不指称主要由质子-B 原子构成的混合物，因而它并不指称粉红色的固体物质。史蒂文

① G. W. Fitch. Saul Kripke. Acumen Publishing Limited，2004：127.

预料到了这种反驳，她说："这种说法忽视了有描述的复杂性存在'H_2O'这样的名词中这样一个事实，那是一个化学结构的速记，不仅仅是一个任意的名称，以至于只要这个化学结构（两个氢原子和一个氧原子，按照水分子的特点在一种特别的方式上排列）保持完整，这个名词必须继续应用。"

费奇指出："'H_2O'这个表达式是一个化学公式，它本身带来一定数量的信息。因此，一种描述的复杂性与任何这样的公式相联系。但是，任何两个氢原子和一个氧原子的结合都被 H_2O 指称并不是接着发生的结果。例如，我们并不用 H_2O 去指示重水（它为'D_2O'所指称），它包括两个氢原子和一个氧原子，即使一定量的 D_2O 是我们的（纯的）水样品的总和。所以，我们有什么理由与史蒂文一起猜想'H_2O'这个表达式，在任何可能世界中指示由两个质子- B 氢原子和一个质子- B 氧原子构成的混合物？给出我们引入化学公式的方式，如果我们发现了质子- B，我们将在包含这种质子的混合物与不包含这种质子的混合物之间进行区分。但即使我们并不这样区分它们，给出并不存在质子- B 这样一种说法，我们的化学公式并不指称任何包含它们的混合物，因为我们的化学公式指称我们的化学种类。在一个略微不同的方式上提出这一点，我们的化学符号 O 指示普通的氧原子，而非质子- B 氧原子。"① 这里所说的是，两个氢原子和一个氧原子的结合都被 H_2O 指称并不是必然的，例如，我们并不用 H_2O 去指示重水，它也包括两个氢原子和一个氧原子，但它是被"D_2O"指称的。

所以，史蒂文的想法是不成立的。"H_2O"既指称水，也指称由质子- B 原子所构成的不透明的、粉红色固体的理由是不充分的。H_2O 只能指称水，而不能指称任何别的东西。

马克·约翰斯顿（Mark Johnston）也提出了一个对"水是 H_2O"的不同的意见。他认为"水是 H_2O"不应该被看作同一性命题，而只是其构成的命题，也就是说，"水是 H_2O"应该被看作"水由 H_2O 构成"。约翰斯顿给出的论证如下②：

(1) 水 $= H_2O$

接着约翰斯顿断定，

① G. W. Fitch. Saul Kripke. Acumen Publishing Limited，2004：127-128.

② 同①128.

(2) 如果水＝H_2O，那么水蒸气＝H_2O，并且雪＝H_2O

从（1）和（2）我们能够得出，

(3) 水蒸气＝H_2O 并且雪＝H_2O

很明显（3）是假的，因为它暗指水蒸气＝雪。所以，（1）和（2）必定是假的。但是，约翰斯顿认为，任何拒绝（2）的理由也是拒绝（1）的理由，因此，（1）是假的。由此，"水是 H_2O"应该被看作"水由 H_2O 构成"，不应该被看作同一性命题。

我们认为，以上的论证是不正确的。该论证把物质水与水的特殊状态水蒸气、雪等混淆了。"水"是"最简单的氢氧化合物，化学式 H_2O。无色、无味、无臭的液体，在标准大气压（101.325 千帕）下，冰点 0℃，沸点 100℃，4℃时密度最大，为 1 克/毫升"①。水有三种状态，即液态、气态和固态。"水＝H_2O"中的"水"是一般状态，也就是物质水。而"水蒸气""雪"只是水的一种特殊状态，我们可以说水＝H_2O，但决不能说水蒸气＝H_2O、雪＝H_2O，就像不能说"白马＝马"一样。所以，（2）是假的。

然而，约翰斯顿认为，我们可以用下面的真论断代替假的（2），仍然产生不能接受的结果：

(4) 水蒸气＝H_2O 在一种蒸汽的状态，并且雪＝H_2O 在一种粉末的状态。

当我们加上下面的前提时我们得到不可能接受的结果：

(5) H_2O＝H_2O 在一种蒸汽的状态

从（1）、（5）和（4）我们得到不能接受的结果：雪同一于水蒸气。同样，这个论证是不正确的。因为，我们既然不能接受（2），那么（5）也是不可接受的。"H_2O"是一个一般的种类，它怎么可能等于它的一种特殊状态呢？既然（5）也是假的，那就没有"雪同一于水蒸气"这个结论。

由此得到，马克·约翰斯顿所认为的"'水是 H_2O'不应该被看作同一性命题，而应该被看作'水由 H_2O 构成'"的理由是不充分的。

---

① 中国社会科学院语言研究所词典编辑室．现代汉语词典．第 7 版．北京：商务印书馆，2016：1224.

通过以上的分析，我们认为“水是 H_2O”的涵义就是“水 $=H_2O$”，“水”和“H_2O”的指称完全一致。这既符合克里普克的本意，也符合实际情况。“水”和“H_2O”作为两个严格指示词是不容置疑的。因此，“水是 H_2O”是一个后验必然同一性命题也是不可怀疑的。

五、后验必然同一性命题与休谟问题

17 世纪英国著名经验论哲学家休谟认为，归纳推理的概括结论或关于未来的预测是不能够证明的，概括或预测陈述的真是没有保证的。换句话说，归纳方法的成功是没有保证的。在其《人性论》第一卷（1739）及其改写本《人类理解研究》（1748）中，休谟最早对归纳推理的合理性提出了怀疑主义的论证，因此，人们将该问题称为“休谟问题”。

休谟的逻辑思想与其哲学观点紧密联系。他的哲学观点主要包括：（1）感觉印象是知识的唯一可靠的来源；（2）我们对感觉以外的任何东西，无论是物质实体还是精神实体一无所知；（3）怀疑我们获得必然知识的可能性。在他看来，逻辑的目的在于解释推理能力的原理和活动以及人类观念的性质。概念是由感觉得来的，与之是一致的。他把推理分为两种：一种是解证的，是涉及各观念的关系的；另一种是或然的，是涉及实际的事实或存在的。① 把知识分为关于观念关系的陈述和事实的陈述两种，前一种可以是不依赖于经验的必然真理，后一种不过偶尔是真的，依赖于经验。否定经验陈述不导致自相矛盾，比如：“否认太阳明天从东方升起”是可以接受的。由于人的知识达不到那种完全的确定性，人也没有关于事实情况的自明或确实的知识，因而，这里我们仅讨论或然性。

休谟认为，过去的经验只是给予我们直接的、确定的报告，只限于我们所认识的那些物象和认识发生时的那个时期，但是这个经验为什么可以扩展到将来，扩展到我们所见的仅在貌相上相似的物象，这是一个原则性的问题。② 概括地说，休谟提出了“由经验而得来的一切结论其基础何在”这样一个涉及归纳法有效性的问题。后人把这个问题叫作休谟的“归纳问题”，又称“休谟问题”。以下便是休谟的论证过程：为了否认归纳法的有效性，休谟从经验论立场出发，首先向归纳法的本体论前提——因果关系提出质疑，其中隐含对归纳推理合理性的根本质疑。他认为从原因到

① 休谟. 人类理解研究. 关文运，译. 北京：商务印书馆，1957：34.

② 同①33.

结果的转移不是借助于理性，而是完全来自习惯和经验。人们所感知到的，只是一个个孤立的感觉印象以及一个感觉印象跟随另一个感觉印象出现。“可是我们永远看不到它们中间有任何纽带。它们似乎是‘会合’在一块的，却不是‘联系’在一块的。”① 人们可能由于这种经验的重复出现而产生一种“习惯心理”，并因为其中一个现象的出现期待另一个现象的出现。“因此，习惯是人生的最大指导。”②

既然因果关系只是我们习惯的一种感觉印象，而感觉印象是知识的唯一来源，那么，我们当然无法知道是否存在着客观的因果联系。总之，休谟否认因果关系的客观必然性，这样我们根据归纳法当然也得不出普遍必然的结论。

为了否认归纳法的有效性，休谟还从两个方面提出了论证：(1) 从先验方面来说，归纳法的有效性不能在逻辑上得到证明。对于同一种原因，我们同样可以想象别的结果的可能性。这在逻辑上是不矛盾的。所以，归纳结论不能先验地从逻辑上证明为真，即其中不存在重言的逻辑蕴涵关系。(2) 从后验方面来说，归纳法的有效性也不能从经验上得到证明。他说，一切关于实际存在的论证都是建立在因果关系上的，只有依照这种关系来推理，我们才能超出记忆和感觉见证。而一切因果推理都是建立在经验上的，我们的一切经验都是从“未来将符合过去”即“自然的进程将一律不变地进行下去”这一假定出发的。

因此，相似的原因，在相似的条件下，将永远产生相似的结果。但休谟继续质疑说，关于自然齐一律的假定不可能获得逻辑的证明。因为假定一个根据过去经验得出的归纳结论在过去被证明为真，又以该结论去预言将来的结果，以后又根据观察实验证实该结论是成立的。这样从表面上看证明了该归纳结论在过去和将来为真，然而，事实是在上述证明中已暗含了“将来将符合过去”的假设，而这一假设作为一归纳结论恰恰是有待证明的。所以休谟认为，我们通过归纳法得知归纳法迄今是有效的，这显然是一循环论证。

休谟的论证“揭示了人类理性能力的弱点或狭隘范围”，他的论证主要是针对因果关系的，其中包含一个对归纳推理合理性的怀疑主义论证。另外，“休谟问题”并不是针对某一种归纳形式的，而是针对一切归纳推

① 休谟．人类理解研究．关文运，译．北京：商务印书馆，1957：68.

② 同①43.

理和方法的。这样，我们的科学知识也便失去了合理的根据，人类的认识能力及限度也就存有疑问了。因此，休谟的诘难是深刻的和根本性的。

那么，根据休谟的看法，一切经验的科学命题就只能是或然的，而不可能是必然的。真的如此吗？克里普克以他独有的方式论证了后验必然同一性命题的存在，无疑是对“休谟问题”的一个回应。当然，他主要论证的是后验的同一性命题的必然性。

在克里普克看来，像“长庚星就是启明星”、“黄金是原子序数为 79 的元素”和“水是 H_2O”这样的同一性命题是后验必然命题。首先，这三个命题都是经验命题，因为它们都是科学家科学观察或实验的结果。其次，它们都是必然命题。其中，“长庚星就是启明星”中的“长庚星”和“启明星”都是严格指示词，它们在一切可能世界中都指示同一对象，既然如此，那么，在所有长庚星和启明星存在的可能世界中，长庚星都是启明星。因此“长庚星就是启明星”是一个必然命题。而“黄金是原子序数为 79 的元素”和“水是 H_2O”这两个命题，其中“黄金”和“水”是严格指示词，“原子序数为 79 的元素”和“H_2O”分别揭示的是黄金和水的本质，也就是黄金和水的必然属性。所谓本质属性，在克里普克看来是在一切可能世界事物都具有的属性。所以，“黄金是原子序数为 79 的元素”和“水是 H_2O”也是必然命题。此外，克里普克还论证了“猫是动物”、“热是分子运动”和“闪电就是放电”等后验必然命题。这样一来，实际上就为人们的经验科学知识的普遍必然性提供了一个形而上学的论证，这一论证无疑在认识论领域掀起了一场革命。因此，有学者指出：“显而易见，若他的立论成立，在人类知识论方面将产生重要的、基础性的变革”①。

当然，克里普克关于“后验必然同一性命题”的论证是依赖于“严格指示词”和他的本质主义观点的。前面我们已经论证“严格指示词”的观点是合乎自然的直觉的，克里普克的本质主义观点也是合理的。因此，后验必然同一性命题的观点是成立的。

因而，我们认为，克里普克的后验必然命题的观点可以说是对“休谟问题”的一个回应，或一个解答的尝试，它回答了有些经验命题是具有普遍必然性的，而且这种回答是基本合理的。尽管有人怀疑严格指示词的合理性，但是我们认为，克里普克证明后验必然命题的方法对我们解决“休谟问题”是有重要启示的，它告诉我们，对“休谟问题”的解决要有新的

① 徐友渔.“哥白尼式”的革命. 上海：上海三联书店，1994：315.

方式和思路，要另辟蹊径。或者说，“休谟问题”只能从某个立场上、某种设定的前提下去解决，只能是一种相对的解决，而不可能找到一种解决“休谟问题”的一劳永逸的方法。归纳法在逻辑上是不成立的，通过归纳所得到的结论在逻辑上也是不可证的，因此，想在逻辑的框架内解决归纳问题是不可能的。概率论、证伪主义、演绎归纳主义等方法，在客观上促进了对归纳的研究，但其解决方案都是行不通的。不过，尽管通过归纳所得到的结论在逻辑上并不必然成立，但有些认识在实际生活中却是不可怀疑的。例如，“水是 H_2O”“原子序数为 79 的元素”等在实际生活中却是必然的。

于是，克里普克从可能世界的视角出发，借助于严格指示词的直觉，证明了专名之间的同一性和理论同一性等经验命题都是必然的。不过，由于是借助严格指示词的先天直觉，使得专名之间的同一性和理论同一性等经验命题的必然性是建立在“先天性”的基础之上的。

六、后验必然同一性命题与康德的先天综合命题

康德批判哲学的中心任务是要解决知识的问题、认识论的问题，即解决知识的普遍必然性问题。康德以前，在认识论的问题上有两种观点，即唯理论和经验论。唯理论认为，我们的一切知识都是先验的、不证自明的，或根据不证自明的公理演绎出来的。经验论认为，我们的一切知识都来源于经验，具有或然性。前者不能给我们增加新知识，而后者不具有普遍必然性。特别是，休谟对归纳逻辑的本体论基础——因果关系进行了详细的考察，认为因果关系不具有普遍必然性，因为经验无法提供这样的证明。既然因果关系不具有普遍必然性，那么，建立在其上的归纳推理是不能够成立的。休谟还证明了归纳推理本身在逻辑上得不到证明。因此，在逻辑上我们没有理由说我们能够从过去的事例推出今后的事例，也就是说归纳推理从前提过渡到结论，从个别过渡到一般，即归纳推理的合理性问题，不仅在经验上得不到证明，而且在逻辑上也得不到证明。归纳问题的结果表明经验事实命题无法获得普遍必然性的特点。

休谟对归纳的质疑给康德以深刻的影响。康德认为，“对于这一科学的命运来说，它所遭受的没有什么能比休谟所给予的打击更为致命”①。

① 康德．任何一种能够作为科学出现的未来形而上学导论．庞景仁，译．北京：商务印书馆，1978：6.

的确，休谟给予科学沉重的打击，他使得科学知识大厦摇摇欲坠。不过，休谟的观点却给康德以很大的启示，他说："休谟并没有给这一类知识带来什么光明，不过他却打出一颗火星，如果这颗火星遇到一个易燃的火捻，而这个星星之火又得到小心翼翼的护养并且让它着起来的话，从这个火星是能得出光明来的。""我坦率地承认，就是休谟的提示在多年以前首先打破了我教条主义的迷梦，并且在我对思辨哲学的研究上给我指出来一个完全不同的方向。"①

作为一个思想深邃的哲学家，康德并不是一般地看待"归纳问题"，而是从认识论的角度进行了深入的批判考察，他肯定休谟对归纳有效性的质疑，认为经验并不能使我们得到具有普遍性、必然性的知识。但是康德反对休谟从经验材料出发，通过对归纳法的否证而否认科学知识普遍性、必然性的观点，他坚信，科学知识是具有普遍必然性的。为此，康德提出，一般而言，一切判断都可以区分为分析判断和综合判断。分析判断是指"通过谓词不给主词的概念增加任何东西，它只是把我们在主词中所已经始终思考着的内容（虽然是不清楚地）分析为那些构成分析命题的概念"。而综合判断是指"给主词概念增加一个我们在任何方式下都没有思考过的谓词，并且这个谓词不能用分析的方法从主词中抽引出来"②。康德还把判断分为"先天的"和"后天的"两大类。这样一来，康德把"先天的"和"后天的"与分析判断和综合判断组合，就得到了四类判断，即先天分析判断、后天分析判断、先天综合判断和后天综合判断。后天分析判断是不可能成立的，先天分析判断不能提供新知识，后天综合判断都不具有普遍必然性。这样一来，只剩下先天综合判断，也就是先验综合命题。康德认为，唯理论者和经验论者都没有注意到先验综合命题，提出先验综合命题是他的独创，他认为这类命题值得我们高度重视，因为所有科学知识的命题都是先验综合命题，既具有普遍必然性，又是从经验中得来的。康德证明了数学、自然科学、形而上学命题是先验综合命题。

康德认为，数学命题是先天命题，因为真正的数学命题都带有普遍必然性。例如"7＋5＝12"这个命题是普遍必然的，在任何时候、任何地方，7 加上 5 都必然等于 12，而不是其他什么数。同时，数学命题又是综

---

① 康德. 任何一种能够作为科学出现的未来形而上学导论. 庞景仁，译. 北京：商务印书馆，1978：6，9.

② 同①18，20.

合命题，“数学在命题里必须超出概念达到与这个概念相对应的直观所包含的东西，因此，数学命题都是综合的，永远不能、也不应该通过概念的解析（也就是通过分析）来得到”①。从 7 和 5 中，怎么分析也分析不出 12 来，只有借助直观即 7 个具体事物加 5 个具体事物，才能得到 12，因此，数学命题是先天综合命题。自然科学知识也是综合命题，自然科学知识表现为一系列范畴所构成的规律，规律本身就具有普遍必然性，因而自然科学知识是先天的知识。同时自然科学知识不是依靠分析而得出的，而是依靠经验，它的命题只能是综合的。既然自然科学知识既是先天的，又是综合的，因而是先天综合命题。真正的形而上学命题全部是综合命题，根据康德“形而上学命题只管先天综合命题，而且只有先天综合命题才是形而上学的目的。为此，形而上学固然需要对它的概念，从而对分析判断，进行多次的分析，但是所用的方法和在其他任何一个知识种类里所用的方法没有什么不同，即只求通过分析来使概念明晰起来。不过，不单纯根据概念，同时也根据直观，来产生先天综合知识，以及最后，当然是在哲学知识上，产生先天综合命题，这才做成形而上学的基本内容”②。因而，真正的形而上学命题也是先天综合命题。康德在论证了数学、自然科学、形而上学命题是先天综合命题后，继续把问题向前深入，提出：先天综合命题如何可能？

康德认为，数学的先天综合命题是依赖于经验的，而经验只能给数学知识提供“原料”，经验本身不能使数学的先验综合命题成为可能，要使先验综合命题成为可能，还必须借助先验的直观形式：时间和空间。这两种先验的直观形式，是不包含任何经验成分的，所以是“纯直观”，它们完全是人脑所先天固有的，是经验之所以可能的前提条件，数学的先验综合命题之所以可能，是先天的直观形式（时间和空间）对经验材料进行整理的结果。数学知识就是先天的直观形式同后天经验相结合而产生的。

在康德看来，在人们的头脑中有一种先天的、非来自经验的“知性”范畴，这种知性范畴能够为感性对象（“自然”）确定规律。他认为通过感性在人们心目中形成的感性对象是孤零零的，它们之间本来没有什么联系，只是由于人们用心目中的先天范畴去思维它们，给予综合联结，才使

① 康德．任何一种能够作为科学出现的未来形而上学导论．庞景仁，译．北京：商务印书馆，1978：23.

② 同①26.

感性对象之间有联系地带上了规律性。例如，“太阳晒石头，石头热了”。感性只告诉我们这两件事实之间有何关系，当我们用先天的因果范畴去思考这两个感性对象时，就能够把两件经验的事实结合起来，得出“太阳晒热了石头”这样的先天综合命题，使经验事实带有普遍必然性。康德认为，“知性”范畴是对感性对象进行综合联结的基本思维形式，它同时间、空间等直观形式一样都是人心所先天固有的。正是这种先天的认识能力同经验对象相结合，才使自然科学的先天综合命题成为可能。

当康德论证形而上学的先天综合命题如何可能时，却遇到了困难，因为形而上学的对象不同于数学和自然科学的对象，是自在之物，即自由意志、灵魂和上帝。“自在之物”是现实世界没有的，无法通过经验被人们认识。理性这种先天的认识能力，想抛开经验，超越“现象世界”去认识“自在之物”，它本身又没有别的工具，只能请“知性”范畴来帮忙。可是“知性”范畴只能应用于“现象世界”，不能应用于“自在之物”，当理性硬要知性范畴去认识它无法认识的“自在之物”时，就必然出现“二律背反”，陷入谬误推理或自相矛盾之中。这样一来，康德通过对形而上学先天综合命题的论证，把旧的形而上学给否定掉了。

康德以后，逻辑实证主义者抛弃了康德的先天综合命题，把一切命题区分为分析命题和综合命题，认为二者之间是不可跨越的，并且认为“先验性”“必然性”“分析性”相等同，“后验性”“偶然性”“综合性”也是同一的。这实际上是休谟观点“经验科学命题无法成为普遍必然性的命题”的继续。蒯因在《经验论的两个教条》中，打破了分析命题和综合命题的绝对区分，但没有就经验科学命题的必然性给出论述。而克里普克却论证了具有同一性关系的后验命题具有普遍必然性。

克里普克的后验必然同一性命题和康德的先天综合命题在时间跨度上将近两百年，前者的提出是20世纪六七十年代，后者是在18世纪七八十年代提出的，但二者有着相同的理论缘起，都源于“休谟问题”的提出。康德以前，休谟归纳问题的提出，表明经验事实命题无法获得普遍必然性的特点，而这是康德所绝对不能赞同的，因为，休谟的做法使科学知识大厦摇摇欲坠。康德坚信，科学知识是具有普遍必然性的。正是为了解决经验科学知识具有普遍必然性，康德提出了先天综合命题，并进行了详细系统的论证。克里普克的后验必然同一性命题的提出，也可以说是缘起休谟。因为从休谟开始，实际上两类命题之间就有了明确的界限，到20世纪的逻辑实证主义者那里，两类命题之间更是形成了绝对的区分，具有不可逾越的鸿沟。克里普克之前，蒯因在《经验论的两个教条》中猛烈抨击了分析命题和综合命题的绝对区分，打破了两类命题之间的绝对界限，这就为克里普克观点的提出铺平了道路，克里普克从而提出了后验必然命题的观点。

康德的先天综合命题的提出，最根本的是为了建立一种科学的形而上学，从而解决科学知识的普遍必然性问题；克里普克的后验必然同一性命题也是为了论证经验科学命题具有普遍必然性，并为其提供形而上学的基础。梯利指出："康德的目的首先在于反对'怀疑论者'休谟，表明人能够在数学和物理学中取得知识。"① 克里普克的后验必然同一性命题的提出，一方面是批判传统的认为后验命题都是偶然的观点，更为重要的是为了证明经验科学命题具有普遍必然性。他认为，分析传统只承认先验的逻辑必然性，将经验科学命题看作只有或然性、偶然性，这是错误的，"必然"与"偶然"不只是逻辑模态，也是实在事物本身的模态，全部科学知识都是对实在事物的必然性与本质的认识。在书中，他大量列举了表达科学理论同一性陈述的命题，比如"水是 H_2O""黄金是原子序数为 79 的元素"等，都表明他的后验必然同一性命题的重要目的——证明后验的经验科学命题具有普遍必然性。

不过，克里普克论证后验必然同一性命题的方法和康德证明先天综合命题的方法有重大的差别。康德对先天综合命题的证明主要借助的是先验唯心主义的方法，依靠的是先天的直观形式"时间和空间"以及所谓的先天的"知性"范畴。时间、空间不是实在的，也不是为事物所有的真正的性质或关系，它们是感性理解事物的方式，是感觉的形式或形态，是人头脑中所固有的先天的认识形式，通过它们，我们可以在数学中获得普遍必然性的知识。先天的"知性"范畴同时间、空间等直观形式一样都是人头脑中所先天固有的。正是这种先天的认识能力同经验对象相结合，才使自然科学的先验综合命题成为可能。"康德认为一切知识都从经验开始，但它并不局限于经验。我们的一部分知识是由认识能力本身造成的，这部分知识具有先天的性质。经验的知识是个别的，因而是偶然的，先天的知识则是普遍的和必然的。"② 但克里普克却不同，他以可能世界语义理论作为论证的背景，通过"专名是严格指示词，在所有可能世界中都指称相同

① 梯利. 西方哲学史. 葛力，译. 北京：商务印书馆，1995：448.

② 温纯如. 认知、逻辑与价值：康德《纯粹理性批判》新探. 北京：中国社会科学出版社，2002：299.

的对象”来证明科学理论命题是后验必然命题，具有普遍必然性。克里普克的方法是新颖的，借助的是现代逻辑的方法和手段，具有更广阔的视界，而康德借助的却是纯粹思辨的方法，过分夸大了先验主观的一面，是一种先验唯心论的观点。

当然，康德对“先天”的理解和克里普克对“先验”的理解有一点不一样，在康德那里，“先天的”主要指先天固有的、与生俱来的，比如，先天的直观形式“时间和空间”以及所谓的先天的“知性”范畴。而克里普克的“先验的”指的是不依赖于经验的。

康德的先天综合命题的观点也是克里普克观点的理论出发点，在《命名与必然性》中克里普克多次提到康德的观点。他指出：“每个人可能（有一点）记得康德，记得他在‘先验的’和‘分析的’之间做出的区分。因此这个区分目前或许有人仍然坚持着。在当代的讨论中，即使有人在先验陈述和必然陈述之间做出某些区分，这样的人也是很少的。无论如何，我在这里不会互换地使用‘先验性’和‘必然性’这两个术语的。”①

但克里普克对科学真理后验性和必然性的论证却是从对康德关于命题可以分为分析命题和综合命题的反对开始的，“《命名与必然性》复兴了传统的从物必然性的思想，是对康德的分析和综合的区分以及逻辑经验主义者的挑战。”② 克里普克对后验必然同一性命题的论证既反对康德的先天综合命题，也反对逻辑经验主义者认为科学没有必然命题的主张。克里普克认为科学命题是后验的，康德却赋予科学命题先验性。克里普克认为：“康德显然坚持，如果一个命题被认为是必然的，那么知识的样式就不仅可能是先验的，而且必定是先验的。与此相反，人们可以通过咨询计算机或者甚至询问一个数学家而后验地知道一个数学真理。”“我应当提到，如果通过咨询计算机可能知道数学定理这一点是对康德的唯一反驳，那么康德仍然有理由认为：（1）每一条必然真理都是可以先验地被认识的；或者，以较弱的方式表述；（2）每一条必然真理如果被认识，就必定是可以先验地认识的。（1）和（2）都包含关于先验知识的可能性的模糊观念；然而，我通过把这个观念限制为标准人类的先验知识而对这个观念进行了澄清，在正文中反驳了（1）和（2）。”③ 可见，克里普克的后验必然命题

① Saul A. Kripke. Naming and Necessity. Basil Blackwell Publisher，1980：34.

② Introduction. Grazer Philosophsche Studien，66，2003：2.

③ 同①159－160.

尽管与康德的先天综合命题有相同的理论缘起和目的，但却是反对先天综合命题的。

当然，康德的先天综合命题和克里普克的后验必然同一性命题都没能解决经验知识的普遍必然性问题。康德的证明方法属于先验唯心论的方法，依靠先验的直观形式“时间和空间”以及所谓的先验的“知性”范畴，随着非欧几何和相对论的建立，康德的先天综合命题观点的基础被摧毁了。[①] 克里普克的后验必然同一性命题也没有从根本上解决经验科学知识命题的普遍必然性的问题，因为他所证明的只是部分经验科学知识命题的普遍必然性，而且这种证明是建立在“严格指示词”的直觉之上的。因此，关于经验科学知识命题如何才能具有普遍必然性的问题仍然将是分析哲学中的一个重要话题。不过康德的先天综合命题和克里普克的后验必然同一性命题的提出对于解决休谟问题依然有一定启示。

第四节　先验偶然同一性命题和后验必然同一性命题：对经验论传统的颠覆

一、克里普克的观点与蒯因批判的关系

自康德特别是逻辑经验主义者以来，人们把命题分为两类，即先验的、分析的、必然的和后验的、综合的、偶然的，它们之间存在着不可逾越的鸿沟，并且“先验性”等同于“必然性”和“分析性”，“后验的”就是“偶然的”和“综合的”。从蒯因开始，分析和综合之间的绝对区分被打破了。在《经验论的两个教条》中，蒯因把矛头对准了分析命题和综合命题的区分，经过严密的论证，他宣布：“尽管有这一切先天的合理性，分析陈述和综合陈述之间的分界线却一直根本没有划出来。认为有这样一条界线可划，这是经验论者的一个非经验的教条，一个形而上学的信条。”[②]

蒯因批评了传统的对分析命题和综合命题区分的不合理，虽然没有具体说明先验命题可能有的是偶然的，后验命题也有必然的，但他打破了分析命题和综合命题之间区分的界限，就表明这一传统的观点存在问题，从

---

① 陈伟．论可能世界语义学的影响．重庆社会科学，2000（4）：41.

② 蒯因．经验论的两个教条//从逻辑的观点看．江天骥，等译．上海：上海译文出版社，1987：35.

而为克里普克观点的提出开辟了道路。

受到蒯因的启发，克里普克对康德，特别是逻辑经验主义者以来这个经验论传统的另一方面，即把“先验性”“必然性”“分析性”相等同，对“后验性”“偶然性”“综合性”不做区分的观点进行了尖锐的批评。克里普克提出，“先验的”并不一定是“必然的”，“后验的”不一定是“偶然的”，存在“先验偶然命题”和“后验必然命题”。克里普克证明了“巴黎标准尺在时间 t_0 时是一米长”这个命题是一个先验的偶然真理；而“长庚星就是启明星”、“水是 H_2O”和“黄金是原子序数为 79 的元素”则是后验必然命题的例证，当然这些都是同一性命题。

克里普克关于先验偶然同一性命题和后验必然同一性命题的观点，从一定的意义上说，是蒯因观点的继续，从而把蒯因的观点进一步向前发展了。蒯因指明了传统的分析命题和综合命题之间的区分标准是模糊的，其实是打破了这个传统观点的第一个方面的问题，克里普克的矛头进一步指向这个传统观点的另一个方面，即把“先验性”、“必然性”和“分析性”看作同一，“后验性”、“偶然性”和“综合性”等同起来的观点。克里普克指出，“先验的”不一定是“必然的”，“后验的”不一定是“偶然的”，有“先验偶然命题”，也有“后验必然命题”。克里普克的观点无疑是具有开拓性的。

尽管蒯因反对本质主义，克里普克却是本质主义者，但他们都把矛头对准了康德以来的经验主义传统，蒯因反对分析和综合之间存在着绝对的区分，克里普克不同意把“先验性”、“必然性”和“分析性”相同一，“后验性”、“偶然性”和“综合性”相等同。实际上，蒯因和克里普克各自对经验论的传统观点的一个方面进行了深入的批判。蒯因是站在现实世界的基础上批判分析命题和综合命题之间的绝对界限，他抓住了第二类分析命题的缺陷，提出第二类分析命题依赖一个同义性命题做替换就可以变成第一类分析陈述，而同义性命题作为定义是依赖于经验的，从而打破了传统的两类命题的绝对区分。而克里普克则以可能世界语义理论为基础，提出像“巴黎标准尺在时间 t_0 时是一米长”这样的先验命题是偶然的命题，因为“在时间 t_0 时的长度”不是严格指示词。而像“长庚星就是启明星”“黄金是原子序数为 79 的元素”“热是分子运动”这样的经验命题是必然命题，因为它们都由严格指示词构成。所以，先验（分析）命题不一定是必然命题，而后验（综合）命题不一定是偶然命题。可以说，是蒯因的批判激发了克里普克对这个经验论传统观点的批判。

当然，克里普克并没有像蒯因那样否认分析命题，他只是否认在所谓分析命题的许多通常的标准中所讨论的分析命题，因为这些命题缺少必然性的特征。克里普克在《命名与必然性》的一个脚注中对分析真理进行了说明："分析真理是一个在严格的意义上依赖于意义的真理，因而它既是先验的，又是必然的。如果把那些其先验真理性是通过确定一个指称而被认识的陈述说成是分析真理，那么有些分析真理就是偶然的；这种可能性被排斥在这里所采用的分析性概念之外。……我不打算在这些演讲中涉及关于分析性的那些微妙的问题。然而我要说，对某些（尽管不是全部）经常被用来对分析-综合的差别提出怀疑的事例，特别是那些涉及自然现象和自然种类的事例，应当根据这里所提出的确定指称的方法加以处理。请注意，康德的'黄金是一种黄色的金属'这个例子甚至不是先验的，它具有无论什么样的必然性都是根据科学研究确定下来的，因此它在任何意义上都根本不是分析的。"① 显然，克里普克是赞成分析命题的存在的。不过，在他看来，分析命题是那些既是先验的，又具有必然性的命题。

二、对经验论传统的颠覆

在传统的观点看来，任何被后验地获得的关于事态的认识必定是形而上学地偶然的，而形而上学地必然的事实则肯定是先验的。这个观点被逻辑经验主义者从 19 世纪 20 年代到 50 年代普遍地坚持，今天依然广泛地流行。② 这个论题背后的推理是简单的并且直觉上是很吸引人的。经验的调查是对世界的特有性质的调查，而任何必然的事态不可能依赖任何可能世界的特别的性质，因为它在每一个可能世界中的获得并不考虑世界的个体特征。如果我们不得不诉诸经验，则意味着这个在讨论的事态必定在某种方式上涉及，或者依赖于某种特别的情况。经验的调查应该是不必然的，因此，任何经验的事态必定是偶然的。

这种传统的观点不仅坚持必然的陈述或命题是先验的，而且坚持相反的论题即偶然的陈述是后验的。后一个论题的推理主要在于观察，为了决定能否获得一个被给出的但是事实上不必然的事态，我们必须对实际的世界进行经验的调查。于是，形而上学的或者经验的模态被传统同化了，形而上学的必然同一于先验性，形而上学的偶然同一于后验性。

① 克里普克．命名与必然性．梅文，译．上海：上海译文出版社，2001：101.

② Nathan U. Salmon. Reference and Essence. Prometheus Books，2005：76.

随之而来的是，在今天的用法中，我们将说一个句子或陈述是必然的，当它描述了一个必然的事态。当然，一个句子是必然的，当且仅当它就每一个可能世界而言都是真的。我们也将说一个真的句子或陈述是先验的，当它的获得仅仅凭借它自身的意义，而不依赖于感觉经验时；我们将说一个句子是后验的，当关于这个句子的信息的获得仅仅依靠感觉经验时。因此，一个句子或陈述是形而上学必然的，当且仅当它是先验的，一个句子或陈述是形而上学偶然的，当且仅当它是后验的。

而在《命名与必然性》中，克里普克的回答却是，形而上学必然的，并不一定是先验的，因为存在“后验必然命题”；形而上学偶然的，也不一定是后验的，因为有“先验偶然命题”。于是在克里普克那里，经验论的这个传统被彻底推翻了。关于命题的观点就变成了：必然的命题或陈述既有先验的，也有后验的；偶然的命题或陈述既有后验的，也有先验的。

对于克里普克的“先验偶然同一性命题”和“后验必然同一性命题”的观点，施太格缪勒在《当代哲学主流》中进行了高度的评价。他指出：“他关于‘先验的’和‘必然的’这两个概念的思想，在他的语言哲学构想中不只是起一种根本的作用。此外，它们还是他的最富有挑战性的思想。当分析哲学家批判康德的时候，他们通常是攻击康德的存在命题，即存在着先验综合知识这个命题；因为这个命题是康德全部理论推导的基础。然而康德对于知识判断的双重分类：一方面是分为分析的判断和综合的判断，另一方面是分为先验的判断和经验的判断，通常却被假定是有效的。相反，克里普克却进行了更深刻的批判。他所攻击的已经是康德区分先验知识和经验知识的方法了。”“把认识在认识论上分为先验的和经验的，以及与此独立地将真理划分为必然的和偶然的，产生一种重要的结果，这就是，在克里普克看来，既可能有非必然的先验真理，也可能有必然的经验真理。我们以后会看到这方面的例子。分析性问题（das Problem der Analytizität）从此也以新的面貌出现了。因为从严格的意义上讲，只有那些既体现先验认识又体现必然真理的陈述，才可以被称为分析的。”① “这里表明，克里普克从一种全新的方面丰富了关于分析-综合二分法的讨论。”②

---

① 施太格缪勒．当代哲学主流：下卷．王炳文，等译．北京：商务印书馆，2000：278-280.

② 同①292.

普特南指出："从康德开始，就有一种巨大的差别存在于两种哲学家之间：一种哲学家认为所有的必然真理都是分析真理，另一种哲学家认为有一些必然真理是先天综合判断。但是，这些哲学家中，没有一个人想到过，一个（形而上学上的）必然真理可能不是先天的。康德主义传统和经验主义传统一样，都把形而上学的必然性和认识论的必然性混为一谈。在这种意义上，克里普克对既定原则的挑战，远远超越了通常意义上的经验主义/康德主义之间的摇摆。"① 陈晓平指出："先验偶然性和后验必然性是关于一个语言系统的意义公设的判别，是立足于一个语言系统之外的界定；而先验必然性（分析性）和后验偶然性（综合性）是关于一个语言系统之内的命题的判别，是立足于一个语言系统之内的界定。从这个意义上讲，克里普克关于先验偶然命题和后验必然命题的区分是对传统的先验必然命题和后验偶然命题之区分的重要补充。"② 可见，克里普克的"先验偶然同一性命题"和"后验必然同一性命题"的贡献是巨大的。它推翻了康德以来的传统，即"先验性"等同于"必然性""分析性"，而"后验性"同一于"偶然性""综合性"；并且给予分析命题全新的认识，即只有那些既体现先验认识又体现必然真理的陈述才是分析命题。

克里普克的先验偶然同一性命题和后验必然同一性命题的观点其实与他的因果指称理论有着内在的关系。可以说，先验偶然同一性命题和后验必然同一性命题是因果理论的理论后承，"名称是严格指示词"的观点使得先验偶然同一性命题和后验必然同一性命题成立了。正如萨蒙所指出的："直接指称理论直接地支持着哲学语义学的几个重要观点。例如，我们已经看到，它引起了'专名是严格指示词'的观点，因此它也使某种必然但明显是后验真理的存在出现了，例如，'长庚星同一于启明星'。这个理论也可能使得某种偶然的但是先验的真理的存在成为必需的，例如，'海王星是使得天王星的轨道遭受到干扰的一个行星'（李威里尔认为这是一个先验命题）。"③

① 普特南．"意义"的意义//陈波，韩林合．逻辑与语言：分析哲学经典文献．北京：东方出版社，2005：472-473.

② 陈晓平．论名称的语境与功能：兼评克里普克和陈波的名称理论//中国分析哲学 2011，杭州：浙江大学出版社，2012：23.

③ Natha U. Salmon. Reference and Essence. Prometheus Books，2005：217.

第八章　对心身同一性的批判

第一节　心身同一性问题的由来

心身同一论（Mind-Body Identity Theory）一般是哲学和心理学中关于心身关系的一种理论，主张心和身，或者心理过程和生理过程不是两个不同的实体或两种不同的属性，而是同一种东西。心身同一论是一种一元论心身关系理论。

一、心身同一论历史溯源

心身同一论问题的思想先驱之一，是17世纪英国唯物主义经验者、哲学家托马斯·霍布斯。霍布斯认为，感觉并非事物自身真实本性的表现，而是人体内部的一种运动。外在的客观事物施加给感官的压力是造成这种运动的根本原因。客观事物是感觉产生的源头，但同时感觉的原因不等同于感觉的结果，感觉不会也不可能呈现出事物本身的样子。感觉只是一种由感官、神经、大脑和心脏一起的协调活动所造成的抽象映象。他指出，对象始终是一个东西，而映象或幻象属于另一个东西，因此在所有情形下，感觉都只是原始的幻想。例如我们有视觉、听觉、嗅觉和味觉，尽管它们都是产生于事物作用于感官的结果，但是事物本身却没有色、声、味等各种属性。因此，根据霍布斯的看法，概念只不过是头脑中的运动，快乐的体验也仅仅是心脏的一种运动而已。

17世纪法国著名哲学家勒内·笛卡尔提出了著名的身心二元论。哲学上的二元论具有种种不同的形式，譬如身体与心灵、身体与灵魂、身体与感觉，等等。在古希腊哲学中，就有过身体与心灵或身体与灵魂的理论。笛卡尔的身心二元论被称作实体二元论，视之为现代二元论的开端。

笛卡尔把实体分为两种类型，一种是物质实体，另一种是心灵实体。物质实体的本质是广延，心灵实体的本质是思维或意识。物质实体和心灵实体具有不同的性质：物质实体是无限可分的，心灵实体则不可分割；物质实体可以毁灭，心灵实体是不可毁灭的；物质实体要遵循自然规律，是被决定的，心灵实体具有自由意志，是自由的；物质实体只有通过人的感官形成感觉经验才最终被构建起来，是被间接知道的，而个体具有直接通达心灵实体的优越通道。因而，物质实体和心灵实体，谁也不决定谁，谁也不依赖于谁，二者分庭抗礼，泾渭分明。心灵可以离开躯体而存在，躯体也可以在没有心灵的情况下存在，因而心灵不同于躯体。他用他那著名的普遍的、怀疑的方法来论证我是一个精神的实体：如果我存在，我就知道我在思考；如果我知道我存在，但并不因此就知道我有形体。我可以设想我没有身体，也可以设想没有我所在的世界，也没有我所在的地点，但是不能设想我不存在。如果我停止思想，我也没有任何理由相信我存在。在笛卡尔看来，真实的自我不是我的身体，而是我的心灵。笛卡尔尽管在理论上不承认心灵和物体的内在联系，但在事实面前，他又无法否认人的生理方面和心理方面的活动存在着某种联系。比如，我的身体，当我感觉痛苦时，它就不舒服，当我感觉到饿了或渴了时，它就需要吃和喝。关于在人身上心灵和躯体如何"高度地搅混在一起"，而"组成了一个单一的整体"，笛卡尔对此做出解释时是颇费周折的。他先是说"心灵同整个肉体连接在一起"，后来又补充说，二者连接的主要场所是在位于大脑最里面部分的"松果腺"——在这里心灵比在其他部分"更专门地发挥着自己的作用"。①

17 世纪荷兰著名哲学家巴鲁赫·斯宾诺莎是身心平行论（Psyeho-Physiealaralleli）的创立者。副象论和心理一元论的前身是身心平行论，副象论是一种唯物论的形式，心理一元论则是唯心论的一种形式。斯宾诺莎指出，身体和心灵是唯一实体的两种属性，身体和心灵虽然不直接发生关系，但却是同时发生的，因此观念可以和它的对象相一致。这种心身关系理论被看作一种心身同一论。但是，斯宾诺莎并未真正理解身体和心灵的关系，因而没有真正把身体和心灵统一起来。他说，身体不能决定心灵，使其思想，心灵也同样不能决定身体，使其动静，更不能决定它使它成为任何别的东西，如果有任何别的东西的话。也就是说，虽然身体和心

① 全增嘏．西方哲学史：上册．上海：上海人民出版社，1983：504－505.

灵属于同一个实体，但身体和心灵不能相互作用、相互制约。即“心灵和身体彼此不能相互决定，因为它们在类上不同，彼此无任何共同之点，所以心灵只能决定心灵，影响心灵，身体只能决定身体，影响身体”。斯宾诺莎接着又论证心灵和身体的同一性。“心灵和身体实际上是同一个东西，心灵是实体的样式的思想的一面，而这同一个样式的广延一面就是身体。身体是实体的样式的广延的一面，而这同一个样式的思想的一面就是心灵。心灵和身体是同一个东西的两面，所以它们彼此就不能相互影响，相互决定，相互产生，一个不能成为另一个的原因。正如 A 可以是 B 的原因，B 可以是 A 的原因，但是 A 不能是 A 自身的原因。”① 他论证道：心和身乃是同一的东西，不过有时借思想的属性，有时借广延的属性去理解罢了。为此，不论我们借这个属性或那个属性去认识自然，事物的次序与联系却只是一个，因此我们身体的主动或被动的次序就性质而论，与心灵的主动或被动的次序是同时发生的。

二、现代心身同一论

20 世纪初在美国兴起的行为主义心理学，认为心理学不应该只研究意识，还应该研究行为。所谓行为就是有机体为适应环境变化而发生的身体反应，这些反应不外是肌肉收缩和腺体分泌，它们有的表现在身体外部，有的隐藏在身体内部，强度有大有小。“行为主义是这样一种学说，它认为关于‘内部状态’的谈论只是关于以某种方式去行动的倾向的谈论的一种简略、甚至会令人误解的方式。……行为主义的中心学说是，在关于某感觉报导的真理和某种行为倾向之间必然存在着联系。”② 行为主义心理学的创始人华生指出，一向认为纯属意识的思维和情绪，其实也都是内隐和轻微的身体变化。前者是全身肌肉，特别是言语器官的变化，后者是内脏和腺体的变化。在行为主义心理主义者看来，一切心理学概念，甚至思维、情绪等都可以归结为外显或内隐的行为，而任何行为变化都可以归结为物理或化学反应。“心理的”和“物理的”这两个词的意义尽管差别很大，但其所指的事件或过程是基本相同的。不仅精神的事件同大脑的中枢神经事件有规律地相关联，而且从根本上就是物理的东西，心理状态或过程实际上就是脑的状态过程。所以，所谓心理活动，只不过是一种物

① 贺麟. 斯宾诺莎身心平行论的意义及其批评者. 哲学研究，1985（11）：55.

② 理查德·罗蒂. 哲学和自然之镜. 李幼蒸，译. 北京：商务印书馆，2003：91.

理或化学变化而已。这样，行为主义者就在层层还原中取消了心理学。这种观点属于心身同一论。心身同一论的另外两个代表人物是 R. S. 伍德沃思和 E. G. 波林。伍德沃思反对心理与生理平行的观点，认为心理与生理是发生在同一过程中的不同层次，没有本质区别，在某种程度上可互相代替。波林认为，意识具有物理维度特性——强度、广度、延度等，意识过程与生理过程完全相同，可以把意识研究与生理研究等同起来。这样，意识实在和生理实在就会成为一个单一的等同体。波林的心身等同论实质上就是心身同一论。

20 世纪 50 年代以来，心身同一论出现了多种不同的形式，概括起来有：

第一种，取消主义的同一论。这种同一论主张取消所有的心理学术语或概念，认为心理学术语或概念完全可以用相应于心理活动的生理过程来代替。依据这种说法，从来就没有什么感觉、思想、情感和意象等，这些术语或概念就像魔鬼一样，是本来就不存在的，是人们虚构的。消失论之所以是同一论的一种形式，因为“人们现在叫作感觉的东西和某些脑过程相同”这个陈述，也是一个同一陈述。这种同一论的主要代表人物是 P. K. 费耶阿本德和 R. 罗蒂。取消主义的基本观点有：(1) 从实在的层次上否认或排除内省及其所显现的现象的真实性；(2) 从语言的层次上把民间心理学的一些前理论概念抛弃，譬如所谓的信念、欲望等；(3) 从理论上把民众心理学的理论框架以及概念图式等抛弃，而代之以成熟的神经科学。在罗蒂看来，“心理的”和“物理的”并非相同的术语，解决这种不一致的唯一办法就是假设或假定，我们能没有任何差错地报告我们自己的内部心理状态，而这实际上是绝对不可能的。他用一个实验进行说明，假如有某种神话式的人物，他们对事物的描述和解释与我们完全相同，他们所不同于我们的是，他们不把他们的报告看作不可错的，既然不可错性在我们看来是心理东西的独特标志，那么那些人就没有心理学术语或概念，他们也不把什么东西当作是心理的，既然他们缺乏这种东西并没有剥夺或削弱他们的解释和预见，因而我们的心理学术语或概念都是虚幻的，我们可以抛弃或排除或取消他们而不因此丧失任何解释和预见力。“我们可以说，虽然在某种意义上不存在感觉，但在另一种意义上人们称作感觉的东西，即各种神经状态，的确是存在的。这种意义的区别并无生命奥妙，正如我们说，天空不存在，但是有某种人们称作天空的东西的确存在”，“于是我们得出结论说，尽管不存在心理事件，人们称作心理事件的东西是物理事件，即使‘心理的’和‘物理的’之互不相容，正如‘在地平线上升起’和‘静立’之互不相容一样”①。罗蒂反对“心身同一”的唯物主义，在他看来，当代同一理论的基本主张可以从三个方面来把握：第一方面，从语言的层次来讲，我们有两种语言来指称或描述对象，即心理语言和物理语言，二者都可以用来描述人脑中发生的活动、过程、状态和事件。第二方面，从认识的角度看，我们可以从心理学和物理学两个方面观察人脑内部的过程与产生的现象。第三方面，从实在的层次上讲，心理的东西和物理的东西是同一的，即都是发生在中枢神经系统中的东西。因而，按照同一论的思想，一切心理状态最终可以还原为神经状态，前者是还原型的同一论，后者是排除型的同一论。罗蒂认为还原型的同一论和排除型的同一论都只是笨拙的企图，而将我们对与趾人交流时的自然反应抛进流行的哲学行话中去，因此不应当坚持两种同一理论之间的区别，反之，应该把二者都抛弃，并连带抛弃“心身同一性”概念，而主张一种不含心身同一的唯物主义。

第二种，H. 费格尔的物理主义。费格尔反对激进主义者阵营所一再要求的科学理论一元论，这种观点认为，既然一切经验概念都可以还原为一种唯一的概念形式，因而身心问题是假问题，在此情形下，身体的东西和心灵的东西的二元论因此也自然消失了。费格尔反对经验概念还原为行为概念，所以他主张在行为心理学之外有内省心理学，在内省心理学中，个人经验这种事实以一种纯粹现象主义的语言（或叫心灵主义的语言）来描述。费格尔还指出，要避免关于心身问题的一切形而上学思辨。在属于身心问题的那些问题中，必须准确区分哲学分析问题和经验问题，经验问题分析是科学家的事情。心灵主义的语言是个人经验的语言，行为主义对心理的东西之特征的描述是以公共的、主体间的语言进行的。还可以通过神经生理学的方法描述中枢神经系统的过程来描述心理的东西。“这样一来，关于身心的哲学问题，就还原为关于心理过程特征的心灵主义描述、行为主义描述和神经生理学描述之间关系的逻辑本性问题。”② 由此，费格尔提出了他的同一性理论，按照这种理论，我们以心灵主义语言、行为主义语言和神经生理学语言所描述的事实是相互同一的，这种同一不是逻辑的同一，而是经验的同一。一元论理论和还原论的错误就在于它们主张

① 理查德·罗蒂. 哲学和自然之镜. 李幼蒸，译. 北京：商务印书馆，2003：108.

② 施太格缪勒. 当代哲学主流：下卷. 王炳文，等译. 北京：商务印书馆，2000：498.

逻辑的同一性。主张三种语言的各个所指之间的同一性只能意味着主张经验上的同一性。总而言之，心理名词和物理名词在涵义上有区别，但在经验事实上，它们所指的是同一事物或现象，心理名词和物理名词是对同一对象的不同描述。人的心理状态、人的感觉与人的机体、人的大脑的神经生理状态是同一的，心理名词与神经生理学名词仅仅是涵义上的不同，指称的都是“原始感触”，而这些原始感触就是生理学家所研究的“实在本身”。

第三种，心脑同一论。这种理论把意识解释为物质的东西，比如说，有一个后像或痛觉，那就是有一个脑的状态或脑过程。霍布斯主张快乐的情感实质上不过是心脏的运动而已，概念仅仅是头脑中的运动，这是心脑同一论的思想先驱。同一论主张的心脑相同一并非逻辑上的同一，乃是经验事实上的同一。它至少部分是经验科学的假说，即假设每个具体的心理现象或状态的出现，都以某一具体的脑的现象或状态的出现为充分和必要的条件。20 世纪心脑同一论的著名代表人物澳大利亚哲学家 J. J. 斯马特认为，所谓心理状态，实质上是经验到这些心理状态的中枢神经系统状态，任何一种心理过程或状态都有相应的脑过程或状态。心里发生的情形并不是在非物质的实体里发生的，而是在我们作为物质器官的脑内部发生的。心和脑不是两个不同的实体或属性，乃是一个东西，心理状态或过程实质上就是脑的状态或过程。斯马特分两个步骤来论证中枢状态心脑同一唯物论：第一步，即通过对心理概念做纯哲学的分析，从而表明这些概念同唯物主义并非不相容。譬如说，在一个后像出现时我们说“看来那边好像有一个黄色的柠檬”，也就是相当于说“我心里正在发生的情况恰恰像在我面前真的有个黄柠檬时所发生的情况”。二元论者可以把这些心里发生的情况看作在一个非物质的实体里面发生的，那么唯物主义者也可以把这些情况看作在我们的脑内部发生的。斯马特强调同唯物主义相容的方面。第二步，即主张从经验事实以及当前的科学理论知识出发，认为把第一步证明时所列举的那些情况等同于中枢神经系统的状态或脑过程，那是最合理的。

第四种，功能主义。这种理论主张心理状态和相应的生理状态在功能上是相同的，因而可以用生理状态来代替心理状态进行研究。功能主义承认精神状态是由外界事物的刺激引起的，在精神状态出现的地方，它们至少以某种特有的方式对行为加以修正，也以独特的方式来改变和创造其他各种精神状态，而这些种类的精神状态又依次造成一定的行为并创造出进一步的精神状态，从而对我们的行为目标以及追求目标的方式产生影响。

这种理论尝试通过这样一种因果说明来对所有心理学名词给出基本意义。这种理论甚至提出，只要某种系统依赖于特定组织达到一定的功能，就可以认为这个系统也具有心理的性质。这种从系统的功能、输入和输出上来分析精神状态的观点与 20 世纪五六十年代以来计算机技术以及人工智能的发展存在着密切联系。既然由硅片和铜线等各种材料组合在一起的东西能够模拟人一样的行动、计算、识别，甚至解决各种问题，那么我们凭什么要否认计算机实际上是在进行精神活动呢？为什么要否认它能够进行精神活动呢？所以，决定是否具有精神特征不应该在于它是由什么东西构成的，而在于它能够做什么以及它如何去做，取决于它如何从环境得到信息，如何储存、加工信息，以及对该信息做出反应并把它用于协调一致的活动，也就是说，在于它的功能。由此，我们就可以说心灵不是地球上的人类所独有的东西。假若我们遇到外星人，假定他们同我们一样也有着高度先进的文明，具有语言、文化和技术等方面的功能，那么，我们能不能因为他们构成生命的基础或许与我们不同，身体的结构与我们不同就否定他们具有心灵？当然不能。功能的描述对于确定它是否具有精神特征作为条件来说是充足的，而产生这种功能的物理的结构可以各不相同，心灵状态同内在的肉体状态之间的关系就不再是像一些同一论者所设想的那样是一一对应的关系了，相同的精神状态可以在许多不同种类的物理的和精神的材料与结构中体现出来，也就是说，它们的关系，是一对多的关系。这一观点的主要代表人物是美国心灵哲学家 J. A. 福多。不过，功能主义面临一个困境，即心理状态的本体论问题，也就是心灵状态的属性究竟是物质的还是非物质的？假若是物质的，那么功能主义的层次论就很可能蜕变为物理主义的同一论；如果是非物质的，那么这种理论就重新陷入了笛卡尔式的二元论。于是，多数主张功能主义的人在该问题上的态度总是模糊不清的。

第二节　克里普克对心身同一性的批判

在《命名与必然性》的最后部分，克里普克对 20 世纪流行的心灵哲学的心身同一论进行了批判，这实际上是克里普克在书中所提出的一些理论观点的应用，包括他的“严格指示词”概念及与之相关的“后验必然同一性命题”理论，以及可能世界理论和本质主义理论。

在克里普克的论述中，他首先区分了三种类型的心身同一性，包括人与其躯体相同一；一种特殊的感觉（或者事件，或者具有这种感觉的状态）与一种特殊的大脑状态的同一（如迈克在早上5点钟时的疼痛是他在那时的中枢神经所受的刺激）；心理状态的类型与相对应的物理状态的类型的同一（如痛苦是中枢神经所受的刺激）。第一种类型的同一论是与笛卡尔实体二元论相对立的物质一元论，第二种叫作“殊型同一论”，第三种是“普型同一论”或“类型同一论”。一般来说，普型同一论或类型同一论对心脑同一的主张显然强于殊型同一论，因此被称为强物理主义的观点。通常所说的心身同一论一般情形下主要指的是普型同一论，而殊型同一论被看作心灵哲学中的一个理论主张的力量则过于弱势。为了全面起见，克里普克对这三种类型的同一论都进行了讨论。在他看来，虽然不是所有同一论者都赞同以上三种类型的同一论，例如可能有的人只赞成其中一种或两种，但即使这样也行不通，因为在克里普克看来，每一种类型的同一论都很难得到成功的辩护。

一、对“人与其躯体相同一”的批判

克里普克首先对第一种类型的同一论即“人与其躯体相同一”进行了批判。克里普克提出了笛卡尔及其追随者的观点，在笛卡尔等人看来，一个人或者一个心灵不同于他的躯体，因为心灵可以脱离躯体而存在，离开了心灵，躯体也可以存在，因而心灵和躯体都是基本实体，从而形成了笛卡尔的二元论。但一些同一论者，他们接受了笛卡尔的前提，即心灵可以在没有躯体的情况下存在，却否认了笛卡尔的结论，即主张心灵与躯体的同一。克里普克认为，这些同一性论者的观点是不能接受的，这在逻辑上是行不通的——如果主张同一性论点，就一定要否认笛卡尔的前提。因为该前提与下面的论断是相同的，也就是说A与B之间的关联是偶然的。但在克里普克看来，在A＝B这个真理的情况下，A的每一个重要的特征也一定适合B。假定“笛卡尔”这个词是某个人的名称或严格指示词，“B”是他的躯体的一个严格指示词。如果笛卡尔确实与B同一，那么由于这种同一性是两个严格指示词之间的同一，因而是必然的同一性。笛卡尔不可能在没有B的情况下存在，而B也不可能在没有笛卡尔的情况下存在。同一论者认为躯体和心灵之间的关系是同一的，这种同一类似于美国首任邮政部长和双光眼镜的发明者之间的同一，是偶然的同一。克里普克认为这种类比是不能成立的。这是因为“美国首任邮政部长”和“双光眼镜的发明者”都属于非严格指示词，那么它们之间的同一只能是偶然的同一。即使双光眼镜从未被发明出来，第一任的邮政部长也可能是存在的。笛卡尔与其躯体之间的同一，由于涉及的是两个严格指示词之间的同一，因此是必然的同一，是后验必然的同一性。物质一元论者承认笛卡尔和B之间的同一，由此就必须承认这种同一是必然的，这说明心灵不可能在没有躯体的情况下存在。这与物质一元论承认心灵可以在没有躯体时存在的观点相矛盾。所以同一论者试图将心身同一性与美国首任邮政部长和双光眼镜的发明者之间的同一进行类比的策略是行不通的。反驳笛卡尔的心灵不同于躯体这个结论的哲学家，也必须反驳笛卡尔的前提。

二、对“殊型同一论”的批判

克里普克对“殊型同一论”的观点进行了批判，他说，我们设“A”表示一种特殊的疼痛感觉，设“B”表示一种对应的大脑状态，或者是某个同一性论者所希望的与A相同一的大脑状态。比如，在某人根本没有感到任何疼痛，从而A没有出现的情况下，B将存在（某人的大脑在那一刻可能恰恰处于那种情况下），这种假设的情形在逻辑上是可能的。克里普克指出，这种假设的情形可以说是当代所有心灵哲学家（当然包括二元论者和物理主义者）都承认的。克里普克认为，殊型同一论者承认了这一点，他们的理论就不可能保持一贯性与自洽性。因为“一致性和使用严格指示词的同一性的必然性原理也不允许这种情况存在”①。具体来说，殊型同一论者承认了B可以在没有A的情况下存在。按照克里普克的观点，这样就会使殊型同一论者退回到这样一种情形：他们必须否认是一种疼痛是A的必然属性，而只能认为这是A的偶然属性。如果是一种疼痛是A的必然属性，那么“是一种疼痛”就是表示事物本质属性的限定摹状词，因而也是严格指示词。因此，在克里普克看来，如果A和B是同一的，那么这种同一就是必然的同一性。“按照笛卡尔的观点，A可以在没有B的情况下存在，B也可以在没有A的情况下存在，任何具有精神特性的东西的相关存在对于B来说纯粹是偶然的，任何具体的物理特性的相关存在对于A来说也纯粹是偶然的。如果有人想主张一种同一性理论，他就绝对不能接受笛卡尔的这种观点。”② 因此，“殊型同一论”的观

① 克里普克. 命名与必然性. 梅文，译. 上海：上海译文出版社，2001：123.
② 同①125.

点是不能成立的。

三、对“类型同一论”的批判

克里普克主要把疼痛和中枢神经刺激的同一性作为批判“类型同一性”的对象，他把疼痛和中枢神经刺激的同一性与热和分子运动的同一进行比较。这两种同一性都是把两种现象类型等同起来。一般的观点认为，热和分子运动的同一性及疼痛与中枢神经刺激的同一性都是偶然的，而克里普克表达了不同的看法。

克里普克论证道，“热”和“分子运动”都被证明为严格指示词，它们在不同的可能世界中指示相同的对象，那么由它们所命名的现象之间的同一性就是必然的同一性。“疼痛”和“中枢神经刺激”呢？克里普克认为，“疼痛”是它所指示的那种类型或现象的严格指示词，它指示着：如果某种东西是疼痛，那么它本质上就是疼痛，如果说疼痛可能是某种不同于它本身的现象，那是荒谬的。“中枢神经刺激”同样是个严格指示词，因此，疼痛与中枢神经之间的同一性如果是真的，那么就一定是必然的。这样一来，同一性论者就必须承认这样的观点，那就是，不可能有一种不是疼痛的中枢神经刺激，也不可能有一种不是中枢神经刺激的疼痛。克里普克认为，疼痛可能不会被证明是中枢神经的刺激，这只是一种幻想而已，就像热不是分子运动那样的幻想一样。因此，同一论者对笛卡尔的驳斥就不会像通常那样接受他的前提而否定他的结论，而恰恰相反，结果只能表明类型同一理论存在着根本的理论矛盾。

克里普克还给出了一个论证批判同一论者。比如，分子运动可能在没有热的情况下存在，也就是说分子运动即使不被感觉为热也是存在的，有分子运动但是没有热的感觉。那么，中枢神经刺激可否在没有感觉到疼痛的情况下也存在？克里普克说道：“如果这是可能的，那么中枢神经的刺激本身就可以在没有疼痛的情况下自行存在，因为对于它来说，在没有被感觉为疼痛的情况下存在也就是它在不是任何疼痛的情况下存在。这种情形与疼痛和相应的躯体状态之间的那种假设的必然同一性是完全矛盾的。类似的情况也适用于任何可能与对应的心理状态相同一的躯体状态。”①这说明疼痛与中枢神经刺激在本体论上就不是相同的事物，它们之间不可能存在着同一关系。

---

① 克里普克. 命名与必然性. 梅文，译. 上海：上海译文出版社，2001：128.

四、对克里普克批判心身同一性观点的评述

心身同一论试图克服笛卡尔身心平行论的二元论错误，对心身关系问题做出物理主义或唯物主义的回答，这种努力是值得赞赏的，但结果却不是令人满意的。经验和事实都已表明，尽管心理现象和生理现象之间存在紧密联系，但是不应该也不可能完全把心理现象还原为具体、微观的生理过程，甚至用生理学研究完全取代心理学研究，心身同一论的做法实际上是在所谓的“同一”中取消了心理学。

当然，克里普克对心身同一论者的批判不是在传统哲学或心理学的框架内进行的，而是在模态哲学的框架内批判心身同一论的。克里普克批判心身同一论的理论前提是可能世界语义理论、严格指示词理论以及他的本质主义学说，因而克里普克对心身同一论的批判被人们称作“模态论证”。学界有的学者认为，克里普克的模态论证是从现象特性的角度对同一论做出的最有力反驳，这主要是因为该论证从本体论上表明了心理的现象属性能够不被世界中的物理事实蕴涵。①

施太格缪勒在《当代哲学主流》一书中指出：“克里普克譬如说与维特根斯坦不同，他是从这样一点出发的，即存在着一些心理状态和过程，它们的特征也是可以详细规定的，他并且研究，同一性论点的维护者是否有权利将这些心理现象与身体的状态或过程（‘脑过程’）等同起来。克里普克批评的目的不是譬如说要证明，同一性论点是错的，而是要指出，这种论点的维护者自己承揽了一些问题，而这些问题的解决绝不是轻而易举的，直到现在甚至连解决问题的端绪也没有。”因此，克里普克对心身同一性论者的批评主要在于他们论证过程中的错误。②

克里普克对第一种类型的同一论即“人与其躯体相同一”的批判是建立在其可能世界理论和严格指示词理论的基础上的。克里普克认为，这些同一性论者的观点在逻辑上是行不通的，谁要是主张同一性论点，他就一定要否认笛卡尔的前提，即心灵可以在没有躯体的情况下存在。在克里普克看来，在 A=B 这个真理的情况下，A 的每一个重要的特征也一定适合 B。假定“笛卡尔”这个词是某个人的名称或严格指示词，设“B”是他

① 付玉成. 论克里普克批判心身同一论的模态论证. 河南师范大学学报（哲学社会科学版），2011（6）：9.

② 施太格缪勒. 当代哲学主流：下卷. 王炳文，等译. 北京：商务印书馆，2000：300.

的躯体的一个严格指示词。如果笛卡尔确实与B同一，那么由于这种同一性是两个严格指示词之间的同一，因而是必然的同一性。严格指示词，在任何可能世界中都指示同一的对象。因而，笛卡尔不可能在没有B的情况下存在，而B也不可能在没有笛卡尔的情况下存在。同一论者认为躯体和心灵之间的同一类似于美国首任邮政部长和双光眼镜的发明者之间的同一，是偶然的同一。按照克里普克的看法，这种类比是不能成立的。因为“美国首任邮政部长”和“双光眼镜的发明者”都属于非严格指示词，在不同可能世界中指示不同的对象，所以它们之间的同一只能是偶然的同一。而笛卡尔与其躯体之间的同一，由于涉及的是两个严格指示词之间的同一，因此是必然的同一性，是后验必然的同一性。

克里普克对“殊型同一论”的批判是建立在其严格指示词理论及本质主义观点基础上的。殊型同一论者承认了B（表示一种对应的大脑状态）可以在没有A（表示一种特殊的疼痛感觉）的情况下存在，这样就会使他们退回到这样一种情形：他们必须否认是一种疼痛是A的必然属性，而认为这只是A的偶然属性。但在克里普克看来，如果是一种疼痛是A的必然属性，那么“是一种疼痛”就是表示事物本质属性的限定摹状词，因此其也是严格指示词，在所有可能世界中指示同一对象。所以，按照克里普克的观点，如果A和B是同一的，那么这种同一就是必然的同一性了。

克里普克对“类型同一论”的批判也是建立在其可能世界理论和严格指示词理论的基础上的，克里普克通过证明“热”和“分子运动”都是严格指示词，它们在不同的可能世界中指示相同的对象，因而它们之间的同一性是必然的。“疼痛”和“中枢神经刺激”是不是严格指示词呢？克里普克认为，“疼痛”是它所指示的那种类型或现象的严格指示词，“中枢神经刺激”同样是个严格指示词，因此，疼痛与中枢神经之间的同一性如果是真的，那么就一定是必然的。疼痛可能不会被证明是中枢神经的刺激，这只是一种幻想而已，因此，类型同一理论存在着根本的理论矛盾。

一些人指出，克里普克的论证是建立在严格指示词和本质主义预设的基础上的，因而是让人难以信服的。关于这个问题，我们在前文中进行了详细的论述，阐明了严格指示词作为一种自然直觉是站得住脚的，本质主义理论也是基本合理的。因此，我们有理由认为，克里普克对心身同一性的批判是合理的，论证也是充分的。

参考文献

外文文献

1. Alice Drewery. Essentialism and the Necessity of The Laws of Nature, Synthese 144: 381–396. Springer, 2005.

2. A. Plantinga. The Nature of Necessity. Oxford University press, 1974.

3. Ben S. Cordry. Necessity and Rigidly Designating Kind Terms. Philosophical Studies 119: 243–264. Kluwer Academic Publishers, 2004.

4. Christian Nimtz. Analytic Truths—Still Harmless After All This Years. Grazer Philosophische Studien 66, 2003.

5. Christian Nimtz. Two-dimensional and Natural Kind Terms. Synthese 138: 125–148. Kluwer Academic Publishers, 2004.

6. Christopher Hughes. Kripke: Names, Necessity, and Identity. Clarendon Press, 2004.

7. David B. Martens. Propositional Identity and Logical Necessity. Australasian Journal of Logic (2), 2004.

8. G. W. Fitch. Saul Kripke. Acumen Publishing Limited, 2004.

9. Introduction. Grazer Philosophsche Studien 66, 2003.

10. Jason Stanley. Names and Rigid Designation//A Companion to the Philosophy of Language. Basil Blackwell, 1997.

11. John Powers. On Being Wrong: Kripke's Causal Theory of Reference. International Philosophical Quarterly (4), 1992.

12. John R. Searle. Intentionality: An Essay in the Philosophy of Mind. Cambridge University Press, 1983.

13. Michael Wreen. Proper Names and the Necessity of Identity

Statements. Synthese 114：319－335. Kluwer Academic Publishers，1998.

14. Nathan U. Salmon. Reference and Essence. Prometheus Books，2005.

15. Paul W. Humphreys. The New Theory of Reference：Kripke，Marcus，and Its Origin. Kluwer Academic Publishers，1998.

16. Pkyle Stanford，Philip Kitcher. Refining Causal Theory of Reference for Natural Kind Terms. Philosophical Studies 97：99－129. Kluwer Academic Publishers，2000.

17. Robert Stalnaker. Reference and Necessity//A Companion to the Philosophy of Language，edited by Bob Hale and Crispin Wright. Basil Blackwell，1997.

18. Saul A. Kripke. Naming and Necessity. Basil Blackwell Publisher，1980.

19. Susan Haack. Philosophy of Logics. Cambridge University Press，1978.

20. S. Kripke. Identity and Necessity//M. Munitz（ed.）. Identity and Individuation. New York University Press，1971.

21. W. James，S. J. Felt. Impossible Worlds. International Philosophical Quarterly（3），1983.

中文文献

1. A. P. 马蒂尼奇. 语言哲学. 牟博，等译. 北京：商务印书馆，1998.

2. 艾耶尔. 二十世纪哲学. 李步楼，等译. 上海：上海译文出版社，2005.

3. 艾耶尔. 语言、真理与逻辑. 尹大贻，译. 上海：上海译文出版社，1981.

4. 奥卡姆. 逻辑大全. 王路，译. 北京：商务印书馆，2006.

5. 保罗·贝纳塞拉夫，希拉里·普特南. 数学哲学. 朱水林，译. 北京：商务印书馆，2003.

6. 北京大学哲学系外国哲学史教研室. 西方哲学原著选读：上卷. 北京：商务印书馆，1981.

7. 毕富生. 论逻辑真理和事实真理. 山西大学学报（哲学社会科学版），2008（6）.

8. 柴生秦. 论“可能世界”. 西北大学学报，1991（3）.

9. 陈波，韩林合. 逻辑与语言：分析哲学经典文献. 北京：东方出版社，2005.

10. 陈波. 反驳克里普克的认知论证. 学术界，2011（5）.

11. 陈波. 蒯因的“两个教条”批判及其影响. 首都师范大学学报（社会科学版），2000（3）.

12. 陈波. 语言和意义的社会建构论. 中国社会科学，2014（10）.

13. 陈波. 反驳克里普克的语义论证. 苏州大学学报，2011（2）.

14. 陈波. 分析哲学：回顾与反思. 成都：四川教育出版社，2001.

15. 陈波. 拒斥克里普克和索姆斯反对描述论的论证//中国分析哲学2009. 杭州：浙江大学出版社，2010.

16. 陈波. 奎因哲学研究：从逻辑和语言的观点看. 北京：三联书店，1998.

17. 陈波. 逻辑哲学. 北京：北京大学出版社，2005.

18. 陈波. 逻辑哲学导论. 北京：中国人民大学出版社，2000.

19. 陈波. 社会历史的因果描述论：一种语言观和由它派生的一种新名称理论. 哲学分析，2011（1）.

20. 陈晨，王克喜. 指称，本质与认知. 学海，2018（5）.

21. 陈吉胜. 名称作为严格指示词可以有涵义吗?. 科学技术哲学研究，2020（2）.

22. 陈嘉映. 语言哲学. 北京：北京大学出版社，2003.

23. 陈克艰. 上帝怎样掷骰子. 成都：四川人民出版社，1987.

24. 陈书焕，丛杭青. 从严格指示词看同一的必然性. 哲学动态，2005（7）.

25. 陈伟，刘晓红. 论可能世界语义学的主要哲学问题. 社会科学辑刊，1998（6）.

26. 陈伟. 论可能世界语义学的影响. 重庆社会科学，2000（4）.

27. 陈晓平. 从心-身问题看功能主义的困境. 自然辩证法研究，2006（12）.

28. 陈晓平. 因果关系与心-身问题：兼论功能主义的困境与出路. 自然辩证法通讯，2007（5）.

29. 陈晓平. 簇摹状词与开放集合. 自然辩证法通讯，2001（5）.

30. 陈晓平. 关于摹状词和专名的指称问题：从语境论的角度看. 哲学分析，2012（1）.

31. 陈晓平. 论名称的语境与功能：兼评克里普克和陈波的名称理论//中国分析哲学2011. 杭州：浙江大学出版社，2012.

32. 陈晓平. 先验偶然命题和后验必然命题：兼评蒯因和克里普克的意义和命名理论. 哲学研究，2001（2）.

33. 程本学. 专名意义的两种理论及其融合. 华南师范大学学报，2006（3）.

34. 董英东，何向东. 可能世界语义下的本体论承诺. 科学技术哲学研究，2015（5）.

35. 杜任之，涂纪亮. 当代英美哲学. 北京：中国社会科学出版社，1988.

36. 段开成. 舍尔的意向性理论. 西安外国语学院学报，2004（3）.

37. 冯立荣，刘叶涛. 可能世界是什么. 燕山大学学报（哲学社会科学版），2007（4）.

38. 冯立荣. “先验偶然命题”经典案例新探. 湖南科技大学学报（社会科学版），2019（5）.

39. 冯棉. “可能世界”概念的基本涵义. 华东师范大学学报（哲学社会科学版），1995（6）.

40. 冯棉. 可能世界与逻辑研究. 上海：华东师范大学出版社，1996.

41. 冯棉. 克里普克的本质主义思想. 华东师范大学学报（哲学社会科学版），1996（5）.

42. 弗雷格. 弗雷格哲学论著选辑. 王路，译. 北京：商务印书馆，1994.

43. 弗雷格. 算术的基础. 王路，译. 北京：商务印书馆，1998.

44. 付玉成. 论克里普克批判心身同一论的模态论证. 河南师范大学学报（哲学社会科学版），2011（6）.

45. 高山杉. 康德之前的分析命题和综合命题. 北京：中国社会科学院，2001.

46. 高新民，严莉莉，张卫国. 笛卡尔式二元论的重新解读与最新发展：从现代心灵哲学的视域看. 哲学动态，2011（12）.

47. 高瞻. 个例同一论视域内的心身关系. 社会科学论坛, 2005 (5).

48. 郭贵春, 刘高岑. 指称理论的演变及其语境重建. 山西大学学报, 2003 (3).

49. 郭可春. 罗素意义理论研究. 北京: 商务印书馆, 2005.

50. 郭曉. "可能世界"及其问题. 山东科技大学学报 (社会科学版), 2012 (6).

51. 韩林合. 分析的形而上学. 北京: 商务印书馆, 2003.

52. 何向东, 王磊. 蒯因论逻辑真理的哲学性质. 哲学研究, 2008 (3).

53. 何向东. 广义模态逻辑及其应用. 北京: 人民出版社, 2005.

54. 贺麟. 斯宾诺莎身心平行论的意义及其批评者. 哲学研究, 1985 (11).

55. 洪谦. 论逻辑经验主义. 北京: 商务印书馆, 1999.

56. 胡泽洪. 逻辑的哲学反思. 北京: 中央编译出版社, 2004.

57. 贾玉树, 陈北宁. 刘易斯可能世界实在论阐释及其误区. 自然辩证法研究, 2010 (1).

58. 卡尔纳普. 世界的逻辑构造. 陈启伟, 译. 上海: 上海译文出版社, 1999.

59. 康德. 任何一种能够作为科学出现的未来形而上学导论. 庞景仁, 译. 北京: 商务印书馆, 1978.

60. 克里普克. 空名与虚构实体. 刘叶涛, 译. 世界哲学, 2013 (2).

61. 克里普克. 命名与必然性. 梅文, 译. 上海: 上海译文出版社, 2001.

62. 蒯因. 从逻辑的观点看. 江天骥, 等译. 上海: 上海译文出版社, 1987.

63. 蒯因. 语词和对象. 陈启伟, 等译. 北京: 中国人民大学出版社, 2005.

64. 蒉益民. 索姆斯对直接指称理论的最新发展. 哲学动态, 2005 (11).

65. 蒉益民. 颜色的朴素实在论与克里普克的模态论证. 自然辩证法研究, 2020 (12).

66. 蒉益民. 专名指称的一种因果描述观点. 哲学研究, 2006 (2).

67. L.汉肯森·内尔森, 杰克·内尔森. 蒯因. 张力峰, 译. 北京:

中华书局，2004.

68. 莱布尼茨. 人类理智新论：上、下卷. 陈修斋，译. 北京：商务印书馆，1982.

69. 李步楼. 笛卡尔的二元论和现代分析哲学中的身心关系问题. 青海社会科学，1989 (1).

70. 李春泰. 论莱布尼茨的可能世界. 石河子大学学报（哲学社会科学版），2002 (3).

71. 理查德·罗蒂. 哲学和自然之镜. 李幼蒸，译. 北京：商务印书馆，2003.

72. 林正. 论克里普克的本质主义. 兰州学刊，2004 (6).

73. 刘放桐. 现代西方哲学. 北京：人民出版社，1981.

74. 刘魁. 当代心脑同一论批判. 自然辩证法研究，1998 (5).

75. 刘社军. 也谈“可能世界”之定义问题. 广西大学学报（哲学社会科学版），1997 (3).

76. 刘秀敏. 论可能世界的两个问题. 江西教育学院学报（社会科学），2004 (1).

77. 刘叶涛，杨四平. 空专名、意向性与指称行动. 哲学动态，2015 (2).

78. 刘叶涛. 关于可能世界视域中的名称与本质问题：兼评中西学者在相关领域中的学术论争. 东南大学学报（哲学社会科学版），2005 (1).

79. 刘叶涛. 先验偶然真理理论探究：论克里普克对康德的发展. 安徽师范大学学报（人文社会科学版），2011 (3).

80. 刘叶涛. 专名的意向性理论探析. 世界哲学，2012 (4).

81. 刘叶涛. 关于名称和本质的若干思考. 江汉论坛，2005 (1).

82. 刘叶涛. 克里普克跨界识别与跨界同一理论辨析. 晋阳学刊，2011 (1).

83. 刘叶涛. 自然种类名称与严格性：克里普克通名理论的一个疑点. 自然辩证法研究，2005 (1).

84. 刘又知. 可能世界理论及其应用价值. 江西教育学院学报，2002 (4).

85. 龙小平. 关于专名的涵义. 重庆师范学院学报，2000 (4).

86. 龙小平. 论分析命题和综合命题：从蒯因到克里普克. 自然辩证法研究，2006 (1).

87. 龙小平. 论克里普克的先验偶然命题和后验必然命题. 内蒙古师范大学学报，2002 (4).

88. 吕进，何向东. 个体的跨界同一性分析. 自然辩证法研究，2006 (10).

89. 吕进. 论意向性名称理论的实践推理意义. 自然辩证法研究，2016 (3).

90. 罗素. 对莱布尼茨哲学的批评性解释. 段德智，等译. 北京：商务印书馆，2000.

91. 罗素. 逻辑与知识. 苑莉均，译. 北京：商务印书馆，1996.

92. 罗素. 人类的知识. 张金言，译. 北京：商务印书馆，1983.

93. 罗素. 数理哲学导论. 晏成书，译. 北京：商务印书馆，1982.

94. 罗素. 我的哲学的发展. 温锡增，译. 北京：商务印书馆，1982.

95. 罗素. 哲学问题. 何兆武，译. 北京：商务印书馆，1999.

96. 洛克. 人类理解论. 关文运，译. 北京：商务印书馆，1959.

97. 马洪锐. 莱布尼兹论“可能世界”：从其“共同可能”概念出发. 世界哲学，2013 (4).

98. 马亮. 卡尔纳普意义理论. 北京：社会科学文献出版社，2006.

99. 麦克·唐纳罗斯. 莱布尼茨. 张传友，译. 北京：中国社会科学出版社，1987.

100. 苗力田. 亚里士多德全集：第七卷. 北京：中国人民大学出版社，1993.

101. 齐硕姆. 知识论. 邹惟远，等译. 北京：三联书店，1988.

102. 全增嘏. 西方哲学史：上、下册. 上海：上海人民出版社，1983.

103. 施太格缪勒. 当代哲学主流：下卷. 王炳文，等译. 北京：商务印书馆，2000.

104. 斯蒂芬·里德. 对逻辑的思考：逻辑哲学导论. 李小五，译. 沈阳：辽宁教育出版社，1998.

105. 苏珊·哈克. 逻辑哲学. 罗毅，译. 北京：商务印书馆，2003.

106. 孙明湘，荣立武. 本质主义与反本质主义. 湖南第一师范学报，2002 (4).

107. 梯利. 西方哲学史. 葛力，译. 北京：商务印书馆，1995.

108. 涂纪亮. 当代西方著名哲学家评传（第一卷 语言哲学）. 济南：山东人民出版社，1996.

109. 涂纪亮. 维特根斯坦后期哲学思想研究. 南京：江苏人民出版社，2005.

110. 王路. 逻辑真理是可错的吗?. 哲学研究，2007（10）.

111. 王路. 理性与智慧. 上海：上海三联书店，2000.

112. 王路. 走进分析哲学. 北京：三联书店，1999.

113. 王曼. 笛卡尔身心二元论及其对英美心灵哲学的影响. 唯实，2010（12）.

114. 王婉玲. “可能世界”概念在决策中的运用探讨. 江西教育学院学报，2003（1）.

115. 王习胜. 论严格的指示词：从逻辑演进的视角看克里普克的观点与张家龙的辩护. 学术研究，2006（6）.

116. 王振. “严格性”问题和专名的意义. 湖北大学学报（哲学社会科学版），2018（5）.

117. 威廉·涅尔，玛莎·涅尔. 逻辑学的发展. 张家龙，等译. 北京：商务印书馆，1985.

118. 维特根斯坦. 逻辑哲学论. 贺绍甲，译. 北京：商务印书馆，2005.

119. 维特根斯坦. 哲学研究. 李步楼，译. 北京：商务印书馆，1996.

120. 吴新民. 论哲学逻辑可能世界理论的应用价值. 内蒙古社会科学，2006（5）.

121. 希拉里·普特南. 理性、真理与历史. 童世骏，李光程，译. 上海：上海译文出版社，2005.

122. 邢起龙. 再论心身同一论. 福建论坛（人文社会科学版），2014（2）.

123. 休谟. 人类理解研究. 关文运，译. 北京：商务印书馆，1957.

124. 徐晓红. 塞尔的专名意向性理论评析. 兰州交通大学学报，2009（2）.

125. 亚里士多德. 范畴篇·解释篇. 方书春，译. 北京：商务印书馆，1959.

126. 亚里士多德. 工具论. 李匡武，译. 广州：广东人民出版社，

1984.

127. 亚里士多德. 工具论：上、下卷. 余纪元，等译. 北京：中国人民大学出版社，2003.

128. 亚里士多德. 物理学. 张竹明，译. 北京：商务印书馆，1982.

129. 杨四平，张建军. “偶然同一性”论争的困境与出路. 湖南科技大学学报（社会科学版），2019（6）.

130. 叶闯. 统一理论中非统一指称条件的疑难. 哲学研究，2007（1）.

131. 叶闯. 克里普克语言理论再思考：语义值的刻画与指称的确定.《哲学门》第2卷第2册，2001.

132. 叶秀山，傅乐安. 西方著名哲学家评传：第二卷. 济南：山东人民出版社，1984.

133. 约翰·R. 塞尔. 意向性：论心灵哲学. 刘叶涛，译. 上海：上海人民出版社，2007.

134. 曾庆福. 克里普克的历史的因果命名理论评析. 河南社会科学，2006（2）.

135. 张家龙. 可能世界是什么?. 哲学动态，2002（8）.

136. 张家龙. 论本质主义. 哲学研究，1999（11）.

137. 张家龙. 论名称和指示词. 哲学研究，2002（12）.

138. 张家龙. 模态逻辑与哲学. 北京：中国社会出版社，2003.

139. 张力锋. 专名的新指称理论：对历史因果理论的挑战及修正. 重庆师范大学学报（哲学社会科学版），2005（3）.

140. 张力锋. 从可能到必然：贯穿普兰丁格本体论证明的逻辑之旅. 学术月刊，2011（9）.

141. 张力锋. 当代西方模态哲学研究及其意义. 哲学动态，2005（12）.

142. 张力锋. 论可能世界理论新近发展. 重庆师范大学学报（哲学社会科学版），2009（4）.

143. 张力锋. 模态逻辑和本质主义. 北京：北京大学，2004.

144. 张力锋. 普兰廷卡的模态形而上学. 西南民族大学学报（人文社科版），2005（5）.

145. 张清宇. 逻辑哲学九章. 南京：江苏人民出版社，2004.

146. 张尚水. 当代西方著名哲学家评传（第五卷 逻辑哲学）. 济南：山东人民出版社，1996.

147. 赵亮英. 专名的意向性分析和语境：评塞尔的专名理论. 自然辩证法研究，2012（4）.

148. 中国逻辑学会. 逻辑研究文集. 重庆：西南师范大学出版社，2001.

149. 中国社会科学院语言研究所词典编辑室. 现代汉语词典. 北京：商务印书馆，2016.

150. 周北海. 模态逻辑. 北京：中国社会科学出版社，1996.

151. 周北海. 模态逻辑与哲学. 北京航空航天大学学报（社会科学版），2000（3）.

152. 周礼全. 逻辑百科辞典. 成都：四川教育出版社，1994.

153. 周礼全. 模态逻辑导论. 上海：上海人民出版社，1986.

154. 周濂. 从日常概念到科学概念：一种解释克里普克-普特南本质理论的可能途径. 世界哲学，2004（6）.

155. 周允程. 克里普克关于个体的跨界同一性的讨论. 自然辩证法研究，2007（6）.

156. 朱伯崑. 国际易学研究 第5辑. 北京：华夏出版社，1999.

157. 朱水林. 逻辑语义学研究. 上海：上海教育出版社，1992.

人名索引

后　记

本书源于我的博士论文，后于2014年获得国家社科基金后期资助。

自进入逻辑学科领域以来，我就对克里普克的逻辑哲学思想产生了浓厚的兴趣。围绕克里普克的逻辑哲学思想，我在期刊发表了一系列论文，并最终形成了对克里普克名称理论和同一性理论的系列成果。

本书的出版首先要感谢我的博士研究生导师何向东教授，他在论文的选题、结构、基本观点以及语言表达等方面提出了许多宝贵的意见。何老师带我进入了逻辑学的殿堂，他对逻辑学的深刻理解、对逻辑学科发展的乐观的态度，激励并鼓舞着我选择逻辑学作为自己的职业研究方向。何老师敏锐的学术眼光、严谨的治学态度、宽厚包容的胸怀令我折服，使我铭记于心。何老师的独特的思维视角和真知灼见使我对逻辑哲学问题的认识与理解更加透彻。

本文的出版要感谢国家社科基金委的资助，感谢电子科技大学马克思主义学院领导和老师们的支持与帮助。我在文中引用了很多中外学者的观点，在此，我要表达对他们的真挚感谢和深深敬意。

最后，我要感谢中国人民大学出版社编辑的辛勤工作，正是你们的支持和帮助，本书才得以顺利面世。

由于时间仓促，水平有限，书中难免有纰漏和不当之处，敬请各位读者批评指正。

龙小平
2022年10月20日于成都

图书在版编目（CIP）数据

可能世界视域下的名称和同一性理论研究 / 龙小平著. -- 北京 ：中国人民大学出版社，2023.4
国家社科基金后期资助项目
ISBN 978-7-300-31588-1

Ⅰ. ①可… Ⅱ. ①龙… Ⅲ. ①逻辑学-研究 Ⅳ. ①B81

中国国家版本馆 CIP 数据核字（2023）第 057182 号

国家社科基金后期资助项目
可能世界视域下的名称和同一性理论研究
龙小平 著
KENENG SHIJIE SHIYU XIA DE MINGCHENG HE TONGYIXING LILUN YANJIU

出版发行	中国人民大学出版社		
社　　址	北京中关村大街 31 号	**邮政编码**	100080
电　　话	010－62511242（总编室）		010－62511770（质管部）
	010－82501766（邮购部）		010－62514148（门市部）
	010－62515195（发行公司）		010－62515275（盗版举报）
网　　址	http://www.crup.com.cn		
经　　销	新华书店		
印　　刷	唐山玺诚印务有限公司		
开　　本	720 mm×1000 mm　1/16	**版　　次**	2023 年 4 月第 1 版
印　　张	14 插页 2	**印　　次**	2023 年 4 月第 1 次印刷
字　　数	229 000	**定　　价**	78.00 元